国家西部大开发重点项目前期工作专项补助项目
内蒙古"草原英才"创新团队资助项目

内蒙古社会科学北疆研究文库

以绿色化引领农牧业转型发展
——呼伦贝尔绿色农牧业重大项目规划研究

Leading the Transformation and Development of Agriculture and Animal Husbandry with Greening
—Major Reasearch of Green Agriculture and Animal Husbandry in Hulun Buir

朱晓俊　寇子明　吴铁宏 等◎著

经济管理出版社
ECONOMY & MANAGEMENT PUBLISHING HOUSE

图书在版编目（CIP）数据

以绿色化引领农牧业转型发展——呼伦贝尔绿色农牧业重大项目规划研究 / 朱晓俊等著. —北京：经济管理出版社，2018.12
ISBN 978-7-5096-5986-1

Ⅰ.①以… Ⅱ.①朱… Ⅲ.①农业经济—绿色经济—转型经济—研究—呼伦贝尔市②畜牧业经济—绿色经济—转型经济—研究—呼伦贝尔市 Ⅳ.①F327.263

中国版本图书馆 CIP 数据核字（2018）第 288100 号

组稿编辑：张莉琼
责任编辑：张　艳　张莉琼
责任印制：黄章平
责任校对：王淑卿

出版发行：经济管理出版社
　　　　　（北京市海淀区北蜂窝 8 号中雅大厦 A 座 11 层　100038）
网　　址：www.E-mp.com.cn
电　　话：（010）51915602
印　　刷：玉田县昊达印刷有限公司
经　　销：新华书店
开　　本：720mm×1000mm/16
印　　张：15
字　　数：238 千字
版　　次：2019 年 9 月第 1 版　2019 年 9 月第 1 次印刷
书　　号：ISBN 978-7-5096-5986-1
定　　价：59.00 元

·版权所有　翻印必究·
凡购本社图书，如有印装错误，由本社读者服务部负责调换。
联系地址：北京阜外月坛北小街 2 号
电话：（010）68022974　邮编：100836

前言

Preface

当前，我国经济社会发展的主要矛盾已由人民不断增长的物质文化需要同落后的生产力之间的矛盾转变为人民日益增长的美好生活需要和不平衡不充分的发展之间的矛盾。从吃的方面来看，随着生存型消费转变为发展型消费，安全优质的绿色农畜产品消费越来越成为主流。同时，耕地、草原、森林、湖泊等生态系统不仅支撑了农牧业绿色发展，也是人类生存环境的重要组成部分。如何将绿色农畜产品与绿色生态环境保护结合起来，越来越成为值得研究的时代性课题。

呼伦贝尔位于我国的东北端，是我国陆地生态系统的重要组成部分，素有"绿色净土"之称，具有发展绿色农牧业得天独厚的条件。发挥生态环境优势，推动绿色农牧业发展，不仅有助于提高农牧业发展的质量和效益，也是引导产业生态化发展的重要途径。受内蒙古自治区发改委委托，内蒙古自治区社会科学界联合会和呼伦贝尔市经济社会研究院组织编制了《呼伦贝尔绿色农牧业重大项目规划》。同时，呼伦贝尔市是中蒙俄合作先导性的重要组成部分，在"一带一路"及中蒙俄经济走廊建设中发挥着不容忽视的作用。该区域在"一带一路"建设中的重点项目，是内蒙古自治区"草原英才"工程资助的中蒙俄经济走廊及"一带一路"建设的策略和重点项目研究团队特别关注的方向。本书在规划编制的基础上，试图以专著的形式，对呼伦贝尔绿色农牧业发展涉及的理论和实践问题进一步进行较为全面的分析，特别是从操作层面提出具体的对策建议，以期引发对内蒙古乃至全国绿色农牧业发展的思考。书稿付印之前，恰逢习近平总书记在十三届全国人大二次会议内蒙古代表团发表重要讲话，要求努力探索出一条符合战略定位、体现内蒙古特色、以生态优先、绿色发展为导向的高质量发展新路子。我们认为，发展绿色农牧业是贯彻这一理念和要求的重要途径。

本书由内蒙古自治区社会科学界联合会主席杭栓柱研究员作为总顾问，朱晓俊、寇子明、吴铁宏设计提纲并主持研究，由朱晓俊、邢智仓统稿。书稿分工情况：第一章作者赵秀清、冯雪娟；第二、三、四、五章作者徐天骄、冯雪娟、冯玉龙、张志栋；第六章作者金晓明；第七、八、九章作者鲍春兰、于润田；第十、十一章作者罗旭；第十二章作者焦同江；第十三章作者徐天骄、梁成；第十四章作者邢智仓、乔冰洁；第十五章作者赵秀清、冯雪娟。罗雪娟、徐天骄、乔冰洁参与了有关内容的完善工作。

本书在研究过程中，内蒙古自治区发改委西部开发处和农牧处有关负责同志给予了热情指导。呼伦贝尔市政府及有关旗市政府在课题调研过程中给予了周到安排。本书在出版过程中，经济管理出版社给予了大力支持，组稿编辑张莉琼对本书进行了认真细致的审校，在此一并表示感谢。

在课题研究过程中，课题组参考了学术界已有的研究成果，并尽量将相关内容以参考文献的形式予以标注，在此对原创作者曾经付出的艰辛劳动表示衷心感谢。

由于水平所限，不妥之处敬请广大读者批评指正。

作　者
2019 年 5 月

目录

Contents

第一篇 综合分析篇

第一章 总论 ························· 3

第一节 规划研究的背景 ························· 3

第二节 规划研究的任务 ························· 4

第三节 规划依据 ························· 5

第四节 规划研究的范围 ························· 7

第二章 绿色农业与呼伦贝尔转型发展 ························· 8

第一节 中国绿色农业发展的趋势 ························· 8

第二节 绿色农牧业在呼伦贝尔绿色转型中处于关键地位 ························· 16

第三章 呼伦贝尔绿色农牧业的发展环境 ························· 22

第一节 外部环境和条件 ························· 22

第二节 内部环境 ························· 30

— 1 —

第四章　建设国家重要的绿色有机农畜林产品生产加工输出基地 …… 42

  第一节　指导思想 …… 42
  第二节　坚持基本导向 …… 43
  第三节　完善空间布局 …… 47
  第四节　优化发展定位 …… 48
  第五节　明确发展目标 …… 51

第二篇　重点领域篇

第五章　草业提升工程 …… 57

  第一节　发展现状 …… 57
  第二节　国内外发展趋势 …… 63
  第三节　建设任务 …… 70
  第四节　重大项目筛选 …… 72

第六章　乳业振兴工程 …… 77

  第一节　发展现状 …… 77
  第二节　国内外发展趋势 …… 81
  第三节　建设任务 …… 92
  第四节　重大项目筛选 …… 94

第七章　肉业提质增效工程 …… 99

  第一节　发展现状 …… 99
  第二节　国内外发展趋势 …… 103
  第三节　建设任务 …… 109

第四节　重大项目筛选 ·· 111

第八章　种植业调整优化工程 ·· 122
　　第一节　发展现状 ·· 122
　　第二节　我国种植业发展趋势 ······································ 127
　　第三节　建设任务 ·· 130
　　第四节　重大项目筛选 ·· 132

第九章　林下经济发展工程 ·· 140
　　第一节　发展现状 ·· 140
　　第二节　我国林下经济发展趋势 ···································· 142
　　第三节　建设任务 ·· 146
　　第四节　重大项目筛选 ·· 147

第十章　配套服务体系建设工程 ·· 158
　　第一节　发展现状 ·· 158
　　第二节　国内外发展趋势 ·· 161
　　第三节　建设任务 ·· 166
　　第四节　重大项目筛选 ·· 170

第十一章　产业融合发展工程 ·· 175
　　第一节　发展现状 ·· 175
　　第二节　国内外发展趋势 ·· 177
　　第三节　建设任务 ·· 183
　　第四节　重大项目筛选 ·· 185

第十二章　绿色品牌创建工程 ·· 191
　　第一节　发展现状 ·· 191
　　第二节　国内外发展趋势 ·· 193
　　第三节　建设任务 ·· 198

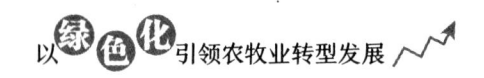

第四节　重大项目筛选 ………………………………………… 200

第三篇　实施保障篇

第十三章　合理筹措资金 ………………………………………… 207
第一节　加大财政投入 ………………………………………… 207
第二节　拓宽融资渠道 ………………………………………… 210
第三节　建立健全涉农保险 …………………………………… 213

第十四章　保护绿色环境 ………………………………………… 215
第一节　提高水资源利用效率 ………………………………… 215
第二节　加强农药、化肥、地膜减施增效 …………………… 216
第三节　加强种植业废弃物利用 ……………………………… 220
第四节　加强规模化畜禽养殖业污染防治 …………………… 222

第十五章　加强项目组织 ………………………………………… 224
第一节　推动项目落地 ………………………………………… 224
第二节　扩大开放合作 ………………………………………… 225
第三节　加强示范推广 ………………………………………… 226
第四节　加强政策保障 ………………………………………… 227

参考文献 ………………………………………………………… 229

第一篇

综合分析篇

第一章 总 论

第一节 规划研究的背景

绿色农业是指以尊重自然规律为前提，在符合资源、环境、生态安全的要求下，以各种现代化技术为依托，满足人民日益增长的营养健康需求的优质农业，是我国倡导的一种可持续的农业发展模式，代表着我国农业发展的方向。具体而言，绿色农业是集资源高效利用、生态系统稳定、产品质量安全、综合经济高效为一体的现代农牧业，是绿色生态产业、绿色生态产品、绿色农牧业品牌、绿色农牧业基地的集聚，在实践应用上一般包括无公害农畜产品、绿色食品和有机食品。

在中国特色社会主义新时代，伴随着新时代的到来，我国经济社会发展的主要矛盾已由人民不断增长的物质文化需要同落后的生产力之间的矛盾，转变为人民日益增长的美好生活需要和不平衡不充分的发展之间的矛盾。这其中，随着中等收入规模扩大和收入增长，引发了市场需求的变化，生存型消费转变为发展型消费，安全优质的绿色农畜产品消费越来越成为主流，人民日益增长的美好生活需要对农业发展提出了新的更高的要求。近年来，我国粮食连续增产，主要农产品供给充足，但"大路货"居多，绿色优质产品供应不足，部分低端农产品严重供过于求，极大地制约了农业发展质量和效益的提高。

习近平总书记指出，推进农业供给侧结构性改革，要把增加绿色优质农产品供给放在突出位置。2017年"中央一号"文件指出，要以深入推进农牧业供给侧结构性改革作为农牧业工作的主线，加快解决优质农畜产品供给问题，发展生态循环农业。作为全国重要的绿色农畜产品生产加工基地之一，

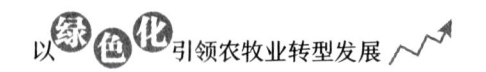

内蒙古自治区也提出了农牧业供给侧结构性改革的总体思路，即要充分立足市场需求，突出消费导向，大力发展无公害农畜产品，稳步发展以中高端为主的绿色产品，尽快发展以高端产品为主的有机产品，从而满足不同消费群体的需求，加快实现农牧业大区向农牧业强区转变。

呼伦贝尔市素有"绿色净土"之称，具有发展绿色农牧业得天独厚的条件。"十三五"以来，呼伦贝尔市提出了打造国家重要的绿色有机农畜产品生产加工输出基地的战略目标。充分发挥呼伦贝尔市资源和产业优势，加快绿色农牧业发展，规划和实施绿色农牧业重大项目，推动绿色农牧业发展，为国内外市场提供更多优质、安全、特色农畜林产品，对呼伦贝尔经济社会发展具有十分重大的意义。

第二节　规划研究的任务

本书以加快呼伦贝尔市绿色农牧业发展为主题，以绿色农牧业发展的关键问题和瓶颈为导向，以重大工程项目的实施和推进为突破口，拟完成以下主要任务：

（一）确立理念

在分析绿色农牧业发展内外环境、条件的基础上，确立绿色、现代和示范三大理念，其中"绿色"是引领，"现代"是手段，"示范"既是方法也是目标。

（二）厘清思路

结合问题导向、目标取向和底线思维，提出规划的指导思想、原则、路径和目标。

（三）优化布局

根据指导思想和目标，按照"产业发展中重大工程项目布局带动突破和重大工程项目引领产业发展"两方面的要求，明确具体的重大项目的空间布局，从战略的高度处理好绿色农牧业重大工程项目与产业体系及相应的产业空间布局关系。

（四）明确任务

从现状、趋势、条件及建设重点等方面对具体项目进行系统分析与科学规划，力求做到宏观与微观、思路与操作性、短期与长期、总体与重点相结合，并提出相应的配套服务体系建设思路。

（五）甄选工程和项目

聚焦关键问题和主要瓶颈，结合需要与可能、问题与目标，合理甄选和规划相关工程项目。基本原则为：①资源优势明显，市场前景广阔；②投资规模较大（一般在1亿元以上）；③经济效益、社会效益和生态效益显著；④科技创新能力、可持续发展能力强；⑤符合国家和自治区产业政策。根据这些原则，共甄选了133个重大项目，总投资412.05亿元。

（六）提出保障

围绕重大项目和配套服务体系建设，从投入产出效益、资金来源方面进行具体设计，并提出相应保障措施。

第三节　规划依据

1.《中共中央　国务院关于实施乡村振兴战略的意见》（中发〔2018〕1号）；

2.《中共中央　国务院关于深入推进农业供给侧结构性改革加快培育农业农村发展新动能的若干意见》（中发〔2017〕1号）；

3.《中共中央　国务院关于加大改革创新力度加快农业现代化建设的若干意见》（中发〔2015〕1号）；

4.《中共中央　国务院关于落实发展新理念加快农业现代化实现全面小康目标的若干意见》（中发〔2016〕1号）；

5.《全国农业现代化规划（2016-2020年）》（国发〔2016〕58号）；

6.《国务院办公厅关于加快转变农业发展方式的意见》（国办发〔2015〕59号）；

7.《国务院办公厅关于促进农村电子商务加快发展的指导意见》（国办发〔2015〕78号）；

8.《国务院办公厅关于推进农村一二三产业融合发展的指导意见》（国办发〔2015〕93号）；

9. 《关于深入推进实施新一轮东北振兴战略部署 加快推动东北地区经济企稳向好若干重要举措的意见》（国发〔2016〕62号）；

10. 《全国农业可持续发展规划（2015-2030年）》（农计发〔2015〕145号）；

11. 《关于推进农业废弃物资源化利用试点的方案》（农计发〔2016〕90号）；

12. 《农业资源与生态环境保护工程规划（2016-2020年）》（农计发〔2016〕99号）；

13. 《全国种植业结构调整规划（2016-2020年）》（农农发〔2016〕3号）；

14. 《全国奶业发展规划（2016-2020年）》（农牧发〔2016〕14号）；

15. 《全国苜蓿产业发展规划（2016-2020）》（农牧发〔2016〕15号）；

16. 《全国农垦经济和社会发展第十三个五年规划》（农垦发〔2016〕3号）；

17. 《全国农产品加工业与农村一二三产业融合发展规划（2016-2020年）》（农加发〔2016〕5号）；

18. 《全国生猪生产发展规划（2016-2020年）》（农牧发〔2016〕6号）；

19. 《全国草食畜牧业发展规划（2016-2020年）》（农牧发〔2016〕12号）；

20. 《全国农业机械化发展第十三个五年规划》（农机发〔2016〕2号）；

21. 《"十三五"农业科技发展规划》（农科教发〔2017〕4号）；

22. 《关于促进草牧业发展的指导意见》（农办牧〔2016〕22号）；

23. 《全国农机深松整地作业实施规划（2016-2020年）》（农办机〔2016〕2号）；

24. 《全国渔业发展第十三个五年规划（2016-2020年）》（农渔发〔2016〕1号）；

25. 《全国草原保护建设利用"十三五"规划》（农牧发〔2016〕16号）；

26. 《大小兴安岭林区生态保护与经济转型规划（2010-2020年）》（发改东北〔2010〕2950号）；

27. 《内蒙古自治区农牧业现代化第十三个五年发展规划》（内政办发〔2017〕10号）；

28.《呼伦贝尔市国民经济和社会发展第十三个五年规划纲要》；
29.《呼伦贝尔市现代农牧业发展规划（2016-2020）》。

第四节　规划研究的范围

本着与2020年全面建成小康社会的战略任务相适应，与呼伦贝尔国民经济和社会发展五年规划相衔接，与农牧业重大项目时间和空间特征相匹配的原则，本规划具体时限及范围拟确定如下：

规划时限：以2017年为基期，近期规划到2020年，远期规划展望到2025年。

规划范围：呼伦贝尔市全域，总面积25.64万平方千米。涵盖海拉尔区、扎赉诺尔区、满洲里市、扎兰屯市、牙克石市、根河市、额尔古纳市、阿荣旗、莫力达瓦达斡尔族自治旗（以下简称莫旗）、鄂伦春自治旗（以下简称鄂伦春）、鄂温克族自治旗（以下简称鄂温克）、新巴尔虎左旗（以下简称新左旗）、新巴尔虎右旗（以下简称新右旗）、陈巴尔虎旗（以下简称陈旗）14个旗市区以及呼伦贝尔农垦集团和内蒙古大兴安岭重点国有林管理局。

第二章　绿色农业与呼伦贝尔转型发展

第一节　中国绿色农业发展的趋势

一、国外绿色农业发展的历程

随着经济社会的发展，绿色农业应运而生，并已成为很多国家的共同选择。国外绿色农业的发展主要包括三个阶段：

（一）初期探索阶段

最早的绿色农业1924年在欧洲兴起，20世纪30~40年代在英国、德国、美国等得到一定的发展。起初的绿色农产品仅仅是为了满足少部分人的需求，包括针对某一类产品和市场自发生产的农产品。英国是最早进行绿色农产品种植、实验、生产的国家之一，组建形成了相关的协会和社团，共同发展探索绿色农业。自20世纪30年代初英国农学家A. 霍华德提出有机农业概念并相应组织试验和推广以来，有机农业在英国得到了广泛发展。美国首先提出替代传统农业的是绿色农业，1971年成立了罗代尔研究所，成为美国和世界上从事绿色农业研究的著名研究所，罗代尔也成为美国绿色农业的先驱。绿色农业在本阶段的发展过程中，过分强调用新技术新手段代替传统农业，从而实现自然循环的科学模式，但是科学技术的欠缺和广泛的不认同导致绿色农业的发展极其缓慢。

（二）持续关注阶段

20世纪中后期，发达国家的工业高速发展，所带来的环境污染问题达到了前所未有的程度，工业产生的污染物直接威胁生态平衡和人类健康。发达国家逐渐意识到其危害性，共同遏制以破坏环境为代价的生产活动，以保障人类的生活发展不受影响，从而兴起了以保护农业生态环境为主的各种农业思潮。1972年在法国成立了国际绿色农业运动联盟。英国在1975年国际生物农业会议上，肯定了绿色农业的优点，使绿色农业在英国得到了广泛的接受和发展。20世纪70年代日本提出减少农业污染提高农产品品质的议题。菲律宾是东南亚开展生态农业建设起步较早、发展较快的国家之一，玛雅（Maya）农场是一个具有世界影响的典型，1980年，菲律宾在玛雅农场召开了国际会议，与会者对该生态农场给予了高度评价。绿色农业发展问题逐渐被全球各国广泛关注。

（三）稳步发展阶段

20世纪90年代以后，绿色农业逐渐进入了稳定发展的阶段。例如，奥地利于1995年实施了支持绿色农业发展特别项目，国家提供专门资金鼓励和帮助农场主向绿色农业转变；法国于1997年制定并实施了绿色农业发展中期计划；2000年日本农林水产省推出了环保型农业发展计划，2000年4月推出了绿色农业标准，于2001年4月正式执行；美国艾奥瓦州和明尼苏达州规定，只有生态农场才有资格获得"环境质量激励项目"，有机农场用于资格认定的费用，州政府可补助2/3。绿色农业的发展逐渐变成全球性的议题，被广泛认同和支持，各国政府制定相应的策略发展绿色农业[①]。

二、我国绿色农业的提出

纵观我国绿色农业的发展历程，主要包括以下三个阶段：

第一阶段是初步探索阶段（1986~1991年）。中国农业科学院植物保护研究所研究员包建中在1986年提出了"绿色农业"的概念。部分农业学者也开始对绿色农业的内涵及实践应用开始进行初步的探索和研究。

第二阶段是持续关注阶段（1992~2002年）。1992年开始，我国进入了社会主义市场经济时期，农业发展向"两高一优"方向发展，即农业发展要高产、优质、高效。全国各地先后开展了绿色农业的试验、示范和推广，并逐步开发和生产绿色产品、有机产品，开始建立绿色食品原料生产基地。

第三阶段是稳定发展阶段（2003年至今）。2003年，在亚太地区绿色食

---

① 刘濛. 国外绿色农业发展及对中国的启示[J]. 世界农业，2013（1）.

品与有机农业市场通道建设国际研讨会上，我国正式提出了"绿色农业"的概念。2005年，卢良恕等六位专家向国务院提交了《关于绿色农业科学研究与示范基地建设的建议》的报告。时任副总理回良玉对报告做了重要批示，并充分肯定了绿色农业理论研究和示范推广工作。2006年起，部分省份先后建立了绿色农业研究中心，绿色农业科学研究与示范的科研专项研究相继启动。2013年，在全国政协提案委员会上，由九三学社中央委员会提交的《关于加强绿色农业发展的提案》成为全国政协十二届一次会议第0001号提案，建议因时因地发展低消耗、低排放、高效率的绿色农业发展模式，构建绿色农业产业体系。绿色农业发展逐渐变成当前发展的共识，被广泛认同和支持，各地也在积极采取相关措施发展绿色农业。党的十八大以来，党中央对农业绿色发展的高度重视，党中央、国务院作出一系列重大决策部署，农业绿色发展实现了良好开局。2016年1月，中共中央、国务院发布《关于落实发展新理念加快农业现代化实现全面小康目标的若干意见》提出，"推动农业可持续发展，必须确立发展绿色农业就是保护生态的观念，加快形成资源利用高效、生态系统稳定、产地环境良好、产品质量安全的农业发展新格局"。这是"农业绿色发展"首次写入"中央一号"文件。2017年10月，中共中央办公厅、国务院办公厅印发了《关于创新体制机制推进农业绿色发展的意见》，这是党中央出台的第一个关于农业绿色发展的文件，是贯彻落实习近平总书记重要指示要求和新发展理念的重大举措，是指导当前和今后一个时期农业绿色发展的纲领性文件。同时，国务院相继出台了"水十条""土十条"和"气十条"，《全国农业现代化规划（2016-2020年）》也用专章阐释和规划绿色兴农，农业部相继实施《到2020年化肥使用量零增长行动》《到2020年农药使用量零增长行动》《农业绿色发展五大行动》等。可以说，在制度建设方面，农业绿色发展的四梁八柱已基本形成。

三、国内绿色农业发展的实践

习近平总书记深刻指出，推进农业绿色发展是农业发展观的一场深刻革命。推进农业绿色发展，是贯彻新发展理念、推进农业供给侧结构性改革的必然要求和重大举措。党中央、国务院高度重视农业绿色发展。2017年，《关于创新体制机制推进农业绿色发展的意见》的印发意味着我国农业发展方式将迎来战略选择的变革。近年来，全国很多省（区市）因地制宜，逐渐探索出一条由传统农业迈向绿色农业的新路子。

（一）浙江省

近年来，浙江省始终以"绿水青山就是金山银山"为遵循，坚定高效生态的现代农业发展方向不动摇，致力打通"绿水青山就是金山银山"的农业绿色发展通道，形成了率先实现农业绿色可持续发展的现实基础。2016年，浙江农业总产值和增加值分别突破3000亿元和2000亿元大关，城乡居民收入比缩小到2.07∶1，成为全国城乡差距最小的省份。

浙江省的具体做法是：

1. 绿色为本的强省战略。2003年，浙江提出"高效生态"概念，发展方向一锤定音。在此基础上，后来又增加"特色精品农业""生态循环农业"，生态的底色始终不变，而内涵却在不断丰富。2007年，习近平离开浙江，但他的绿色生态理念早已扎根，并且开始枝繁叶茂：从提出建设全国生态文明示范区，到"两富"（物质富裕、精神富有）、"两美"（建设美丽浙江、创造美好生活）浙江，再到省域建设"大花园"，10年间，虽然情况在变，形势在变，但核心一脉相承。这样的理念，同样贯穿于浙江的现代农业发展。

2. 绿色清单的政府作为。在顶层设计上，浙江探索构建了农业现代化评价指标体系，并将其纳入省委、省政府对各地党委、政府的考核内容。采取"一项目标任务、一个实施方案、一套支撑政策"的思路，构建了较为完备的绿色农业发展政策体系，形成了绿色生态农业政策53条清单，内容涉及产业布局生态化、资源利用高效化、产品生产优质化、制度机制长效化等方面的扶持政策。与此同时，浙江省还实现了"顶层设计"与"基层实践"的统一。在推进绿色农业发展中，尊重基层实践、农民智慧，对好的经验加以总结提炼后，再推向全省乃至全国。在总结基层创造的基础上，浙江又率先建设现代农业园区。"两区"不仅让绿色发展有了落地平台，也为要素资源的集聚找到了"蓄水池"。通过政策引导、平台支撑，浙江破解了单家独户难以攻克的共同制约。对于需要市场做的、市场能够做的，浙江既不大包大揽，也不越俎代庖，而是因势利导，主动交给市场。

3. 绿色崛起的品牌效应。按照"打造一个品牌、带活一个产业、富裕一方农民"的思路，浙江省各地根据资源特色，瞄准市场需求，大力发展优势特色产业，融入文化元素，创建特色品牌，品牌农业建设取得了积极进展。一是注重质量安全管理，打好"绿色牌"。坚持把"产得绿色生态、吃得安全健康"作为品牌塑造的核心，把标准化作为品牌化的基础支撑来抓。大力发展现代生态循环农业，使产地、产品的绿色生态美成为品牌"卖点"。加强农产品质量安全监管，加大农业标准的示范、培训和推广力度，加快农产品质量安全追溯体系建设。二是注重拓宽产业链条，打好"融合牌"。浙江省针对农业"小而精、小而特、小而优"的实际情况，积极发展农业全产业链。在强化农产品生产基地建设的同时，大力发展农产品精深加工；在卖产品的同时"卖风景"，通过发展休闲农业和乡村旅游，辐射周边农民持续稳定增收；探索区域公用品牌建设，整合相关子品牌，放大和共享区域公用品牌带来的整体红利。目前，浙江省已建成39条示范性农业全产业链，集生产、采收、流通、加工、品牌推广和终端销售为一体，年总产值超1100亿元，占农业总产值三分之一强。三是注重挖掘品牌内涵，打好"文化牌"。挖掘农业品牌的历史文化内涵，在讲出农业好故事中标注"好吃、好看、好玩、好感觉"新高度。积极创建和发挥重要农业文化遗产功能，像西湖龙井、庆元香菇、仙居杨梅等既是文化遗产，又是知名区域公共品牌，两者相得益彰。注重产品包装设计，大力发展创意农业。四是注重加强宣传推介，打好"营销牌"。浙江省鼓励各地结合当季农业生产、农村风情风貌、乡土民俗文化等特色，举办丰富多彩的农业展会、产销对接会、农产品推介会、主题农事节庆活动等，并组织推荐浙江十大系列农产品，大力宣传推介特色农产品。

（二）江苏省

江苏省在贯彻落实党中央、国务院和农业部关于开展耕地轮作休耕试点精神的过程中，针对耕地资源少、利用强度大、生产负荷重的实际，积极调研立项，率先开展省级耕地轮作休耕制度试点，推进耕地质量和产能提升，走出了一条经济发达省份耕地轮作休耕的新路，为农业绿色发展注入新动力，也为全国范围开展耕地轮作休耕积累了经验。

江苏省的具体做法是：

1. 领导重视，政策促动。2016年农业部在全国9个省开展耕地轮作休耕制度试点后，江苏省农业委员会及时组织开展调研，广泛听取基层干部和农民意见，多次召开专家座谈会，征询江苏开展试点的必要性和重点推进举措，并向省委省政府领导进行了专题汇报,积极争取省财政支持。2016年省财政专项安排5000万元用于开展省级耕地轮作休耕制度试点,并将轮作休耕试点项目纳入省级财政年度预算,为政策实施提供了资金保障。

2. 科学布局,重点发动。江苏省轮作休耕试点坚持突出问题导向、分区分类施策。重点选择在沿江及苏南等小麦赤霉病易发重发、生产效益低下地区,丘陵岗地等土壤地力贫瘠化地区、沿海滩涂等土壤盐渍化严重地区,以及土壤酸化、养分非均衡化等生态退化明显地区先行先试。由试点县自主申报,省里组织专家综合评审确定,原则上试点县一定3年。

3. 创新模式,示范带动。江苏省耕地轮作休耕试点主要采取轮作换茬、深耕晒垡、休耕培肥三种方式,即在休耕区域倡导种植绿肥、深耕、增施有机肥。同一休耕区域农户任选一种实施方式。

4. 强化落实,管理联动。江苏省要求各试点县组织成立领导小组、工作班子和技术指导组,建立以农业部门牵头组织指导,乡镇和村组具体落实、农户精准实施、财政部门核查拨付资金的工作协调机制。试点县农业部门与乡镇、乡镇与村组逐级签订项目实施责任书,乡镇与休耕农户签订试点协议,明确各方责任和义务。项目实施过程中,强化信息公示、监督检查、农户档案清册建立、面积核实,接受各方监督。每个试点县至少建立5个监测点,跟踪调查项目实施前后培肥改土效果。

(三) 青海省

青海省紧紧围绕绿色发展,立足生态优先,坚持创新发展理念与草原牧区实际有机结合,率先在全国推进草原生态畜牧业建设,从体制机制上闯出一条符合青海省实际的草原畜牧业发展的新路子。

青海省的具体做法是:

1. 坚持创新引领,稳步推动体制机制变革。青海省通过理顺生产关系来解放和发展草地畜牧业生产力。青海省突出抓好顶层设计,指导农牧民组建合作社,使草畜等最重要的草地畜牧业生产要素得到有效组织和科学利用,大大提高了劳动生产率和牲畜生产力,通过体制机制改革创新,从根本上促进了草地畜牧业生产力的发展。

2. 坚持绿色发展,切实抓好草原生态保护建设。青海省围绕绿色发展,坚持生态生产生活共赢,通过先草后畜、以草定畜的方式入股生态畜牧业合作社，从制度上防范超载过牧；通过牦牛藏羊高效养殖技术推广保障群众减畜不减收。

3. 坚持资源共享，积极推进股份合作。青海省坚持以股份合作为主搞合作社建设。近年来，青海省集中打造出一批股份改造到位、内生动力强劲、经营组织有方、群众持续增收的合作社。通过股份合作，草原、牲畜、人力等生产要素都能按照市场价格合理量化，管理、技术、资金等现代农业要素有了发挥的平台，农牧民加入合作社心里有底，合作社持续规范运行也有了基础。尤其是在带动贫困牧户脱贫方面，股份合作的效果更明显，通过资产量化入股，贫困牧民的草地牛羊有了去处、政策项目有了落处、收入有了来处，脱贫致富就有了出路。

4. 坚持协调共进，着力加快一二三产业融合。青海省在草地生态畜牧业发展过程中，坚持在理顺和稳定一产的基础上拓展二三产业发展，实现劳动力资源的合理利用。通过合作社评估排序，因地制宜发展二三产业，逐步推进劳动力转移，积极拓展农牧民增收渠道。目前，青海省961个生态畜牧业合作社中65%以上均开办有不同规模的特色畜产品、民族工艺品加工等产业。

（四）四川省

近年来，四川省立足农业绿色发展，突出新理念、新技术、新机制，深入实施化肥农药使用量"零增长"行动，促进种植业转型升级、持续发展。2016年，四川省在全国率先实现了化肥农药"零增长"，并且实现了减量不减收，产量、品质"双提升"，农民的收益也获得提升。四川省推进化肥农药使用量"零增长"的工作实践，成为各省区市学习借鉴的样板。

四川省的具体做法是：

1. 综合防治。在确保农作物产量品质双重提升的基础上，四川省通过推进绿色防控、加强监测预警，利用生物、物理手段替代一部分农药的功能。目前，四川已建立绿色防控示范区712万亩，全省主要农作物绿色防控技术覆盖率达25.8%，专业化统防统治覆盖率达36%，减少农药施用量1600余吨。为加强病虫害监测预警，四川省建立了50个全国病虫监测预警区域站、60个省级病虫重点测报站，全省重大病虫灾害智能预警应用平台已初具规模。

2. 有机肥替代化肥。遵循"种养循环"的传统，四川省围绕五大农产品主产区加快有机肥替代化肥技术推广，集中打造20万亩以上的种养循环有机肥替代化肥示范区。2016年以来，四川省在15个县（市、区）推广秸秆还田、种植绿肥、增施有机肥、土壤酸化改良等耕地质量保护与提升技术34万亩；在12个县建立"测土配方施肥"+"水肥一体化、畜禽粪便综合利用、有机肥替代、统配统施社会化服务"的化肥减量增效示范区18万亩。同时，新建规模化大型沼气工程78处，集中供气工程172处，户用沼气池保有量达610余万户。

3. 社会化服务。从体制机制创新上挖掘潜力，让农民施用有机肥的成本下降。例如，2016年，四川省丹棱县开始实施"PPP模式"，让政府与社会资本形成合力。由此丹棱县兴农养殖服务合作社开始负责全县畜禽粪便转运，供需统一调配。目前，丹棱县的畜禽粪便利用率由过去的60%提高到90%。

（五）甘肃省

近年来，甘肃省不断加强农业面源污染防治，大力开展农膜回收行动，初步形成"地膜增产增收、旧膜回收利用、资源变废为宝、农业循环发展"，成功走出了一条废旧农膜残留污染防控之路。

甘肃省的具体做法是：

1. 强化污染源头防控。为加强废旧农膜残留污染源头防控，甘肃省在全国率先出台了地方性法规和标准，推进高标准地膜生产。2013年，甘肃省人大出台了全国首部关于废旧农膜回收利用的地方性法规——《甘肃省废旧农膜回收利用条例》，并于2014年1月1日起施行。基于此，2013年甘肃省将废旧农膜回收利用纳入各地环境保护目标责任制中，在全省范围内禁止生产、销售、使用厚度小于0.008毫米的农用地膜。2016年，甘肃省农牧、工商、质监等部门联合建立了合力推进地膜污染防治的工作新机制，在全省范围内打击超薄地膜、劣质地膜的生产、流通和使用。这一系列措施，让全省地膜残留污染防控工作迈上了法制化、规范化的轨道。

2. 建立健全回收体系。2011年，甘肃省在全国率先设立了省级财政废旧农膜回收利用专项资金，采用"财政补贴、先建后补、以奖代补"等方式，扶持建立了一批基本覆盖全省主要用膜地区的加工企业和回收网点。2016年底，甘肃省扶持引导从事废旧农膜回收加工的各类企业达285家，设立乡、村回收网点2100个，以废旧农膜回收企业为纽带，通过发展回收经纪人、流动商贩，或在偏远地区设立固定回收网点等途径，以市场交易的方式收购废

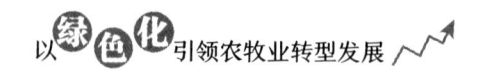

旧农膜，形成了"农民捡拾交售、商贩流动收购、回收网点回收、企业加工利用"的市场化回收利用体系。

3. 拓展回收利用空间。甘肃省扶持加工企业做大做强，企业与政府、农民多方通力协作，拓展地膜回收利用渠道，努力根治地膜污染。甘肃省废旧农膜加工利用的主要方式有两种：一种是将回收的废旧农膜进行粉碎、清洗后，通过热融、挤出生产再生塑料颗粒，用再生颗粒进行深加工，生产聚乙烯管材、塑料容器、滴灌带等；另一种是将回收的废旧农膜直接粉碎，混合一定比例的矿渣，加工生产下水井圈、井盖、城市绿化用树笼子等再生产品。2017年甘肃全省各类农作物覆膜面积2933.8万亩，地膜使用总量17万吨，回收废旧地膜13.6万吨，回收利用率达80.1%。同时，为了避免治理废旧农膜污染时不产生二次污染，甘肃省要求废旧农膜加工利用企业在生产线设计时，配套安装废烟收集、处理设备，建设多级沉淀污水循环处理池，对生产过程中产生的废气、废水进行无害处理，使废旧农膜加工利用对环境造成的不良影响降至最低。目前，这种技术工艺先进、规模化生产的方式也是甘肃省废旧农膜资源化利用的主推方向。

4. 着力强化科技支撑。近年来，甘肃省在旱作农业区积极研发推广"一膜多年用"技术，有效减少了地膜使用量。同时，甘肃省设置了8个可降解地膜对比试验点，探索农田残膜治理的新途径。

第二节　绿色农牧业在呼伦贝尔绿色转型中处于关键地位

一、绿色农牧业是经济转型的重要抓手

发展绿色农业是发掘新时代呼伦贝尔市发展新动能的需要。呼伦贝尔市生态资源相当丰富，但却处于欠发达、欠开发地区。虽然近年来呼伦贝尔市转变经济发展方式、调整优化产业结构取得了一定成效，但以煤炭、电力为主的资源型、能源型的产业结构和粗放型的经济增长方式还没有得到根本性改变，对资源的依赖偏重，"原字号"产品和初级产品比重大，资源约束加

剧，环境压力加大。面对经济下行的较大压力，呼伦贝尔市必须跳出资源依赖的圈子，实现转型升级。

首先，发展上的差距要求必须转型。从呼伦贝尔本身来看，虽然呼伦贝尔市经济多年保持较快增长，但经济总量小，发展规模不足，仍处于欠发达地区。如表2.1所示，2016年呼伦贝尔市地区生产总值（GDP）实现1620.86亿元，在全区排第六位；限额以上固定资产投资、一般公共预算收入在全区都排第六位；城镇常住居民人均可支配收入低于全区平均水平。因此，呼伦贝尔市经济转型不仅是经济发展的必然要求，更是满足人民日益增长的美好生活需要的必然要求。

表2.1 2016年呼伦贝尔市主要指标及在全区排名情况

主要指标	呼伦贝尔市	全区	在全区12个盟市排名
地区生产总值（亿元）	1620.86	18632.57	6
限额以上固定资产投资（亿元）	982.33	15283.45	6
一般公共预算收入（亿元）	106.03	2016.47	6
城镇常住居民人均可支配收入（元）	28885	32975	7
农村牧区常住居民人均可支配收入（元）	12540	11609	8

资料来源：呼伦贝尔市统计局官网，http://tjj.hlbe.gov.cn/?thread-6050-1.html。

其次，经济结构失衡亟须转变。当前，我国经济由高速增长转向中高速增长，处于新旧动能转换的关键时期，经济下行压力较大，并且这一趋势还在持续。经济下行使原材料、能源等行业产能过剩日益凸显，对产业结构单一的资源型城市带来了严重冲击。呼伦贝尔市长期以来依靠资源优势发展，导致出现经济结构严重失衡的发展局面，这也是本市整体经济下行的客观成因。如图2.1所示，呼伦贝尔市地区生产总值增速由2004年的25%下降到2017年的0.1%。

呼伦贝尔市产业结构、产业层次低端化特征明显，发展方式粗放，能源资源型产业比重较高；非资源型产业、战略性新兴产业、现代服务业发育不足。如图2.2所示，2000~2016年呼伦贝尔市轻重工业比重虽有所波动，但重工业比重仍高居不下，2016年占比达63.7%。

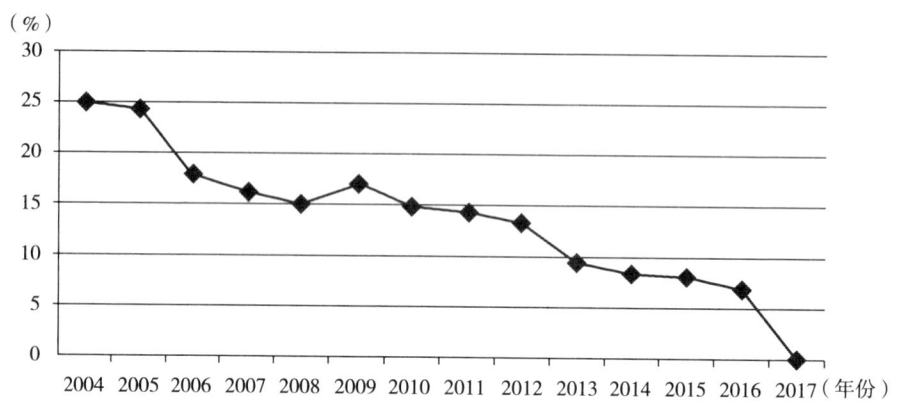

图 2.1　2004~2017 年呼伦贝尔市 GDP 增速变化

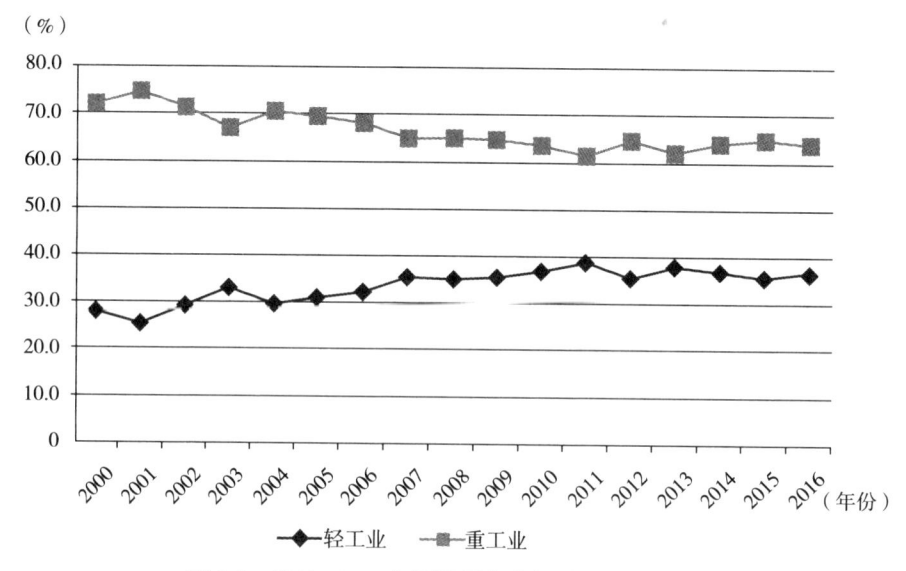

图 2.2　2000~2016 年呼伦贝尔市轻重工业占比情况

呼伦贝尔市高耗能产业占比较高，环保约束趋紧。2018 年 1~8 月，呼伦贝尔市规模以上工业企业耗能主要体现在以下五个行业中，依次为：煤炭开采和洗选业，化学原料和化学制品制造业，电力、热力的生产和供应业，食品制造业，非金属矿物制品业。以上五大行业能耗合计为 257.2 万吨标准煤，占全部规模以上工业能耗的 83.0%，产值 245 亿元，占规模以上工业产值的 72.4%。

呼伦贝尔市产业结构调整缓慢、新旧动能转换步伐迟缓。受有效投资规模下降、新兴产业培育力度不足等因素影响，目前，呼伦贝尔市传统工业企业存量大幅缩水，部分企业已经达不到规模以上企业标准。传统产业升级改造类项目数量少、投资低，对工业结构优化调整的带动力不强。战略性新兴产业缺少成熟项目支撑。

发展理念转变不够快，传统思维惯性依然存在。面对经济发展新常态，面对高质量发展，一些地区仍然固守粗放式的发展思维，只会用土地、资源、优惠政策谋划项目。

呼伦贝尔市要实现经济社会可持续发展，就不能沿袭过去拼资源、拼投入、拼消耗的粗放发展路径模式，必须通过转型，寻找新的发展方式，为资源优化配置找到更合理的方式。呼伦贝尔市拥有良好的生态环境，丰富的农产品，可以通过深入挖掘绿色农业的发展潜力，实现传统产业转型发展，努力走出一条生态优先、绿色发展的新路子。

呼伦贝尔市提出，要实现"绿色转型，美丽发展"，通过绿色农牧业重大项目的实施，有利于进一步调整全市产业结构，优化产品结构，强化技术支撑和创新驱动，推进产业间深度融合，推动农牧业发展的质量变革、效率变革和动力变革，提升农牧业现代化水平，为全市经济转型发展提供动能。

二、绿色农牧业是建设生态屏障的关键一环

呼伦贝尔市是内蒙古重要的生态屏障，也是国家重点生态功能区。绿色是呼伦贝尔市最大的底色，生态是呼伦贝尔市最大的资源。绿色农业是呼伦贝尔市保护生态环境的重要组成部分。呼伦贝尔市生态类型多样，具有独特的生态环境和不可替代的功能和作用，是北方重要的生态屏障，在内蒙古乃至全国生态文明建设中具有重要地位。

农牧业是高度依赖资源条件、直接影响自然环境的产业。农牧业生态系统是整个生态系统的重要组成部分。近年来，呼伦贝尔市通过调整优化种养业结构，实施草原生态奖补等制度，逐步修复农牧业生态系统。但传统的农业生产方式过多依赖农药、化肥、杀虫剂等化学合成物质，耕地和水资源过度利用，农业面源污染加重，草原等生态系统退化，不仅严重影响农产品的品质，也导致了农牧业生态系统退化，农牧业生态服务功能弱化的问题仍然

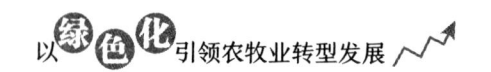

突出。2016年全区草原资源资产分布调查报告显示,呼伦贝尔草原面积表现为减少趋势。目前,呼伦贝尔市退化草地面积已占草地总面积的40%以上。2018年10月,中央第二环境保护督察组向内蒙古自治区反馈"回头看"及专项督察情况,督察指出:"呼伦贝尔市51家A级以上景区中有18个景区占用草原,仅有3个办理草原使用手续。"

2016年"中央一号"文件提出,"加强资源保护和生态修复,推动农业绿色发展","加快形成资源利用高效、生态系统稳定、产地环境良好、产品质量安全的农业发展新格局"。可以看出,中央要求把"发展绿色农业"与"保护生态"高度衔接起来。按照绿色农业模式要求,不仅不破坏资源和生态环境,还能保障足量农产品的安全。通过发展绿色农牧业,深入贯彻绿色发展理念,推动形成绿色农牧业生产方式,推进农业废弃物资源化利用,大力发展生态循环农牧业,有利于打好农牧业面源污染防治攻坚战,持续改善生态环境,为呼伦贝尔市打造全国可持续发展的生态环境保护示范区提供坚强保障;有利于提升耕地质量,保护草原生态系统平衡,推动现代农牧业可持续发展。

三、绿色农牧业是乡村振兴的客观需要

推进绿色农业发展,是乡村振兴的客观需要。党的十九大报告首次提出实施乡村振兴战略,并作为决胜全面建成小康社会、开启全面建设社会主义现代化国家新征程的七大战略之一。"乡村振兴"不仅是一个单纯的经济议题,它涵盖了经济、社会、生态、文化多个领域,是从乡村本位出发,转变思想,探索出一条乡村崛起的可持续路径。绿色农业的发展,是在巩固和践行"绿水青山就是金山银山"的核心发展观,关注农业结构和生产方式调整的深层次变革;是在农业及农村发展中强调资源节约、环境友好、生态保育和质量安全;同时,也是一次行为模式、消费模式的绿色革命,有利于推进农业供给侧生态转型,从根本上促进农业供给侧结构性改革。因此,"乡村振兴"战略要实现突破,必须以绿色发展为导向。

通过绿色农牧业重大项目的实施,可以有效带动呼伦贝尔市农牧业高质量发展,拓展农牧业产业链、价值链,积极培育壮大农牧业新产品、新服务、新业态和新模式,加强农牧业发展配套体系建设,有利于促进城乡融合发展,

推进农村牧区产业兴旺,为乡村振兴奠定坚实基础;有利于推进农民就业创业实现增收,特别是有助于推动产业扶贫,推动农牧村贫困人口脱贫致富,实现共同富裕。

四、绿色发展是农牧业供给侧结构性改革的核心内容

促进农业向绿色发展转型,保障从田间到"舌尖"的安全,以绿色、安全、高品质的农产品满足群众消费升级的需求,是我国农业供给侧结构性改革的核心内容。

改革开放40年来,呼伦贝尔市农牧业发展突飞猛进。按现行价格计算,1978年,呼伦贝尔市农业产值为2.23亿元,到2017年达到214.22亿元,是1978年的95.92倍,年平均递增12.4%。目前,呼伦贝尔市具备了60亿千克粮食、20万吨肉类、120万吨鲜奶的综合生产能力,是国家重要农畜产品生产供应基地。但也要看到,呼伦贝尔市的农牧业增长模式面临的资源环境透支、生产成本上涨、价格严重倒挂等问题日益突出,迫切需要转变发展方式,提高可持续发展能力和市场竞争能力。

通过绿色农牧业重大项目的实施,提高资源利用率、劳动生产率,促进农业农村发展由过度依赖资源消耗、主要满足"量"的需求,向追求绿色生态可持续、更加注重满足"质"的需求转变。通过产业体系与生产体制的调整,把那些对环境有负面影响的产业与投入淘汰下来,让绿色健康的体系发展壮大起来。通过产业链的重新整合,对育种、生产、流通与销售进行重塑,生产出不但品质高、健康安全,而且还环保可持续的农产品。通过打造全产业链,塑造品牌,使产品质量快速提升起来。通过盘活生态环境资源、激发多元化发展路径,实现乡村一、二、三产业系统发展和城乡协同发展,既能激活农村经济活力,也能拓宽农业产业发展模式、发掘生态休闲旅游等新的领域,从而推动农业生产从粗放型向精细型转变、从不可持续向可持续转变、从偏重数量向提升质量转变。

第三章 呼伦贝尔绿色农牧业的发展环境

第一节 外部环境和条件

从政策环境、经济环境、社会环境和技术环境分析，呼伦贝尔实施绿色农牧业重大项目，具有许多有利的外部环境和条件，是大势所趋。

一、政策环境

1. 国家高度重视绿色农牧业发展。中共十八大以来，中共中央、国务院高度重视绿色发展，习近平总书记多次强调，绿水青山就是金山银山。为贯彻习近平新时代中国特色社会主义思想，国家已经从宏观层面上构建了新时期绿色农业发展的政策框架，为我国走出一条产出高效、产品安全、资源节约、环境友好的农业现代化道路奠定了基础。同时，为深入推进农业供给侧结构性改革，增加绿色优质农产品供给，提高农业供给体系质量和效率，中共中央出台了《中共中央关于深入推进农业供给侧结构性改革　加快培育农业农村发展新动能的若干意见》，出台了我国第一个关于农业绿色发展的文件——《关于创新体制机制推进农业绿色发展的意见》。为推动我国农业形成绿色发展方式，走上可持续发展道路，农业部先后制定了《全国绿色食品产业发展规划纲要（2016-2020年）》《农业资源与生态环境保护工程规划（2016-2020年）》和《农业绿色发展五大行动》等重要文件。这些是指导当前和今后一个时期农业绿色发展的纲领性文件。

2. 优先发展和融合发展两大策略助力。中共十九大及随后召开的中央农村工作会议，明确提出要实施乡村振兴战略，坚持农业农村优先发展与城乡融合发展，明确要通过发挥政府有形之手的作用，着力补国家现代化的短板，突出绿色生态指向，特别是加大对退耕还林、退耕还湿和退养还滩、节水灌溉、耕地地力保护、化肥和农药减量、农业废弃物回收、地下水超采和重金属污染地区治理等的投入，推动实现质量、效率和动力变革，促进农业可持续发展。坚持城乡融合发展，推动公共资源向农业农村优先配置，增量资金重点向资源节约型、环境友好型农业倾斜。这是绿色农牧业发展的重大机遇和必然要求。

3. 内蒙古农牧业发展的绿色指向更加明确。为贯彻国家绿色农业发展的各项部署，《内蒙古自治区农牧业现代化第十三个五年规划》中指出，到2020年，要把内蒙古建成国家重要绿色农畜产品生产加工基地，并且制定了一系列积极促进绿色农牧业发展的政策措施。自治区第十次党代会提出，加快农牧业现代化进程，推进农牧业供给侧结构性改革，发展绿色农牧业、节水农牧业、效益农牧业，加强农畜产品质量安全监管体系建设，打造优质绿色农畜产品品牌，推进农牧业与二、三产业融合发展，加快实现农牧业大区向农牧业强区转变等。为了深入开展绿色高产高效创建，内蒙古农牧业厅印发了《2017年内蒙古绿色高产高效创建年工作方案》。这些都为呼伦贝尔市绿色农牧业发展明确了方向，提供了遵循。

专栏1

"中央一号"文件对"绿色农业"发展的要求

2016年"中央一号"文件：《关于落实发展新理念加快农业现代化实现全面小康目标的若干意见》

2016年1月，中共中央、国务院发布《关于落实发展新理念加快农业现代化实现全面小康目标的若干意见》提出，"推动农业可持续发展，必须确立发展绿色农业就是保护生态的观念，加快形成资源利用高效、生态系统稳定、产地环境良好、产品质量安全的农业发展新格局"。这是"农业绿色发展"首次写入"中央一号"文件。

2017年"中央一号"文件：《关于深入推进农业供给侧结构性改革加快培育农业农村发展新动能的若干意见》

2017年2月，中共中央、国务院发布了《关于深入推进农业供给侧结构性改革加快培育农业农村发展新动能的若干意见》，正文共分为六部分，第二部分"推行绿色生产方式，增强农业可持续发展能力"即是专门讨论推行绿色生产方式，增强农业可持续发展能力；其他部分对绿色农业也多有涉及，包括第一部分优化产品产业结构，提出引导企业争取国际有机农产品认证，加快提升国内绿色、有机农产品认证的权威性和影响力等。

第二部分"推行绿色生产方式，增强农业可持续发展能力"从推进农业清洁生产（化肥零增长，有机肥替代化肥试点，建立健全化肥农药行业生产监管及产品追溯系统，严格行业准入管理）、大规模实施农业节水工程（把农业节水作为方向性、战略性大事来抓，加快完善国家支持农业节水政策体系）、集中治理农业环境突出问题和加强重大生态工程建设四个方面讨论推行绿色生产方式的具体路径。

2018 年"中央一号"文件：《关于实施乡村振兴战略的意见》

2018 年 2 月，中共中央、国务院发布了《关于实施乡村振兴战略的意见》提出："必须坚持质量兴农、绿色兴农，以农业供给侧结构性改革为主线，加快构建现代农业产业体系、生产体系、经营体系，提高农业创新力、竞争力和全要素生产率，加快实现由农业大国向农业强国转变"。突出质量、绿色发展，将提升农业发展质量作为乡村发展新动能进行培育，提出将推进乡村绿色发展作为打造人与自然和谐共生发展新格局的重要途径。质量兴农、绿色兴农的提出，意味着今后在涉农问题上更加注重质量和绿色，这将成为今后一段时间内涉农的主旋律。

二、经济环境

1. 绿色农业已成为世界农业发展的必然选择。从绿色农业的发展趋势来看，全世界已有 100 多个国家和地区进行了绿色农业的实践，绿色生产土地面积已经超过 2400 万公顷，美国、英国、日本等发达国家先后制定了绿色农产品标准，建立了绿色农业发展政策、技术标准、市场营销、科学研究等体系。从发达国家绿色农业消费意愿和需求来看，世界各国人们对常规食品供应的信任度呈下降趋势，而对绿色食品需求的增长速度已经快于供应增长速度。日本有 91.6% 的消费者对有机蔬菜感兴趣，77% 的美国人和 40% 的欧洲人喜爱绿色食品。德国、英国绿色食品大量依靠进口，进口量已分别占国内消费量的98%和80%。总而言之，国内外绿色农业的强劲发展势头和殷切需求为我国绿色食品产业的发展提供了良好的外部环境和广阔的市场前景。

2. 国内市场需求旺盛。我国经济正处于发展方式转变、发展动力转换的新时期，"三农"问题很大程度上是供需问题，农产品数量上供大于求、质量上难以满足广大民众需求的现象较为普遍。2016年我国人均粮食占有量445.7千克，人均肉类消费量约59千克，人均乳制品折合生鲜乳消费量36.1千克，水产品供应也较为充足，总体上看供应保障水平较高。但从结构上看，农产品供给"大路货"多、总量足，优质的、品牌的、绿色的还不够；初级产品偏多，精深加工产品较少；种植业比重偏大，畜禽、水产品偏少，种（养）植内部玉米阶段性供过于求；大豆缺口逐年扩大，优质饲草供应不足；东中部地区发展规模较大，西部地区发展规模偏小等一系列问题。随着城镇人口和城乡居民收入水平的提高，在消费理念、生活观念和收入水平等综合因素影响下，对绿色优质农畜产品的消费意愿和消费潜力将得到稳步释放。调查显示，我国69%的受访者表示更愿意为具有环保意识行为和富有社会责任的企业埋单，这一比例领先于全球平均比率14个百分点。绿色特色优势农畜产品消费意愿和市场日益扩大，具有相对比较优势的绿色农畜产品将迎来更大的发展空间，据权威机构预测，全国绿色食品和绿色农畜产品的消费需求和利润都将以每年20%的速度增长。

3. 绿色农畜产品消费支撑能力较强。从国内看，我国经济整体发展趋势向好的基本面没有变，经济增长在合理区间。有关研究表明，从我国"十三五"乃至更长时期发展态势看，2016~2020年，我国经济增速为6.5%~6.7%，到2030年，我国将有3/4人口迈入中等收入行列。2020年城镇化将达到60%，2030年将达到70%；2020年人口将达到14.2亿人，2030年人口将达到14.5亿人。因此，从中长期来看，绿色农牧业消费有着较为庞大的消费群体和较为持久的消费支撑。

4. 多元融合成为经济发展的新趋势。随着经济的发展和人们生活条件的改善，在技术及需求的带动下，农牧业发展正在由单一的规模经济优势向农牧业与相关产业及业态融合的范围经济优势转变，对优质、安全、营养、绿色农畜产品与农业休闲度假、旅游观光、农耕体验、健康养生、文化教育及创意农业等融合发展催生了新产品、新业态，绿色农牧业借力融合发展的机遇前所未有。

5. 农牧业市场竞争将日益加剧。一方面，近年来，受劳动力、土地等成本快速增加以及农牧业产品结构不合理等影响，我国农牧业生产成本持续攀升，农牧业低成本优势明显削弱，国内外主要农畜产品价格全面"倒挂"，农畜产品进口急剧增加，出现部分农产品"洋货入市、国货入库"现象，农业基础竞争力不足的问题愈加凸显。另一方面，我国农业市场竞争的策略从拼速度、拼规模、拼成本转向拼质量、拼服务、拼利润，以往被快速成长掩盖的经营"短板"问题暴露无遗，这些都有可能给行业带来重新"洗牌"的可能，使得农牧业的竞争日趋加剧。此外，食品安全呈现高压态势，行业电商竞争愈演愈烈等因素，给农牧业的市场竞争管理增添了新的压力。

三、社会环境

1. 农牧业发展的社会内在吸引力在逐步增强。随着绿色农牧业市场需求的快速显现以及政策环境的逐步优化，我国农业内在吸引力正在逐步增强，各种要素开始转向农业领域，尤其是青年农民带着资金、技术、管理能力返乡创业的情况越来越多。如表 3.1 所示，2016 年农牧业投资完成额同比增长 21.1%，增速比全部固定资产投资高 13 个百分点。其中，民间资本投资的比重接近 80%，同比增长 18.1%。农牧业内在吸引力的增强在很大程度上进一步夯实着绿色农牧业的发展根基。

表 3.1　2010~2016 年我国农牧业固定资产投资变化情况

单位：亿元，%

年份 类别	2010	2011	2012	2013	2014	2015	2016
农牧业投资	3926.2	6819.2	8772.4	11401.2	14574	15561	18838
全部固定资产投资	278140	301933	374676	436528	502005	551590	596501
占比	1.41	2.26	2.34	2.61	2.9	2.82	3.16

资料来源：《中国统计年鉴》（2010~2016）。

2. 食品安全问题的关注度日益突出。目前，人们所用的食物 80% 以上都是由粮食直接生产或转化而成。不合格的成品粮油进入市场，会对粮食质量安全造成巨大威胁，粮食的质量安全直接关系到国家粮食安全的全局，关系到社会的和谐稳定，关系到国家战略安全。农业资源利用不合理，农业生产环境污染不断加重，各种农业生产污染造成有害物质在农作物中积累，并通过食物链进入人体，会引发各种疾病，最终危害人体健康。另外，转基因技术和食品，从面世之初就备受争议。《2016年中国食品安全状况研究报告》显示，我国食品安全存在超范围、超限量使用食品添加剂，微生物污染、重金属等元素污染、质量指标不符合标准、农药兽药残留不符合标准和生物毒素污染的风险。同时，公众食品安全满意度总体上较为低迷，2012年、2014年、2016年与2017年调查的公众满意度分别为64.26%、52.12%、54.55%与58.03%。党的十九大报告再次重申"实施食品安全战略，让人民吃得放心"，未来食品安全问题仍将是社会关注的热点，解决食品安全的关键在于加快推进绿色农业发展。

3. 消费群体分层带来消费内容日益多元化。随着我国人口结构分层的快速显现，消费群体分层带来的消费内容也日益多元化，传统的"波浪式消费"正在接近尾声，个性消费、时尚消费正在全面到来，城乡居民消费呈现结构层次多、消费需求变化快、消费多元化等特点，食品消费正向高蛋白、低脂肪以及副食品消费为主的阶段转变，这对农畜产品供给内容和结构的多元化供给提出了新的要求，使得具有相对比较优势的绿色农畜产品拥有更大的发展空间。

四、技术环境

1. 我国的绿色农业技术应用和技术研发工作取得了很大的进展。围绕粪便秸秆资源化利用、农药化肥减量增效、地膜回收、农业节水、农产品质量安全等目标，大力开展科技创新，取得了一批重大技术突破，形成了高效缓释肥料应用技术、高效节水灌溉技术、设备和农业生产技术、农业深加工产品和控制技术等系列绿色农业技术支撑体系。在重大动植物疫病流行规律与防控方面，建立了高效水产等良种繁育、集约化养殖及疾病防治技术体系，生物技术以及种养、机械化和病虫害综合防治等技术应用在逐步普及，农业遥感和农业信息化等众多领域，不断取得新突破，引领着农业的绿色化。

2. 绿色农业科技创新成为农业科技创新的重点。国家《"十三五"农业科技发展规划》明确提出，要实施化肥农药减施重大科技任务、淡水渔业产业转型升级与可持续发展重大科技任务、农业废弃物资源化利用重大科技任务、农田土壤重金属污染防治重大科技任务、农业面源污染综合治理重大科技任务和草地高效利用重大科技任务，这将为绿色农牧业提供重要的技术支持。同时，《"十三五"农业农村科技创新专项规划》围绕绿色、生态、高效、优质、安全的科技需求，将重点突破农业节水、循环农业、面源污染治理、肥药减施增效、农林防灾减灾以及农产品绿色物流等关键技术研究，加快形成资源利用高效，生态系统稳定，产地环境良好，产品质量安全的农业发展新格局。

专栏2

未来农牧业技术发展方向

◆生物技术：种质资源的创新；动植物遗传育种；动植物高效生产；动植物生长调节剂；动植物免疫诊断等方面。

◆生态保护技术：主要是围绕保护农牧业资源，改善农牧业生态环境，防治环境污染和生态破坏等方面的技术合成。

◆节水农业和节水灌溉技术：雨水蓄积工程；旱地蓄水保墒耕作技术；沟灌技术；膜上灌溉技术；喷灌技术；滴灌技术；补灌措施；化学调控技术等促进节水农业技术向着定量化、规范化、模式化、集成化和高效化方向发展。水肥一体技术。

◆农产品增值技术：从提高产品质量和市场竞争力出发，加大农业产品产后处理和加工增值技术开发应用。包括农产品产生的精选—分级—保鲜—贮藏—烘干—包装新技术开发应用。建立全冷链技术，提升农业产业化水平和效率。

◆设施农业技术：农机与设施的全套装备技术；节水灌溉新材料与设备；环境友好缓释控释肥料；新型可降解地膜和棚膜等。

◆农业信息技术：农业专家系统；精确农业；虚拟农业；农业智能决策技术；农业系统数字模拟技术；农业信息分析采集技术；农业信息网络体系集成技术等。

◆管理科学技术：加强管理科学在农业中的应用研究，在宏观层面重点提升农产品国际竞争力以及加强资源持续利用等方面；在微观层面重点提升经济管理水平以及增强市场竞争能力方面。

3. 农业科技创新体系成为竞争新方向。当前,农业生产分工全球化进程加快,各大国际农业跨国企业纷纷依靠科技创新优势进行全球产业布局,通过农业创新链支撑农业产业链,农业产业链已呈现出在产业链高端共同投资、联合开发等新的特点和发展趋势。农业科技创新的竞争正由技术与产品的单一、单个、单向竞争演化为以技术与产品为表征的品牌、产业组织、商业模式的全产业链多元融合创新的竞争。农业科技创新活动不断突破地域、组织、技术的界限,演化为创新体系的竞争。

4. 绿色农牧业环境标准和监管缺失较为明显。目前绿色食品标准体系亟待规范与健全,绿色食品认证工作更多地集中在前期的考察与标志审批上,对后期的跟踪监测、检查与后续管理比较松懈,总体监管不严,导致出现原料生产不符合标准、加工过程及市场流通出现污染等现象,绿色农产品认证标志滥用,超期、超范围使用的情况也有所存在,市场秩序较为混乱,绿色农产品标志的含金量或真实性遭受众多消费者的质疑,阻碍了潜在需求向现实购买力的转化。

绿色农牧业发展的 PESTE 分析见表 3.2。

表 3.2　绿色农牧业发展的 PESTE 分析

政策环境（Political）	经济环境（Economic）	社会环境（Social）	技术环境（Technological）	生态环境（Environmental）
◇党和国家对"三农"工作的高度重视 ◇农业供给侧结构性改革的深入推进 ◇"五大"发展理念的科学引领 ◇自治区第十次党代会政策指引	◇经济整体发展趋势向好的基本面没有变 ◇农牧业发展成本价格倒挂问题突出 ◇农牧业竞争日益加剧 ◇农畜产品发展面临空间拓展的新机遇	◇农牧业发展的社会内在吸引力在逐步增强 ◇农牧业增收带动效应逐步缩减 ◇消费群体分层带来的消费内容日益多元化 ◇全社会急功近利思想对农牧业发展所带来的副作用较为明显	◇技术创新紧迫感前所未有 ◇工业化、信息化、城镇化牵引作用更加有力 ◇技术变革为现代农业建设提供了强大动力	◇自然环境约束亟待突破 ◇消费者对环保的考量正在逐步成为绿色农牧业发展的潜在发力点 ◇绿色农牧业环境标准（或监管）较为缺失

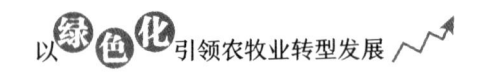

第二节 内部环境

从自身条件看，呼伦贝尔市实施绿色重大项目，既有优势，也有劣势，既存在重大机遇，也面临着一定的挑战。

一、优势

(一) 自然条件优越

1. 自然环境有利。呼伦贝尔市位于寒温带北部的大兴安岭山脉中段的东西两侧，年平均气温-4~2℃，全年无霜期短。"岭东"地区为100~120天，有效积温为2000~2300d·℃。"岭西"地区为90~100天，有效积温为1600~1900d·℃。年平均日照为2600~3000小时。降水量不多，年平均降水量为380毫米，降水期集中在7~8月。呼伦贝尔市是全国发展绿色食品产业环境条件最好的地区之一。由森林、草原、湿地、河流等组成比较完善的生态系统，是我国北方重要的生态安全屏障。据环境监测结果显示，全市99%以上地区水质、土壤、空气等环境指标均符合开发绿色、有机食品的标准。

2. 土地资源丰富。呼伦贝尔市地域辽阔，是世界上土地管辖面积最大的地区级城市，土质肥沃，自然肥力高。呼伦贝尔草原是国家乃至世界堪称最好的草原之一，草原面积8.4万平方千米，占全市土地总面积的33%；森林面积12.6万平方千米，占全市土地总面积的50%，占自治区林地总面积的83.7%；湿地面积2万平方千米，占全市土地总面积的7.9%；耕地面积2664万亩，占全市土地总面积的19.4%；可利用水域面积487万亩，丰富的土地资源为发展绿色农牧业提供了得天独厚的条件。

3. 水资源充沛。呼伦贝尔市境内有河流3000多条、湖泊500多个，全市地表水资源298.19亿立方米，占全自治区总水量的73.34%以上。人均占有水资源量为1.1万立方米，高于世界人均占有量，是全国人均占有量的5.4倍。

(二) 农畜产品综合生产能力位于内蒙古前列

如表3.3、表3.4所示，2015年全市牲畜存栏总数2136.7万头，位列全区第二，肉类总产量263600吨，位列全区第三。禽蛋产量41800吨。黑白花乳牛存栏 37.53 万头，位列全区第二，牛奶产量 1270800 吨。水产品总产量 36700 吨，渔业综合指标（已利用水面积、水产品总量、渔业总产值）位列全区第一。

表 3.3 2015 年呼伦贝尔农牧业资源及产量占自治区比重情况

农牧业资源	呼伦贝尔	内蒙古	占内蒙古的比重（%）
耕地面积（万平方千米）	1.23	118.3	1.04
森林面积（万公顷）	13.53	2487.9	0.54
草原面积（万公顷）	1126.67	8800	12.8
牲畜存栏总数（万头）	2136.7	13585.7	15.7
肉类产量（吨）	263600	2457061	10.7
牛奶产量（吨）	1270800	8030000	15.8
水产品产量（吨）	36700	153525	23.9

资料来源：《呼伦贝尔市统计年鉴》(2015)。

表 3.4 2015 年呼伦贝尔农畜产品产量情况　　　　单位：万吨，%

农畜产品	呼伦贝尔	内蒙古	占内蒙古的比重
谷物	506.91	2577	19.67
豆类	91.68	103	89
薯类	22.61	147	15.38
油料	33.48	193.6	17.29
猪肉	3.83	70.81	5.41
牛肉	9.8	52.9	18.53
羊肉	10.97	92.6	11.85
牛奶	12.71	803.2	1.58
水产品	5.4	15.35	35.18
黑木耳等菌类	0.1	—	—

资料来源：《呼伦贝尔市统计年鉴》(2015)。

(三) 特色优势农牧林业布局逐步优化

大兴安岭以东北—西南走向纵贯呼伦贝尔中部，天然形成三大地形单元和经济类型区域，其中大兴安岭山地为林区，是林下经济区；岭西为呼伦贝尔大草原，是畜牧业经济区；岭东地区为低山丘陵与河谷平原，形成种植业为主的经济区。

近年来通过对特色产业的培育，目前呼伦贝尔在肉牛、肉羊、玉米、优质马铃薯、高油大豆、牛奶、林下产品等方面已经在全国形成了具有比较优势的产业带，产业集聚和拉动效应日益凸显。位于农区的扎兰屯市、阿荣旗、莫旗是国家重点粮食生产地区，生猪等牲畜养殖已成为农民增收的主导产业；位于牧区的陈巴尔虎旗、鄂温克旗、新右旗、新左旗成为有机、绿色牛羊肉及饲草等生产基地；位于林区的根河市、牙克石市、额尔古纳市、鄂伦春旗成为黑木耳、蓝莓等绿色林下产品生产基地。

专栏 3

呼伦贝尔农牧业布局规划

◆产业园：目前已建成五个自治区级农牧业产业化示范园，规划再新建三个农牧业产业园。到 2020 年，力争在鄂温克、莫旗、额尔古纳、阿荣旗、扎兰屯、海拉尔、大兴安岭农垦、海拉尔农垦等区域，建设八个现代农牧业产业园，成为带动农牧业现代化的重要载体和平台，力争打造出一到两个国家级现代农牧业产业园。

◆科技园：鼓励和支持农业科技示范园建立产学研合作平台、院士专家工作站，将园区建设成为现代农牧业科技创新中心。到 2020 年，力争在扎兰屯、阿荣旗、海拉尔、额尔古纳建设四个农牧业科技示范园，力争打造出一个国家级农牧业高新技术产业示范区或国家级现代农牧业产业科技创新中心或国家农业科技园区。

◆创业园：以呼伦贝尔创业园为依托，引导和鼓励广大农牧业新兴电商产业和新农牧人投身到"互联网+"农牧业中,联手打造一个信息透明、政令畅通、人才云集、行业资源交互分享便捷的农业集聚区。

◆物流园:依托口岸优势,加快建设海拉尔中蒙俄国际物流园区农畜产品仓储物流园、满洲里口岸农产品进出口加工仓储物流园、阿荣旗岭东物流园。加快物流仓储、冷链等基础设施建设,发展物联网技术、智慧物流、电子商务。打造岭东、岭西、口岸三条物流走廊,构建以农畜产品仓储、物流、商贸于一体的物流体系,培育一批规模化、网络化、专业化现代物流企业集群。力争到2020年,海拉尔、满洲里和扎兰屯三大物流园区建设完成并投入运营,物流园区集聚效应初步显现,成为联通俄蒙、辐射东北亚、在全球具有影响力的物流节点。

◆循环示范园:以提高区域范围内农业资源利用效率和实现农业废弃物"零排放"和"全消纳"为目标,建立包括畜禽养殖废弃物资源化利用、秸秆、农产品加废弃物综合开发和标准化清洁化生产在内的生态循环农业链条,完善养分综合管理计划,探索生态循环农业模式、技术路线和运行机制。力争到2020年,在海拉尔农垦、新左旗、大兴安岭农垦建设3个区域生态循环农业示范园,全部打造成为国家区域生态循环农业示范点。在此基础上,力争创建一到两个国家级农业可持续发展试验示范区。

(四)创建优质农畜产品基地取得积极成效

近年来,呼伦贝尔市按照"创建全区绿色农畜产品生产加工输出基地优势区,打造全国绿色食品大市"的发展目标,优质农畜产品基地建设工作取得了显著成效。截至2015年,全市通过农业部绿色食品办公室验收的"全国绿色食品原料标准化生产基地"共有40个,面积达到721.07万亩。2016年呼伦贝尔市总计45万亩全国绿色食品原料标准化生产基地通过农业部绿色食品管理办公室和中国绿色食品发展中心审批,符合基地创建条件,进入创建期。通过创建评审的全国绿色食品原料标准化生产基地有:额尔古纳市创建的大麦基地(10万亩)、小麦基地(10万亩),扎兰屯市创建的水稻基地(5万亩)、玉米基地(20万亩)。

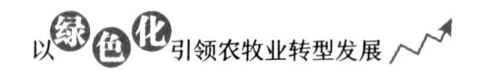

(五) 绿色农畜产品质量建设初具规模

根据对国家农业部、国家工商行政管理总局公布的公开登记注册的农产品地理标志的统计，截至2015年5月，内蒙古共有95个农产品品牌。现有的农产品区域品牌分布在内蒙古下辖的12个盟市行政区域中，其中呼伦贝尔市就有26个，占内蒙古农产品区域品牌总数的27%，是区域品牌数量最多的盟市。同时，"扎兰屯黑木耳""扎兰屯榛子"入选了"2017年最受消费者喜爱的中国农产品区域公用品牌"。

专栏4

呼伦贝尔市农产品区域品牌分布

扎兰屯沙果、莫力达瓦菇娘、根河卜留克、莫力达瓦柳蒿芽、阿荣旗马铃薯、扎兰屯葵花、扎兰屯榛子、阿荣旗白瓜子、扎兰屯白瓜子、扎兰屯大米、莫力达瓦大豆、莫力达瓦苏子、阿荣旗玉米、阿荣旗大豆、扎兰屯黑木耳、西旗羊肉、阿荣旗白鹅、三河马、三河牛、莫力达瓦黄烟、阿荣旗柞蚕、呼伦贝尔芸豆、呼伦湖秀丽白虾、呼伦湖鲤鱼。

全市加快推进"三品一标"认证开发步伐，出台"三品一标"奖励政策，努力打造呼伦贝尔牛肉、羊肉、大鹅、大豆、油菜籽、小麦、马铃薯、鲤鱼、白鱼、黑木耳十大品牌，全力提升呼伦贝尔绿色有机农畜林产品品牌价值。如表3.5所示，全市无公害农产品认证数350个；绿色食品生产企业达到60家，有效使用绿色食品标志产品数150个，其中，鄂温克旗、新巴尔虎左旗、新巴尔虎右旗、陈巴尔虎旗牛羊均通过有机食品认证，农区牛羊肉80%以上通过绿色食品认证；有机食品企业达到20家，产品达到50个，有机食品年产值位居自治区第二；农产品地理标志登记保护数达到35个。截至2016年，全市"三品一标"总数达到382个，"三品认证"居自治区首位，"三品"总产量达到400万吨，年产值150亿元。农畜产品地理标志连续8年位居全区第一。"中荣"商标实现了全市农畜产品中国驰名商标零的突破。

呼伦贝尔市唯一的地市级检测项目——呼伦贝尔市农畜产品质量检验检测中心建设完成；全市全部"三品一标"认证企业100%配备了企业内检员；"三品一标"产品质量年度抽检合格率达到100%；全市农畜产品质量年度抽检合格率达到100%；全市生鲜乳质量安全监测抽检合格率100%；有80家农畜产品加工企业纳入了市农畜产品质量安全追溯平台，实现了可追溯管理。全市多年未发生过农畜产品质量安全事件。

表3.5 2015年呼伦贝尔绿色农牧业情况

绿色农牧业	呼伦贝尔	内蒙古	占内蒙古的比重（%）
绿色食品原料标准化基地（个）	40	59	67.8
绿色食品原料标准化基地面积（万亩）	721.07	823.6	87.6
绿色食品生产企业（家）	60	144	41.7
有效使用绿色食品标志产品（个）	150	389	38.6
无公害农产品认证数（个）	350	393	89.1
农产品地理标志登记保护数（个）	35	57	61.4
有机食品企业（家）	20	41	48.8
有机产品数（个）	50	323	15.5

资料来源：呼伦贝尔市农牧业局。

二、劣势

（一）绿色农畜产品品牌知名度较低

尽管呼伦贝尔市在品牌建设上取得了一定成绩，但是在品牌数量增加的同时，整体竞争力却没有得到明显的提高，缺乏在全国叫得响的特色品牌。目前内蒙古有38个农畜产品类全国驰名商标，而呼伦贝尔仅有"中荣及图"一个全国驰名商标。

（二）农畜产品加工转化水平较低

目前全市农畜产品综合加工转化率仅为45%左右，低于自治区平均水平13个百分点。多数优质农畜产品只能以原材料低价流向黑龙江省、吉林省等周边地区，农畜林产品加工业带动力不强，制约了绿色农牧业的发展。

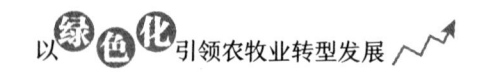

（三）农牧业绿色发展的技术支撑水平较低

全市农牧业科技创新引领能力不断提升，2015年全市农牧业科技进步贡献率55%，较全区平均水平高出4.6个百分点。不断推进新品种、新技术的推广应用，加大"三河牛"品种推广和呼伦贝尔羊选育力度；推广肉羊阶段性舍饲育肥、裹包牧草等技术；积极实施高产创建、良种推广补贴、测土配方施肥、喷施叶面肥等项目。如表3.6所示，以粮食作物机耕、机播、机收为关键环节的机械化发展迅速，农牧业机械化综合水平达到85%。呼伦贝尔市工业"三废"污染低，化肥施用量仅为6.5千克/亩，相当于全国平均水平的1/3，具备生产绿色食品的良好条件。全市现有各级农牧业技术推广机构287个，建成院士工作站7个，以呼伦贝尔农垦集团为依托，建设了8个平台基地、7个重点实验基地。但是，呼伦贝尔市发展绿色农牧业仍然存在明显的技术短板，存在着绿色技术供应不足，技术体系不完善，技术研发投入不够，绿色技术推广难诸多问题，尤其是在良种良法、绿色防控、转化增值、秸秆还田、测土配方施肥、农机农艺结合和农牧业信息等领域，技术突破的需求更为迫切。这使得呼伦贝尔市农牧业发展的整体技术水平较弱，对农牧业贡献水平较低。目前，全市农牧业科技进步贡献率虽然高于全区平均水平，但整体上低于全国平均水平1个百分点，低于通辽市1个百分点、赤峰市和包头市各2个百分点、巴彦淖尔市4个百分点。

表3.6 2015年全区各盟市农牧业机械化总动力情况

各盟市	农作物总播种面积（万亩）	农业机械总动力（万千瓦时）	亩均拥有动力（千瓦时/亩）
呼和浩特	692.28	258.91	0.37
包头	481.05	164.8	0.34
呼伦贝尔	2428.88	450.53	0.19
兴安盟	1247.12	429.56	0.34
通辽市	1762.14	676.87	0.38
赤峰市	1781.31	608.72	0.34
锡林郭勒	342	158.17	0.46

续表

各盟市	农作物总播种面积（万亩）	农业机械总动力（万千瓦时）	亩均拥有动力（千瓦时/亩）
乌兰察布	1003.59	219.32	0.22
鄂尔多斯	616.26	313.09	0.51
巴彦淖尔	901.34	485.1	0.54
乌海	10.59	8.67	0.82
阿拉善盟	85.29	31.36	0.37

资料来源：《内蒙古统计年鉴》（2015）。

三、机遇

（一）国家粮食生产布局的战略性调整带来了市场机遇

国家粮食生产中心逐步向北、向西转移，粮食流通格局也从"南粮北调"转变成为"北粮南运"。随着粮食生产和流通格局的转变，呼伦贝尔作为"北大荒"黑土地大粮仓的组成部分，绿色粮食生产输出基地的地位将明显提高，成为吸纳国家重大建设项目和社会资金的洼地，对改善基础设施，加强市场体系、流通体系和信息平台建设，起到了巨大的促进和推动作用。

（二）新一轮西部大开发和东北振兴战略的实施有利于农牧业现代化发展

《西部大开发"十三五"规划》明确指出，我国将支持西部地区立足生态环境本底，走差异化农业发展道路，鼓励扩大无公害、绿色、安全农产品生产面积，提高家禽家畜养殖和特色渔业比重，推动西部地区农业向生态化、有机化发展，培育农业新的增长点。积极构建从种子种苗和种畜种禽选育、种养管理、生产加工到物流配送的完整有机农产品生产供应链，加快安全农产品生产产业化，提高农产品质量安全水平，促进农业提质增效。以无规定动物疫病区为重点，大力开展有机畜禽养殖示范区建设。推进水产健康养殖，大力发展湖泊、水库等大水面增殖渔业。结合粮食主产区规模化经营，推动传统粮食生产模式向有机模式转换。瞄准国际国内高端市场，严格执行有机农产品生产标准，在特色木本粮油、经济林、果蔬、茶叶、中药材等主产区，培育一批有机产品生产加工基地，形成一批国际知名的农产品品牌。积极鼓

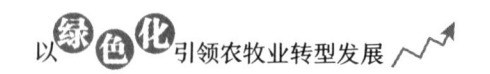

励发展经营规模大、带动农户数量多的安全农产品生产项目。

同时,国家将支持林区、垦区、特色农业基地、高产稳产饲草基地等区域基础设施建设,支持林区山区以及农林、农牧交错区着力发展生态友好型农业,推行种养结合等模式,加快发展粮果复合、果茶复合、林下经济等立体高效农业。草原牧区着力发展舍饲半舍饲和传统地方特色草食畜牧业,支持不同类型草原地区开展现代牧业示范区建设。这些都将为呼伦贝尔市绿色农牧业提供有利的政策环境。

农业现代化是新一轮东北振兴战略的重要支点。2014年8月国务院发布了《关于近期支持东北振兴若干重大政策举措的意见》,提出增强东北地区农业可持续发展能力。中共中央政治局2015年12月审议通过了《关于全面振兴东北地区等老工业基地的若干意见》,2016年11月国务院批复原则上同意《东北振兴"十三五"规划》,国家明确提出在东北地区加快发展现代化大农业,使现代农业成为重要的产业支撑。这将有利于承接国家发展绿色农牧业的优惠政策,吸引投资和技术。

(三)"一带一路"建设为绿色农牧业发展注入了活力

呼伦贝尔位于古代陆上丝绸之路北线,一直肩负着我国向北开放桥梁和窗口的使命,在"中蒙俄经济走廊"建设中区位优势显著,是中俄大通道的枢纽,欧亚物流的节点,已整体纳入《中国东北地区面向东北亚合作规划纲要》和《黑龙江和内蒙古东北部地区沿边开发开放规划》。国家八部委批复实施的《呼伦贝尔中俄蒙合作先导区规划》提出,依托边境口岸打造跨境农产品自贸区和呼伦贝尔中俄蒙合作先导区,享受国家开发开放实验区基础设施建设、投资补助、减免等优惠政策。通过发展边境贸易和国际农业合作,将极大促进呼伦贝尔优势特色农产品对外销售和品牌创建,为绿色农牧业发展注入生机和活力。

(四)大小兴安岭林区生态保护与经济转型有利于打造绿色农牧业基地

《大小兴安岭林区生态保护与经济转型规划(2010-2020年)》提出,加快林区产业转型升级,全面提升优势产业,大力发展绿色食品产业,积极发展以有机大豆为主的特色种植业,支持呼伦贝尔建设有机食用菌种植基地、野生蓝莓、红豆产地保护基地、特色山野菜生产和加工基地以及优质马铃薯育种基地等绿色生态产业基地。

四、挑战

(一) 生态退化潜在威胁凸显

良好的生态环境是发展生态农业的必要条件。目前，呼伦贝尔草原退化、沙化的潜在威胁在逐步加大。全市已形成三条沙带，退化草地面积已占草地总面积的40%以上，另外还有近300万公顷的潜在沙化区域。近年来，受呼伦贝尔草原退化、沙化影响，呼伦贝尔地区气温上升、降水减少、河流水位下降，甚至出现断流现象，草原上许多野生生物数量减少，某些稀有或敏感物种甚至消失。

(二) 基础设施保障水平较低

呼伦贝尔市农田基础设施建设水平远低于区内其他农业盟市，90%的耕地属雨养农业，有效灌溉面积仅占农作物总播种面积的15.71%，有效灌溉占比落后于除锡林郭勒盟以外的其他盟市，干旱成为全市农业生产最大的制约因素（见表3.7）。多数农区长期以来广种薄收，粗放经营。农牧业现代化条件较好的呼伦贝尔市农垦集团共有耕地面积600万亩，其中可灌溉面积仅为126万亩，占耕地面积的比重不到30%。个别年份和旗县冰雹、洪涝、霜冻等灾害时有发生，遇到较大自然灾害造成大面积减产。

表3.7　2015年全区各盟市有效灌溉情况

单位：千公顷，%

各盟市	农作物总播种面积	有效灌溉面积	有效灌溉占比
呼和浩特	461.52	210.34	45.58
包头	320.7	127.64	39.8
呼伦贝尔	1619.25	254.41	15.71
兴安盟	831.41	324.46	39.03
通辽市	1174.76	644.43	54.86
赤峰市	1187.54	412.29	34.72
锡林郭勒	228	34.21	15
乌兰察布	669.06	175.04	26.16

续表

各盟市	农作物总播种面积	有效灌溉面积	有效灌溉占比
鄂尔多斯	410.84	244.3	59.46
巴彦淖尔	600.89	652.72	108.63
乌海	7.06	7.06	100
阿拉善盟	56.86	—	—

资料来源：《内蒙古统计年鉴》(2015)。

（三）周边市场同质化竞争加剧

呼伦贝尔市与黑龙江省在发展绿色农牧业的气候条件、土壤、地形等自然条件相似，这导致呼伦贝尔农牧林产业布局和产品供给存在同质化的情况。同时，黑龙江近年来也在积极发展绿色农业，加大特色优势农产品的推广力度，这使得呼伦贝尔与黑龙江农产品竞争更加激烈。此外，呼伦贝尔在交通和运输所构成的区位条件方面不如黑龙江。黑龙江省北部地区不仅利于产业发展各类要素的集聚，也将对呼伦贝尔市绿色农畜产品产业发展形成较大的竞争压力。

专栏5

黑龙江绿色农牧业发展情况

◆绿色种植基地7209万亩左右，约占全国总面积的20%。其中国家级绿色食品原料生产基地144个，面积5390万亩，占全国近50%。黑龙江绿色食品基地规模普遍较大，平均面积53.1万亩，百万亩以上的占20%。

◆国家级绿色食品原料生产基地144个，面积5390万亩，占全省绿色有机种植基地面积比为75%。

◆认证农产品总数10.6万个，认证地理标志9700多个，认证的绿色、有机食品总产值2030亿元，约占全国的1/6。

◆绿色食品加工企业1550家,总产值1020亿元。

◆农业科技进步贡献率62.5%。

◆畜牧业方面。2016年,全省肉、蛋、奶产量分别达到229万吨、106万吨和546万吨,同比分别增长1.2%、6.34%和-4.3%;实现畜牧业产值1854.8亿元,增加值697.6亿元,分别均增长4.6%。

◆林下经济方面。黄芪、刺五加、五味子等16种名贵药材产量居全国之首,全省中药材种植面积已经超过100万亩,年产值达到10亿元。大兴安岭野生蓝莓总储量(鲜重)为16万吨,占全国野生蓝莓的90%,占全世界30%,现年均采摘量8000~10000吨。红松子产量占世界总产量的70%,丰产年总产量可达10万吨,价值30亿元。全省食用菌总产量达到103.61万吨,其中黑木耳产量占全国的60%以上。

第四章 建设国家重要的绿色有机农畜林产品生产加工输出基地

第一节 指导思想

全面贯彻党的十九大精神和习近平新时代中国特色社会主义思想,认真落实国家、自治区关于绿色农牧业发展的决策部署,以新发展理念为统领,以农牧业供给侧结构性改革为主线,以绿色、精品、高端、高效为目标,立足呼伦贝尔草原大、生态优、耕地多、水源富、产品特的资源禀赋,以绿色农牧业八大领域等为重点,以八大工程项目为抓手,坚持质量第一、效益优先,强化产业链、创新链、价值链,加快构建绿色农牧业现代产业体系、生产体系、经营体系;强化三次产业融合,完善利益联结机制,创新营销模式,注重品牌建设;强化"互联网+",培育绿色农牧业发展新业态、新产品、新模式,更好地适应个性化、多元化、高端化、服务化的发展需求,推动重大项目建设,"做大、做强、做绿、做精、做活"绿色农牧业,走出一条产出高效、产品安全、资源节约、环境友好的现代绿色农牧业发展之路,实现农牧业增效、农牧民增收、农牧区增绿,打造成为国家重要的绿色有机农畜林产品生产加工输出基地。

八大工程是指:

1. 草业提升工程。发挥草业"前拉后带"的独特作用优势,因地制宜,加强草原生态保护建设,完善草业产业体系,提升草业科技支撑水平,打造发展现代草产业。

2. 乳业振兴工程。破解奶业发展面临的产业竞争力不强、成本偏高、养殖加工利益联结不顺等问题,提高奶业发展质量效益和竞争力,大力推进奶业现代化。

3. 肉业提质增效工程。发挥肉业在农村牧区一二三产业融合发展中的引领作用，降低生产成本，提高生产效率，补齐产业短板，厚植竞争优势，着力破解制约生产效率不高、种养分离严重等问题，调整产业链利益分配关系，加快提升肉业发展水平，逐步提高规模化和产业化水平，提升市场竞争力，促进农牧业增产、农牧民增收和产业转型升级。

4. 种植结构调整工程。着力解决"多而不优"的问题，推进种植结构调整，实现优质化发展、差异化竞争，提高农产品竞争力和农牧业效益。

5. 林下经济发展工程。推动呼伦贝尔市林下经济健康持续发展，打通从"绿水青山"到"金山银山"的转化通道，不仅关乎生态安全，也关乎农民增收致富。

6. 配套服务体系建设工程。提高农业综合配套服务水平，打破瓶颈，以公共服务机构为依托，合作经济组织为基础，龙头企业为骨干，建立公益性服务和经营性服务相结合、专项服务和综合服务相协调的新型农业配套服务体系。

7. 产业融合发展工程。推进农业与其他产业融合，加快农牧业供给侧结构调整，延伸农牧业产业链，拓展农牧业多种功能，引导产业聚集发展，通过借势发展增强竞争力。

8. 品牌创建工程。不断增强农产品品牌意识，健全农业品牌体系，提高农业品牌影响力，充分发挥好品牌的引领作用，着力打造区域公用品牌、产品品牌、企业品牌。

第二节　坚持基本导向

一、保护生态，持续发展

习近平总书记指出，生态环境安全是国家安全的重要组成部分，是经济社会持续健康发展的重要保障。呼伦贝尔市是国家重点生态功能区，拥有森林面积12.6万平方千米，占全市土地总面积的50.0%，占内蒙古森林总面积的 83.7%，占全国森林面积的 7.9%；呼伦贝尔草原是世界著名草原之一，是中国最美的草原之一，拥有草原面积 8.1 万平方千米，占内蒙古草原总面积的 9.1%，占全国草原面积的 2%；拥有 3000 多条河流、500 多个湖泊、2 万平方千米湿地，水资源量达 316.2 亿立方米，占内蒙古水资源总量的 73.3%。国家和自治区《主体功能区规划》给予呼伦贝尔市的定位主要是国家级限制开发区的重点生态功能区，主要任务是建设国家重要的生态安全屏障。全市生态空间面积 22.61 万平方千米，占全市国土面积比重的 89.4%[①]，包括大小兴安岭森林生态功能区、呼伦贝尔草原草甸功能区、点状分布于全市的 50 个禁止开发区和其他除农业和城镇化空间以外的空间。以牙克石市、根河市、新巴尔虎右旗为例，生态空间占它们国土面积比重分别达到 93.48%、99.5% 和 99.6%，主要是提供生态产品，增强生态产品生产能力，限制大规模高强度工业化城镇化开发，因地制宜发展不影响主体功能定位的适宜产业。

推进呼伦贝尔市绿色农业发展，培育可持续、可循环的发展模式，加快农业环境突出问题治理，积极发展环境友好型农业，重现农业绿色的本色。在此基础上，生态环境保护做得好，自然资源再生能力强，经济发展可持续，发展的空间才更广阔、后劲才更足。此外，经济发展又能为生态补偿、生态治理修复等提供坚实的物质保障。

推进绿色农业发展，就是要克服把保护生态与发展生产力对立起来的传统思维。坚持把"绿色"作为现代农牧业发展的方向，树牢"保护生态环境就是保护生产力、改善生态环境就是发展生产力"的理念，把生态保护作为不可突破的底线，根据资源环境条件，因地制宜实施重大工程项目，促进农牧业发展向追求绿色、生态、可持续发展方向转变，探索走出一条绿色农业发展的新路，实现经济社会发展与生态环境保护共赢。

二、优化布局，协调发展

优化布局就是要从全局出发，根据自然和社会经济条件，因地制宜组织农牧业生产力布局，从而获得尽可能多的优质农产品，取得最佳的经济效益

---

① 我市国家主体功能区建设试点示范实施方案通过自治区评审并上报国家 [EB/OL]. 呼伦贝尔市发展和改革委员会网站, http://www.hlbrfgw.gov.cn/zcgn/1248.html.

和综合社会效益。从呼伦贝尔市区域比较优势看，南北走向的大兴安岭将呼伦贝尔市分为岭东、岭中、岭西三部分。岭东以农区为主，有扎兰屯、阿荣旗、莫力达瓦达斡尔族自治旗，地势为低山丘陵与河谷平原，盛产大豆、玉米、水稻；中部以大兴安岭林区为主，有牙克石市、根河市、鄂伦春自治旗，林区主要树种有兴安落叶松、白桦、仟树、樟子松等；岭西以牧区为主，有陈巴尔虎旗、新巴尔虎右旗、新巴尔虎左旗、鄂温克自治旗，为驰名中外的呼伦贝尔大草原，系三河牛、三河马的故乡。基于此，就要进一步发挥好农业区域比较优势，引导绿色农业发展向优势区聚集，防止和解决空间布局上资源错配和供给错位的结构性矛盾，努力建立反映市场供求与资源稀缺程度的农业生产力布局。

协调发展就是要处理好呼伦贝尔市绿色农业在产品结构、经营结构和区域结构的内部不平衡；既要找准和补齐短板，又要巩固和厚植原有优势；全力深挖农业发展潜力和着力增强农业发展后劲，实现农业向高水平的跃升发展。推进绿色农业发展，就要从全局出发，因地制宜组织农牧业生产力布局，把薄弱区域、薄弱领域、薄弱环节补起来，形成平衡发展结构，增强发展后劲。

通过优化布局和协调发展相互作用，促进产业向优势地区集中集聚，构建绿色农牧业生产体系、经营体系、标准体系和产业体系，提高农牧业发展质量和效益。

三、市场导向，政府支持

推进绿色农牧业发展，就是要充分发挥市场在资源配置中起决定性作用，形成市场配置资源有效、政府支持保护有力的农业发展制度，使无形之手和有形之手各司其职、优势互补，实现农业持续、快速、健康发展。呼伦贝尔市在绿色农业发展中，存在政府越位、错位的现象，部分政策持续性和稳定性不足，造成生产要素资源错配，带来一系列结构性问题。同时，市场本身不健全，完全依靠市场配置资源只可能带来更大的混乱。发展绿色农业，要处理好市场和政府的关系。政府既不能简单"甩包袱"，也不能"大包干"，需要同时发挥好市场决定性作用和政府机制化调控作用。国内外事实表明，市场作用的有效性与其完善程度一般成正比，如果市场本身不健全，完全依靠市场配置资源只可能带来更大的混乱；同样，如果政府治理能力跟不上，政策"急刹车"或"猛给油"带来的市场波动就难以避免。

坚持市场导向，就是要紧紧围绕市场需求变化，以增加农民收入、保障有效供给为主要目标，加快实现农业农村发展由过度依赖资源消耗、主要满足"量"的需求，向追求绿色生态可持续、更加注重满足"质"的需求转变。

政府支持，就是要求政府既不能越俎代庖，也不能袖手旁观。政府重点是加强服务，加大扶持，在手段上由事后调控向顶层设计、事前预案迈进，尽量减少对市场的直接干预，形成支持有力、保障有效的政策体系。加大对重大政策、重大工程和重大项目的扶持。调整政策、出台措施，要充分考虑各方面特别是农牧民承受力，不搞强迫命令瞎指挥，不损害农牧民权益[1]。

四、整合资源，规模发展

推进绿色农业发展，就是要根据农业生产条件、发展基础、生态环境等状况，遵循优势互补的原则进行资源整合。在此基础上，将细碎化的经营模式、各自为战的生产要素重新组合，对各种资源合理配置，实现规模发展。以品牌为例，呼伦贝尔市品牌分散，存在"一品多牌"、品牌"乱、杂、弱、小、散"等现象。通过整合资源，提高资源的使用价值，有效降低交易成本，减少污染，打造绿色品牌，实现社会效益、经济效益与环境效益的联动提升。

五、深化改革，完善机制

习近平总书记所强调："改革既要往有利于增添发展新动力方向前进，也要往有利于维护社会公平正义方向前进，注重从体制机制创新上推进供给侧结构性改革，着力解决制约经济社会发展的体制机制问题。"

推进农业绿色发展，是一项系统工程，涉及农业乃至经济社会发展各领域。这不是单项体制机制的调整和修补，而是各方面体制机制的创新与建设。发展绿色农业过程中，呼伦贝尔市仍存在尚未形成部门合力、体制机制不完

---

[1] 赵永平. 政府多放手 市场出好手 [N]. 人民日报, 2017-01-22 (9).

善等问题。推进绿色农业发展必须把深化改革与完善机制有机结合起来。一是通过改革不断破除阻碍绿色农业发展的体制机制弊端；二是通过改革建立适应绿色农业发展的新体制机制。而改革只有进行时，没有完成时。用改革的办法完善体制机制，通过体制机制的创新，激活绿色农业发展的资源要素潜力，解放和发展农村生产力，改造提升传统动能，培育壮大新动能。

第三节　完善空间布局

根据呼伦贝尔市资源禀赋、产业发展基础、生态环境承载力、宏观经济政策和国内外市场环境等因素，遵循"发挥优势、依托园区、适度集中、产业融合、示范带动"的原则，在空间上将呼伦贝尔绿色农牧业布局划分为"一带、两区、多园"。

"一带"指大兴安岭绿色农畜产品精品产业带。区域范围为纵贯呼伦贝尔中部的大兴安岭山地及岭南林草交错地带，包括根河、额尔古纳、牙克石、鄂伦春除大杨树镇、宜里镇和古里乡以外的大部分区域、扎兰屯西北部、阿荣旗西北部和陈旗鄂温克苏木。该区域重点发展蓝莓、中药材、榛子、沙果、黑木耳等特色种植和狐貂、獭兔、鹿等特色养殖，推进绿色化、规模化、集约化、标准化特色种养殖基地建设，大力推进黑木耳、蓝莓、沙果、榛子等特色农畜产品深加工、储运、保鲜等关键技术研发与应用，打造大兴安岭特色食品加工产业集群。利用岭西农林牧交错地带耕地，大力发展"双低"油菜、强筋小麦、大麦、马铃薯等特色产品种植，生产绿色有机粮油产品。

"两区"包括岭西草原生态畜牧业区和岭东集约高效农牧业区。岭西草原生态畜牧业区位于岭西呼伦贝尔高平原地区，包括新右旗、新左旗、鄂温克和陈巴尔虎旗。本区域多以天然草场为主，耕地、林地少，湿地较多。重点实施良种繁育、标准化规模养殖基地建设、乳肉产业集群培育、品牌强化、质量安全监管与疫病防控、废弃物资源化利用六大工程，构建现代草原生态畜牧业生产体系、经营体系、标准体系、产业体系。加强天然草原保护，构建草原休养生息长效机制，稳步提高草地生产能力和生态功能利用效率。加强人工饲草料基地建设，因地制宜发展杂花苜蓿、青贮玉米、燕麦等高产优质人工饲草料种植，依托优质天然草场资源，瞄准高端市场，发展高档肉牛、肉羊养殖，打造有机、生态畜产品品牌。

岭东集约高效农牧业区位于大兴安岭东南地区，海拔 200～500 米，为低山丘陵与河谷平原，包括莫旗、阿荣旗南部、扎兰屯东部、鄂伦春南部。该区域耕地面积大，现代农牧业发展基础好，适宜发展规模化、标准化高效农牧业。重点推进优质粮油、生态畜牧、人工饲草、绿色蔬菜和健康渔业集约高效发展，实现产业提质增效、提档升级，加快发展高强筋小麦、专用玉米、非转基因高蛋白大豆、高品质马铃薯、"双低"油菜等优质粮油作物，打造高标准农田和优质粮油生产基地。大力发展标准化规模养殖场（小区），建设面向岭西及俄蒙市场的标准化绿色蔬菜生产基地，加强蔬菜加工和冷链物流体系建设，打造中俄蒙边贸蔬菜生产加工基地。

"多园"指建设多种类型的产业园、示范园。重点推进绿色农牧业产业园、农牧业科技示范园、农畜产品仓储物流园和区域生态循环农业示范园四个类型园区建设。在鄂温克、莫旗、额尔古纳、阿荣旗、扎兰屯、海拉尔、大兴安岭农垦、海拉尔农垦建设八个绿色农牧业产业园，成为带动绿色农牧业的重要载体和平台。在扎兰屯、阿荣旗、海拉尔、额尔古纳建设四个农牧业科技示范园。在海拉尔农垦、新左旗、大兴安岭农垦建设三个区域生态循环农业示范园，打造成为国家区域生态循环农业示范点。在海拉尔、满洲里、扎兰屯建设三个农畜产品仓储物流园区，物流园区集聚效应初步显现。

第四节 优化发展定位

通过实施草业、乳业、肉业、林下特色种养殖、绿色种植业结构调整、绿色农牧业品牌创建、农牧业融合、配套服务体系建设八大工程，力争将呼伦贝尔市打造为"两地三区"。

国家重要的高端绿色农牧业产品生产加工输出基地。呼伦贝尔市是国家重要的产粮大市，关系着国家的粮食安全。全市农业空间面积2.5万平方千米，占全市国土面积比重9.89%，包括国家确定的32个重点产粮乡镇和分布于城镇周边的耕地、设施农业用地、园地。全市绿色食品生产企业达到38家，有机食品生产企业达到10家，无公害农畜产品企业达到49家。依托呼伦贝尔优质的绿色资源、优越的产地环境和天然生态的特色产品，建好用足"呼伦贝尔"这块金字招牌，以市场为导向，发展纯净绿色农牧业，不断优化产业和品种结构，加快绿色标准化种养基地建设，大力推广循环农牧业发展模式与技术，探索出一批农牧结合、林牧结合、农林结合的高效生态种养加循环利用模式，培育打造绿色农畜林产品加工产业集群，提升绿色产品品质和延长产业链条，全面提升农畜产品质量安全保障能力和监管水平，在国家绿色农牧业发展中占有一席之地。

面向东北亚的国际绿色农畜产品商贸物流基地。呼伦贝尔市是我国唯一的中俄蒙三国交界地区，是东北地区与俄蒙开展经济技术合作的最佳通道。呼伦贝尔市是国家丝绸之路和蒙古国草原之路的重要节点，是国家重要的沿边口岸经济带，毗邻俄蒙边境线长1733.32千米，分布10个对外口岸（已经开通8个），其中，满洲里口岸是我国向北开放的最大陆路口岸，承担着中俄65%的陆路货物运输任务。国务院批准实施的《中国东北地区面向东北亚区域开放规划纲要》明确指出，"支持呼伦贝尔市打造中俄蒙合作先导区"，成为国家、自治区向北开放的前沿和桥头堡，是面向东北亚开放的示范区。依托毗邻俄蒙的区位优势，积极发展对俄蒙和东北亚农产品国际贸易，加快绿色果蔬、油菜籽等对俄蒙出口；积极推进农畜产品专业物流体系建设，打造岭东、岭西和口岸三条物流走廊，以绿色农畜产品为特色，积极参与"一带一路"建设。

国家级生态草牧业先行区。呼伦贝尔草原是世界著名的三大天然草原之一，是我国目前保存最完好的天然草原，被国家评为中国最美、最需要保护的草原，它与呼伦贝尔大兴安岭林区一起构成祖国北方生态安全屏障。根据国家和自治区生态文明和加快推进草牧业发展的要求，针对呼伦贝尔草原沙化、退化及草牧业发展面临的突出瓶颈问题，坚守草原生态底线、草原面积红线，加强天然草原保护和退化草原治理，坚持保护建设与合理利用相结合，构建草原休养生息长效机制，加快人工草地建设，稳步提高草地生产能力和生态功能利用效率，推进草牧业提质增效，切实把这片天然草原恢复好、建设好、保护好、利用好。

国家绿色有机农畜林产品精品区。呼伦贝尔市99%以上地区水质、土壤、空气等环境指标符合开发绿色、有机食品的标准，是全国发展绿色有机食品产业环境条件最好的地区之一。全市耕地面积居全区第一位，常年种植面积在2700万亩左右，土壤肥沃，以坡耕地为主，土壤有机质平均含量为5%~10%①。近年来，呼伦贝尔市以推进农牧业供给侧结构性改革为主线，先后出台20多个文件，创新资金投入方式，优先保障农牧业投入，为全市打造绿色有机农畜林产品生产加工输出基地提供政策和资金支撑。在绿色农畜产品品牌打造推广工作中，呼伦贝尔充分利用国家级、自治区级各大展示、推介、贸易平台，组织全市绿色食品、有机食品企业参展，在全国打响"呼伦贝尔"绿色农畜产品品牌。目前，呼伦贝尔市"三品一标"产品总量保持300个，"呼伦贝尔"牛肉、羊肉、马铃薯、黑木耳4个地理标志集体商标在国家商标局成功注册。呼伦贝尔肉业集团"中荣及图"商标荣获呼伦贝尔市首个中国驰名商标。同时，呼伦贝尔市被授予"中国芥花油之都"称号。

呼伦贝尔市依托生态环境等优势，以绿色、高端、高效为目标，发展绿色有机农牧林业，实施品牌发展战略，加快推进"三品一标"认证开发步伐，培育自治区、国家著名商标、驰名商标，加快建设绿色农畜林产品质量安全监管和质量追溯体系，全力提升绿色有机农畜林产品品牌价值，在全国绿色农牧业发展中起到示范作用。

内蒙古一二三产业融合先行区。依托草原文化、民族特色、优美生态和绿色农牧业资源，发挥国有农牧场带动作用，拓展绿色农牧业产业链、价值链、供应链，培育壮大绿色农畜林产品加工物流、休闲观光、乡村旅游、农村电商等新产业新业态，建设一批农牧业文化旅游"三位一体"、生产生活生态同步改善、一二三产业深度融合的特色村镇（嘎查苏木），为绿色农牧业发展提供新业态、新模式支撑。

---

① 优化产业结构 推进农牧业产业化发展——访呼伦贝尔市农牧业局党组书记、局长肖明华 [EB/OL]. http://nmyj.hlbe.gov.cn/dtbd/9403.html.

第五节　明确发展目标

到 2020 年，通过规划建设一批带动能力强、技术含量高、成长前景好的绿色农牧产业项目，建成一批促进作用大、保障水平高、集聚能力强的配套项目，基本建成绿色农牧业现代生产体系、加工体系、经营体系。

绿色农牧业生产、加工体系基本完备。努力建成全国绿色安全粮油产品生产优势带、全国一流大豆和马铃薯制种基地及自治区最大的非转基因大豆生产区；建成国家重要的肉牛、肉羊良种繁育输出基地，打造国家重要的优质饲草生产输出基地、国家优良牧草种子繁育基地；将呼伦贝尔打造成"中国蓝莓之乡""中国沙果之乡""东北中药材生产加工基地""东北特色养殖之都""大兴安岭黑木耳基地"等全国特色食品生产基地，培育形成"乳、肉、粮、油、薯、特"农牧业精深加工产业集群。建成国家级农产品质量安全示范区，成为联通俄蒙、辐射东北亚、面向全球的区域性国际农畜产品加工物流基地。河湖有效利用率不断提高，建成全国休闲渔业示范基地、农业部水产健康养殖示范场、渔业健康养殖和东北冷水鱼生产基地。

绿色农牧业标准化建设全国一流。粮油产品生产标准化率达到 50%，肉牛、肉羊、奶牛规模化标准化饲养比率分别达到 45%、80% 和 95%。创建国家级农产品质量安全示范县和畜牧业绿色发展示范旗县各 2 个，农产品质量安全例行监测总体合格率达到 98% 以上，全市农畜产品加工企业的产品 60% 实现可追溯，全部农牧业乡镇建立农产品质量安全监管机构。

绿色农牧业产品品质全国一流。全面提升农产品质量安全保障能力和监管水平，打造成国家级农产品质量安全示范区和畜牧业绿色发展示范区。全市"三品一标"总量超过 500 个，农畜产品中国驰名商标达到 2 个以上，形成政府推进、行业监管、市场运作的农畜产品品牌发展良性环境。

绿色农牧业效益跨入全国一流。国家级重点龙头企业达到 2 家，自治区级重点龙头企业达到 70 家。农牧业产业化基地和龙头企业获绿色食品标志达到 90% 以上；龙头企业与农牧民建立紧密型利益联结机制的比例达到 70%。建设农民专业合作社示范社 36 家，自治区示范社 90 家，市级示范社 360 家，

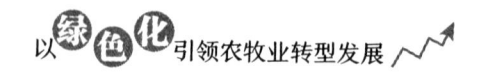

自治区示范家庭农场130家以上，市级家庭农场200家以上。打造2个带动力强、影响力大的核心品牌进入全国农产品区域公用品牌价值榜前100位。

农牧业生态环境质量全国一流。主要农作物化肥利用率、主要农作物农药利用率达到35%以上，规模畜禽养殖场（小区）配套建设废弃物处理设施比例达85%以上，秸秆综合利用率达85%以上，农膜回收率达80%以上，基本实现病死畜禽无害化处理。主要农作物化肥、农药使用量实现零增长。

展望2035年，绿色农牧业综合生产能力和农畜产品质量安全水平显著提升，发展方式不断优化，农牧业结构趋于合理，绿色"名优特精"农畜产品比重显著增加，物质装备水平明显提高，科技支撑能力显著增强，农牧业资源利用率、劳动生产率、土地产出率显著提高，全面建成全国重要的绿色有机农畜牧林产品生产、加工和输出基地。

附：

附表 4.1　呼伦贝尔绿色农牧业重大工程项目规划主要发展指标

指标	单位	2016 年	2020 年
粮食总产量	万吨	603.7	750
肉类总产量	万吨	28.45	36.52
奶类总产量	万吨	118.06	140
绿色农牧业产值占农牧业总产值比重	%	—	50
绿色农畜产品加工占农牧业总产值比	%	—	2.4
绿色农畜产品加工转化率	%	48	58
（国家）驰名商标	个	1	2
主要农畜产品质量安全抽检合格率	%	98	>98
耕地保有量	万亩	2664	2664
土壤有机质含量	%	5~10	10
草原综合植被盖度	%	72	>72
主要农作物化肥利用率	%	**18.9**	35
主要农作物农药利用率	%	**5.2**	35
秸秆综合利用率	%	**60**	85
农作物耕种收综合机械化率	%	**85**	89
农牧业科技进步贡献率	%	55	60
草原确权承包面积占可利用草原面积比重	%	64	>99
国家级农业产业化龙头企业数量	个	1	2
农牧民人均可支配收入增幅	%	7.8	9

注：加黑数据为 2015 年数据。

第二篇

重点领域篇

第五章　草业提升工程

草业是畜牧业的上游产业，是种植业结构调整的重要组成部分，也是推进农牧业供给侧结构性改革的重要切入点。丰富的草原资源为呼伦贝尔市草业发展提供了坚实的物质基础和广阔的发展空间。近年来，呼伦贝尔市草业发展迅速，但尚未形成完整的产业体系。当前和今后一个时期，呼伦贝尔市亟须发挥草业"前拉后带"的独特作用优势，因地制宜，加强草原生态保护建设，完善草业产业体系，提升草业科技支撑水平，打造发展现代草产业。

第一节　发展现状

一、发展优势和基础

近年来，呼伦贝尔市认真落实国家草原生态保护补助奖励政策，组织实施天然草原退牧还草、京津风沙源治理（草原保护建设内容）、高产优质苜蓿种植示范项目等一大批草原生态保护建设工程，实施了以粮改饲、草牧业试点、苜蓿发展行动等为代表的产业发展扶持政策，通过相互依托、互相配合，最大程度放大政策效益，推进了草原保护进程，促进了草业经济发展壮大。目前，全市草产业经营主体逐渐壮大，草产业育种、生产、加工、销售链已现雏形。

（一）草地总体分布

全市天然草地主要分布在鄂温克旗、陈巴尔虎旗、新巴尔虎左旗和新巴尔虎右旗。其中，旱作人工草地面积达210万亩，主要集中在草原与森林过渡的交错地带，分布在鄂温克旗、额尔古纳市、陈巴尔虎旗和扎兰屯市，另外在莫力达瓦旗、新巴尔虎左旗和阿荣旗也有零星分布。全市灌溉人工草地面积达15万亩，主要分布在鄂温克旗、额尔古纳市、陈巴尔虎旗、扎兰屯市、莫力达瓦旗、新巴尔虎左旗和阿荣旗。

(二) 草地类型、面积及产能

如图 5.1 所示，2017 年，呼伦贝尔市天然草场总面积 1.2 亿亩，占全市土地面积的 31.6%。天然草地总产草量 1778.8 万吨。目前，呼伦贝尔市草原植被盖度、草群高度和平均产草量分别达到 72%、39.9 厘米和 114 千克，各项指标均位列全区第一。

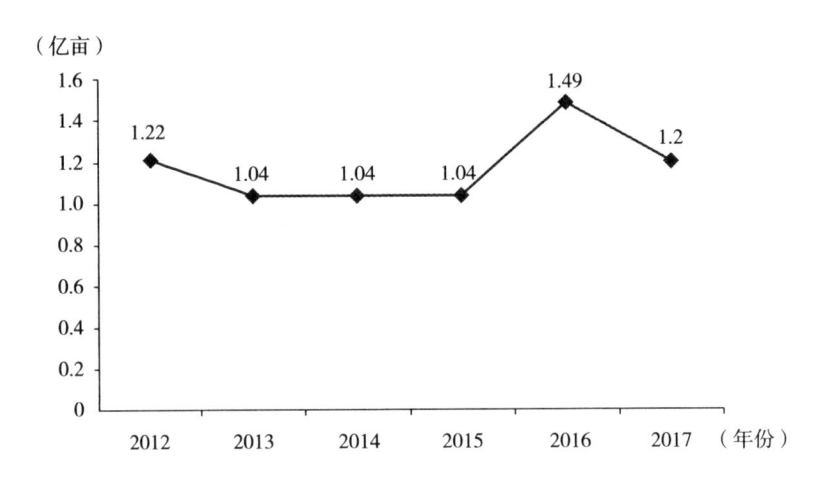

图 5.1 2012~2017 年呼伦贝尔市天然草场总面积

资料来源：2012~2017 年《呼伦贝尔市国民经济和社会发展统计公报》。

呼伦贝尔市草地类型包括：温性山地草甸类、低地草甸类、温性草甸草原类、温性干草原类和沼泽类等（见表 5.1）。

表 5.1 呼伦贝尔市草地类型统计

草地类型	面积（万亩）	每亩产草量（公斤/亩）	主要植物
温性山地草甸类	504.0	202.6	日荫菅、薹草、地榆、拂子茅、羊草
低地草甸类	4528.3	198.9	
温性草甸草原类	2385.7	123.7	日荫菅、羊草、贝加尔针茅、拂子茅、线叶菊、胡枝子、斜茎黄芪

续表

草地类型	面积（万亩）	每亩产草量（公斤/亩）	主要植物
温性干草原类	6393.2	73.2	小叶锦鸡儿、羊草、大针茅、冷蒿、糙隐子草、多根葱、克氏针茅、寸草苔
沼泽类	79.09	163.2	芦苇、塔头薹草、大叶樟、三棱薹草、针蔺

截至2015年，全市优质多年生人工草地保留面积70万亩。其中，苜蓿种植面积达30万亩，羊草、披碱草及老芒麦等禾本科牧草达40万亩。按苜蓿干草产量300千克/亩，禾本科牧草干草产量200千克/亩计算，多年生人工草地的总产能达到17万吨，全市一年生人工草地保留面积155万亩。其中，燕麦等一年生饲料种植面积28万亩，青贮饲料玉米种植面积127万亩，按燕麦干草产量为200千克/亩，青贮饲料玉米鲜草产量为3000~4000千克/亩计算，一年生人工草地总产能达到450万吨。

天然草地和人工草地生产的牧草以满足呼伦贝尔市的需求为主，只在丰产年份才会有少量牧草销售到域外。

（三）牧草质量状况

1. 人工草地质量。2012年以来，全市人工草地发展方式正在逐步转变，由从前的披碱草为主的人工草地，逐步转为以苜蓿为主的人工草地，种植方式也由原来的混播为主，转变为单播苜蓿为主，为苜蓿产品精深加工提供了原料保证。从总体上看，相对集中种植3000亩苜蓿的有38个片区，形成了以农垦集团、鄂温克旗、额尔古纳为核心的苜蓿种植区，有效缓解了优质蛋白饲料短缺的局面。

2. 天然草地保护与恢复。天然草原改良与沙化草场治理。通过围栏封育促进草原自然修复的同时，因地制宜实施切根、松土、施用有机肥和肥水耦合技术等综合措施，在水源条件好的地区增加节水灌溉面积，提高了生产力水平和利用效率，累计改良天然草场1000万亩。累计治理沙化草场300万亩，对严重沙化的草原适当种植灌木、改善沙地土壤，采取补播、飞播、沙障、测土配方施肥等技术措施，促进沙化草原植被恢复。在天然草原上累计防治毒害草100万亩，鼢鼠丘治理100万亩。

天然草原休牧与划区轮牧。加大畜舍棚圈等基础设施建设，采用天然草原放牧与舍饲圈养相结合的方式，集成天然草原休牧与划区轮牧综合技术，实施休牧、划区轮牧围栏1000万亩，推动了全市天然草原保护性利用。

3. 生产经营方式。充分发挥呼伦贝尔英伦畜牧业发展有限公司、呼伦贝尔腾格里畜牧业发展有限公司、呼伦贝尔辉腾现代牧业发展有限公司、鄂温克绿禾草业有限公司、阳波畜牧业发展服务有限公司、蒙草抗旱和草都等域内外草业企业以及六个农牧业合作社的作用，从饲草的育种、生产、加工、销售等环节入手，加大人工种草力度，提高种草科技含量，加快草业发展。目前，域内饲草加工企业的生产能力达6万吨/年。其特点表现如下：

一是将苜蓿基地建设作为各大草业企业发展的重点。鄂温克旗的四大草业企业均以苜蓿为支柱产业，其中绿禾、阳波、英伦三大公司以呼伦贝尔杂花苜蓿为重点发展。

二是逐步向苜蓿精深加工方向转变。阳波畜牧业发展服务有限公司，投入4200万元建成了年产10万吨的苜蓿颗粒加工厂，2015年6月正式投入生产。公司主要依托1.2万亩苜蓿人工草地为原料基地，2015年共生产苜蓿颗粒8000吨。2016年公司对生产设备进行了改造升级，全面提升加工速度。苜蓿产品精深加工业的发展不仅提高了饲草的利用率，提高了产品附加值，还解决饲草的运输、储存等一系列问题，将有效推进草产业的全面提升。

三是以苜蓿青贮裹包为依托提高苜蓿的利用价值。扎兰屯市景泽农民专业合作社采用苜蓿裹包青贮技术进行苜蓿收获，既可以提高苜蓿的营养价值，又可以增加合作社的经济收入，有效解决了苜蓿收获季节雨多的矛盾。2015年该合作社收获裹包青贮苜蓿5000吨，以每吨1400元的价格全部销售给飞鹤乳业，经济收入达700多万元。

（四）牧草仓储

目前，全市饲草储备库176个，每个库1000平方米，储存饲草800吨/库，全市饲草储备能力达14万吨以上。

（五）牧草品种培育与扩繁

目前，全市共建立优良牧草繁种种子田3.59万亩，达到50万千克的供种能力。建设地点位于陈巴尔虎旗、鄂温克旗、新巴尔虎左旗、扎兰屯市和阿荣旗。如表5.2所示，繁种的牧草品种有蒙农杂种冰草、呼伦贝尔杂花苜蓿、呼伦贝尔黄花苜蓿、呼伦贝尔肇东苜蓿、羊草和偃麦草等。

表5.2 全市优质牧草繁育状况

牧草品种	繁种面积（亩）	繁种单位	繁殖地点	育种单位（呼伦贝尔市）
呼伦贝尔杂花苜蓿	20000	呼伦贝尔绿禾草业有限公司	鄂温克旗	呼伦贝尔市草原站
	1000	阿荣旗草原站	阿荣旗	
	1000	扎兰屯草原站	扎兰屯	
	1000	陈巴尔虎旗草原站	陈巴尔虎旗	
呼伦贝尔黄花苜蓿	3000	鄂温克旗大地草业有限公司	鄂温克旗	呼伦贝尔市草原站
呼伦贝尔肇东苜蓿	700	鄂温克旗大地草业有限公司	鄂温克旗	—
	700	扎兰屯草原站	扎兰屯	—
蒙农杂种冰草	500	呼伦贝尔市草原站	陈巴尔虎旗	—
羊草	150	呼伦贝尔市草原站	陈巴尔虎旗	—
偃麦草	800	呼伦贝尔市草原站	陈巴尔虎旗	—
披碱草	7000	鄂温克旗大地草业有限公司	鄂温克旗	—
根茎冰草	100	呼伦贝尔学院	鄂温克旗	呼伦贝尔学院

全市具有自主知识产权的牧草品种有三个：呼伦贝尔黄花苜蓿、呼伦贝尔杂花苜蓿和呼伦贝尔根茎冰草。呼伦贝尔黄花苜蓿和呼伦贝尔杂花苜蓿种子田面积分别达2.3万亩和0.3万亩，种子产量达15万千克以上。根茎冰草初步进行种子扩繁，面积达100亩，可望将来为沙地治理及退化草地改良提供种子来源。

全市牧草种质资源研发机构主要有呼伦贝尔学院和呼伦贝尔市草原工作站。呼伦贝尔学院牧草种质资源研发基地位于鄂温克旗，面积为60亩，有苜蓿、冰草、羊草、斜茎黄芪、蔚蓄豆、红豆草、披碱草、无芒雀麦、缘毛雀麦等30多种牧草，220多份牧草种质资源。呼伦贝尔市草原站的牧草繁育基地位于陈巴尔虎旗，面积550亩，其中包括蒙农杂种冰草的繁种基地500亩和国家牧草品种区域试验评价区及牧草养分评价区50亩。

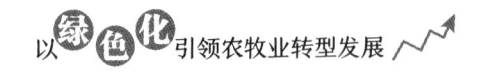

（六）人工草地发展的潜力和优势

呼伦贝尔草原牧草种质资源丰富。拥有野生植物1400多种，羊草、针茅、披碱草、无芒雀麦等优良牧草分布较广，在草群中占60%以上。全市耕地面积2664万亩，相当数量的坡耕地和中低产田适宜发展饲草料种植。大兴安岭以西地区拥有600多万亩的耕地，集约化、规模化水平高；牧区四旗拥有打草场3000万亩以上，地势平坦、开阔，适合机械化规模作业，正常年份可打储草130万吨。

二、存在的问题

（一）牧草育种、扩繁和推广能力较弱

由于缺乏长期的资金投入，导致研发积极性不高，研发出的本土牧草品种极少。培育出的牧草新品种由于缺乏资金或政策的支持而很难大面积进行种子扩繁。在牧草引种方面，由于受气候条件的影响，适应高寒地区的牧草品种极少，无法满足大面积种植的需求。另外，从国内外引种牧草时，没有经过科学的引种试验，而是直接大量引进种植，导致人工草地的牧草大面积死亡或逐年退化现象。牧草育种、扩繁和推广部门各自独立，使牧草繁育与市场需求结合不紧密，推广应用缺乏科学性。

（二）草产业基础设施建设配套率较低

呼伦贝尔草产业建设机械化水平不断提高，但是用于牧草收获、加工的机具设备普及率低，包括储藏与运输等设施配套装备投入不足。饲草储备体系不健全，使防灾应急饲草库数量不足，导致丰年浪费、歉年短缺的饲草生产不良循环现象。

（三）草业经营规模化和组织化程度较低

牧草行业的规模效应明显，较大的规模可以有效降低产品生产经营成本，保证企业的利润空间。目前，呼伦贝尔市牧草行业中大多都是中小微企业，未能突破生产、储存、运输、销售各个环节的限制。一方面，由于牧区劳动力缺乏且牧户多为分散单独经营，基本是自给自足的经营方式，饲草料加工技术落后，规模化、标准化比重低，导致增值少、效益差，很难成为承担草产业的经营载体。另一方面，经营合作组织规模小，成员数少，组织化程度低，制约了草产业的发展。

(四）种养结合不紧密

呼伦贝尔市草业与种植业、畜牧业在产业上下游方面的联结不紧密，种植、养殖、加工、销售、服务等环节融合不到位，种植户、养殖场户和加工企业之间长效联结机制仍不健全。

(五）牧草种植推广进展缓慢

农牧民"靠天养畜"的观念没有根本扭转，导致人工种草意识淡薄，投入能力较低，大多数农牧民完全依赖于国家的政策扶持，缺乏自主自发的投入能力，特别在草原牧区进行人工草地建设难度大。

第二节　国内外发展趋势

一、我国草业发展趋势

（一）我国草业发展面临的机遇

1. 政策支持。2014年10月，在国务院召开的研究草原保护建设和畜牧业发展问题的主题会议上，第一次明确提出发展草牧业，还提出要确立草牧业在国民经济中的地位，并提出将草牧业纳入国民经济统计体系。2015年"草牧业"首次写入"中央一号"文件，文件指出，"加快发展草牧业，支持青贮玉米和苜蓿等饲草料种植，开展粮改饲和种养结合模式试点，促进粮食、经济作物、饲草料三元种植结构协调发展"。2016年3月，我国《国民经济和社会发展第十三个五年规划纲要》提出，分区域推进现代草业和草食畜牧业发展。一方面，"推进现代草业发展"首次在国家宏观战略规划中提出，充分显示出国家对草业的高度重视；另一方面，"发展现代草业"成为我国"十三五"期间的一个重要目标任务，各省（区、市）要结合实际推进草业发展。2016年5月，农业部印发《关于促进草牧业发展的指导意见》，要求各地区抓紧细化实化本省（区、市）草牧业发展思路，不断提升草牧业发展水平。2017年10月，习近平总书记在党的十九大报告中明确指出，统筹山水林田湖草系统治理，实行最严格的生态环境保护制度。"草"第一次被纳入生态文明建设，成为建设美丽中国的重要内容，体现了国家对草原生态保护愈加重视，对推进草原生态文明建设具有里程碑式的重大意义。可以看出,这些政策的落实将赋予草产业新内涵和新功能,拓展草业发展空间,并将极大地推动草业的发展。

2. 机构保障。长期以来,我国对草原和草业的监管是由农业部畜牧业司草原处负责。在实际工作中,农业部畜牧业司草原处仅有四个编制,机构层级较低、监督管理机构执法主体资格不明确,从而限制了工作的开展。同时,全国县(市)一级草原监督管理机构,普遍存在着机构级别低、人均管理草原面积巨大、执法人员严重不足、执法装备缺乏等困难,甚至一些县(市)的草原监管机构还存在着无办公场所,无草原执法的设施、设备的状况,很难深入开展草原监督管理工作。在 2018 年 3 月召开的第十三届全国人大一次会议通过的国务院机构改革方案中,确定组建"国家林业和草原局",使草业在国家层面的管理一改过去多年"小马拉大车"的局面,为草业的发展提供了有力的组织保障[①]。

3. 产业标准层面带来的机遇。从草产业标准制定看,近几年,我国草产业领域共制定发布了国家标准 9 项,行业标准 31 项,涵盖草业生产技术、草产品检测和牧草保种等多个方面,今后草业发展将逐步规范。

4. 消费者饮食变化带来的机遇。随着城乡居民生活水平的不断提高,居民消费结构发生了深刻的变化,对粮食和其他农产品需求提出了新的要求,由吃得饱转向吃得好、吃得安全、吃得健康,进入消费主导农业发展转型的新阶段。消费者逐步认识到食草动物的肉质更安全,消费者对牛羊肉的消费大幅增加。近年来牛羊肉的价格逐步上升,一方面反映的是生产成本的上升,另一方面也是我国消费者对于草食性动物的需求上升的反映。以牛肉为例,2000~2017 年我国牛肉消费量从 513.1 万吨增长到 794 万吨,成为仅次于美国、巴西的全球第三大牛肉消费国。根据 2014 年美国农业部公布的全球牛肉消费数据,我国人均牛肉消费 5.2 千克,同世界其他国家平均水平 8.6 千克相比还有较大差距,意味着我国牛肉消费仍将呈刚性增长。由此可见,为适应消费者饮食结构的变化,饲草料的需求还将持续增长,应更加重视优质牧草产业的发展。

5. 市场空间带来的机遇。草业作为畜牧业的基础产业,为畜牧业下游产业提供优质饲草,是畜牧业发展的根本,但随着我国畜产品需求能力的不断增大,

---

① 张自和. 我国草原生态保护与草业健康发展刍议 [J]. 民主与科学, 2018 (3).

优质饲草缺口逐年增大。2017年，我国进口干草约182万吨，同比增加8%，其中，苜蓿干草进口140万吨，燕麦草进口31万吨，天然牧草进口11万吨。根据农业部印发的《全国苜蓿产业发展规划（2016~2020年）》获知，2020年我国优质苜蓿总需求量为690万吨，预计国内生产量为510万吨，缺口为180万吨。

（二）我国草业发展面临的新趋势

1. 天然安全草产品市场整体看好。自2000年以来，世界草产品贸易量一路下滑，价格一路飙升，凸显了世界范围内草产品供求失衡的基本状况。未来，随着国内消费者基于对健康、安全的不断追求，对草食畜产品的消费需求强劲增长，特别是近年来不断发生的动物食品卫生安全事件，更加强化了人们对天然安全的草食畜产品的偏爱。

2. 绿色发展理念将助推草产业快速发展。当前，世界经济正在进入绿色的低碳经济时代，它不仅是21世纪人类最大规模的环境革命，而且也是一场深刻的经济发展能力变革。草地是面积最大的绿色资源，是地球温度调节器，具有固碳能力大、固碳成本相对低廉、固碳形式比较稳定等特点，是推动我国低碳经济发展的重要支柱和保障。据测算，以种草、围栏、补播、改良等综合措施，每保护建设1公顷草原，投入约1000元，能固碳5吨，平均每吨碳的成本约为200元；而人工造林每固定1吨碳的成本约为450元，是草原的2.25倍。草原植被所保护的地面，对于减少长波辐射、调控大气温度等，起到了关键性的作用。因此，在全球正推行低碳经济的今天，具有吸碳、固碳优越性的牧草产业将具有非常有利的发展环境和广阔的发展空间，未来几年将处于快速发展状态。

3. 牧草种植继续向区域化、规模化推进。当前，我国的牧草产业主要分布在甘肃、河北、陕西、山东、山西、内蒙古、黑龙江、吉林、辽宁、海南、四川、云南等省（市区），牧草种植的"两区一带"格局基本形成。牧草加工已逐步形成东北、华北和西北草产品生产加工优势产业带，青藏高原和南方草产品生产加工优势区。未来，随着我国畜牧业生产结构的继续调整，节粮型草食畜牧业区域化的进一步发展，牧草产业将继续向区域化、规模化推进。

4. 牧草产业化进程将进一步加快。自20世纪90年代后期以来，适应国际市场的强劲需求，我国牧草产业中迅速崛起一批龙头加工企业。目前，牧草加工企业达到300多个，其中，设计加工能力5万吨以上的33个，占11%。通过牧草加工企业的带动，在部分地区初步形成了"公司+基地+农户"的产业化运作模式。近两年，随着人们对"三聚氰胺"事件认识的不断深入，部分企业更加注重优质牧草对畜产品质量和安全的重要性，如北京三元绿荷、内蒙古多伦绿满家生态肉牛繁育场等与草农签订协议，按照合同价收购农户的牧草。

5. 对牧草发展综合集成技术需求将更为迫切。近年来，我国牧草产业虽然取得了突破性进展，但牧草种植相关技术和机械化技术依然是制约牧草产业发展的主要瓶颈障碍，未来加强牧草产业技术的集成化突破将成为牧草产业发展的关键。目前对牧草产业发展的技术集成需求主要集中在优质草产品标准化生产关键技术、草地稳产与持续利用技术和重要牧草种子规模化生产技术等领域。此外，在牧草生产利用等方面，随着草地生态建设的紧迫性和全球气候变化趋势下，牧草病虫鼠害综合防治、牧草低碳生产利用、牧草机械综合开发和优质牧草选育种等技术需求也日趋迫切。

6. 牧草呈现育、繁、推一体化发展新趋势。牧草育、繁、推一体化是草产业链中的一项高效运行模式，不但有利于产学研的有效结合，科技成果及时转化为生产力，还能节约成本，降低消耗。综合以上因素考量，未来牧草育、繁、推将呈现一体化发展新趋势。

（三）我国草业发展面临的新任务

2016年5月9日，农业部正式公布了《关于促进草牧业发展的指导意见》，明确提出将草牧业发展作为推进农业供给侧结构性改革的重要切入点和农牧民脱贫致富奔小康的重要举措。随着国家政策前所未有的重视和市场对天然安全草食畜产品需求的快速释放，对草产业发展提出了新的要求。

1. 农牧业供给侧结构性改革对草业发展提出新要求。当前推进农业供给侧结构性改革的"减法""加法"都亟须发挥草牧业"前拉后带"的独特作用。一方面，我国近年来逐步调减"镰刀弯""北方农牧交错带"等非优势区玉米种植，增加大豆、优质饲草、杂粮杂豆和马铃薯生产。呼伦贝尔市应积极顺应形势，充分发挥草业"牵拉力"，从优质饲草种植布局、品种选择、草畜配套等方面着手，大力发展优质饲草种植，优化粮经饲三元种植结构，提升承接能力，打造核心竞争力。另一方面，为满足我国消费者对绿色、有机安全和特色农产品的需求，呼伦贝尔市应把握机遇，不断增加销路好、效益高的农产品生产。

做强生态特色品牌，"种好草、养好畜、出好肉、产好奶"，满足消费者对更绿色、更丰富、更优质、更安全的草畜产品的要求，提升农业供给体系质量和效率。

2. 现代畜牧业建设对草业提出新要求。建设现代畜牧业，必须坚持"产出高效、产品安全、资源节约、环境友好"的发展方向，这对草业发展提出了更高的要求。呼伦贝尔市可以依托自身优势，立足农牧结合，综合考虑当地生态保护实际和自然资源承载能力，合理布局发展规模，突出草畜配套和农牧结合，大力发展生态养殖。

3. 生态文明建设对草业发展提出新要求。党中央、国务院高度重视生态文明建设，将建设生态文明提升到"关系人民福祉、关乎民族未来"的高度。当前群众生态保护意识日益增强，广大牧民群众对于"碧草蓝天"的期盼更为强烈，草原生态保护建设和草牧业发展迎来新机遇。草原作为呼伦贝尔市生态文明建设的主阵地，在涵养水源、防风固沙、固碳储氮及维护生物多样性和承载草原文化传承发展等方面具有重要功能，在推进生态文明过程中大有作为。发展草业必须从生态文明的大局出发，进一步提高对兴草添绿重要性的认识，发挥其统筹农村牧区生态与生产的重要平台的独特作用，顺应大趋势，为建设我国北方重要生态安全屏障创造更好的生态条件[①]。

（四）我国草业发展的实践

1. 依靠科技提升草业发展水平，以甘肃省张掖市为例。甘肃省张掖市为破解草业发展中产学研对接不紧密、科技引领能力较弱等关键问题，采取一系列措施提升科技支撑能力。

一是依托科技服务平台，积极开展草产业技术交流、关键技术联合攻关、技术集成与转化推广，引导草业生产经营主体采取资源共享、信息交流、行业自律、合作共赢来强化陇草品牌创建和组团发展，努力提升草业发展潜力和草产品市场竞争力。

二是加强科技服务能力建设，采取技术人员直接到村、技术指导直接到地、培训指导直接到户、技术要领直接到人的"四直接"推广模式，切实提高牧草新品种、种草新技术和秸秆饲料化利用技术的知晓率和入户率，全面提升草产业整体发展水平。

---

① 于康震. 适应新形势 抓住新机遇 开创"十三五"草牧业发展新局面[J]. 农村工作通讯，2016（17）.

三是组织编印等技术资料，全面指导农牧民科学规范种植利用饲草饲料。

四是强化监测分析。目前，张掖市草原工作站在全市不同海拔梯度的生态类型区设置监测点 38 个，重点对紫花苜蓿、燕麦、青贮玉米、甜高粱等 83 个引进品种的区域适应性、产草量、投入产出比、转化利用方式等进行监测分析，着力构建张掖市草产业增产提质增效技术体系。

2. 发展多种生产经营模式推动草牧业发展。在实践中，我国很多县市形成了草牧业合作社、专业化或一体化公司等新型经营主体，生产经营模式呈多样化发展。

专业化的草业经营主体生产经营模式。以青海省门源回族自治县顺昌农专业合作社为例，入社农户以自有土地入股，实现牧草连片规模化种植；合作社提供"九统一"（即统一保险、供种、购肥、机翻、播种、田管、收割、质检和销售）集约服务，以保证牧草质量；合作社以土地入股分红为主导，其余盈利则由合作社和农民按照 4∶6 的比例分成。土地分红以 240 元/亩（当地土地流转价格）作为农民的亩保底收入。

种养结合、农牧循环的草牧业经营主体生产经营模式。以青海省湟源县三江一力农业有限公司为例，该公司通过与附近村民签订订单，生产"托富所"牌面包草，年种植牧草可达 4.6 万亩；公司以"企业+合作社+养殖户"的运营模式，通过托牛所与养殖户合作，将肉牛集中饲养，并统一收购加工；公司与湟源等县的运输专业户签订羊板粪收购协议，作为原料生产"托康所"牌有机肥，供应周边蔬菜、特色林果的种植，获得了全产业链的综合效益[①]。

3. 创新资金筹措方式助力草业发展。青海省针对饲草种植、收割、加工机械不足，青贮设施缺少，资金紧缺的现状，开展了财政资金撬动金融资本和龙头企业奖补政策两个创新试点。一是与邮储银行合作，试点建立"授信池"，按照 1∶10 的协议撬动比例，投入资金 600 万元，撬动贷款用于饲草青贮相关机械设备购买贴息和青贮设施建设贴息，解决草牧业试点财政资金少、需求资金过大的问题，连续两年发放贷款都超过 6233 万元。二是积极实施龙头企业奖补政策，省财政利用财政专项和地方债券连续两年为试点县安排资金 1450 万元，采取"企业申报、部门推荐、专家审查"的方式，在试点县筛

---

① 崔姹，王明利，胡向东. 我国草牧业推进现状、问题及政策建议——基于山西、青海草牧业试点典型区域的调研[J]. 华中农业大学学报（社会科学版），2018（3）.

选出有实力、有潜力、辐射带动能力强的 15 家草牧业龙头企业，按照最低 100 万元，最高 300 万元的标准，分别予以扶持奖励，用于购买饲草料生产加工设备和基础设施建设，有效夯实了草牧业发展基础，辐射带动能力进一步增强。

4. 龙头企业带动草业发展。内蒙古自治区首府呼和浩特市依托草业龙头企业的创新引领和带动作用，逐步开拓国内千亿级市场，打造以草业为主的生态环保产业。目前，内蒙古蒙草生态环境（集团）股份有限公司已由单一的市政园林绿化业务升级为以生态修复、现代草业、种业科技三大板块为主营业务的上市公司。蒙草生态拥有国内领先的草原生态修复研究实力及数据支撑，积极主导制定标准填补国内空白，其业务遍及全国。"十三五"期间，呼和浩特市将继续鼓励和支持蒙草抗旱等企业以技术研发、技术创新为引领，加快新产品的研发和试验，培育和发展苜蓿草产业，增强企业创新研发能力，着力打造"中国草业之都"。

二、国外草业发展实践

世界各国根据其不同的自然、社会、经济等条件的不同，其草业的发展方式也不同，国外的草业发展主要可以分为三大类：

第一类是具有非常丰富的自然资源，其草场主要是人工草场与天然草场的结合，而且生产力水平较高，通常采用规模经营，具有代表性的国家有美国、澳大利亚、加拿大等。以美国为例，广阔的草地、充足的水热资源为其草业、畜牧业等产业发展奠定了基础，美国草原畜牧业是典型的资金密集型和技术密集型产业，科技贡献率高，生产经营以市场为导向，自由化、集约化和规模化程度较高。政府对当地生产经营活动进行指导与辅助，建立了非常完善的动物疫病防治体系与法制体系，尤其重视农产品的质量安全。美国农业中有一个非常显著的特点，在一定程度上种植业是跟从于畜牧业，即种植业为畜牧业优先服务，为畜牧业的饲料供应提供保障，美国种植业与畜牧业紧密相连，相辅相成。

第二类是以欧洲和新西兰为代表，这类国家和地区面积一般较小，自然资源并不富足，而且天然草场较少，主要建设人工草场，通过应用现代科技与经营管理方式来提高其生产力水平。新西兰整个经济体系在很大程度上是靠其草业和畜牧业支撑起来的,其畜牧产品的出口量一直居世界前列。由于该国自然条件优越,气候适宜,其天然草场并不广阔,大力开展人工草场的建设,并且采用轮牧方式,一方面,有利于保护和改良其草场,另一方面,可以提高其产品的质量。同时,由于该国草原规模不大,重视草场的集约经营,通过现代农业技术的应用,提高其生产力水平,进而提高单位面积产量,创造出了远远高于世界其他国家的各项效益。另外,该国不仅注重生产力提高,在草场保护与建设方面也极其重视,以草畜平衡为原则,以其对单个草场的实际情况的精确分析为基础,开展适度经营,不仅满足国家需要,又减少了对生态环境的影响。

第三类主要是非洲、西南亚和中亚等地,这些国家和地区往往专注于对天然草场的开发与利用,忽略建设人工草场的重要性,所获取的各类效益一般都付出了巨大的生态环境代价,只适合其短期生产,不利于草业和畜牧业的持续发展。比如一些中亚国家,草业和畜牧业具有很长的发展历史,第一产业主要以农牧业和石油开采业为主,产业结构单一。水源短缺,不利于农牧业发展。这些国家和地区具有大量的农业人口,其劳动力构成以农业劳动力为主,而且农业生产方式落后,经营管理制度体系不健全,缺乏资金投入[①]。

第三节 建设任务

一、重点任务及方向

1. 提高草场单产水平和牧草质量。重点发展杂花苜蓿、青贮玉米、羊草、燕麦等优质草产业,推进优质饲草种子繁育基地和标准化优质人工饲草生产加工基地建设。扩大多年生牧草和草种基地建设,集中解决草牧业发展中优质饲草供应不均衡的瓶颈,夯实产业发展基础,巩固和发展草原生态保护补奖政策实施成效。通过标准化种植、专业化生产、规范化管理加产销一体化

---

① 张龙,何忠伟. 我国草业发展现状与对策 [J]. 科技和产业,2017(2).

生产经营，使优质饲草生产水平和加工能力达到国内先进水平。提高优质饲草种子质量与供种能力，保障优质饲草的生产与供给能力，使天然草原的放牧压力得到真正缓解，遏制草原退化、沙化进程，推进草原生态系统的良性化发展。统筹推进草牧业规模化、一体化发展，实现草牧业多形式、多元化、循环发展的新型种养结构，不断提升草牧业发展水平。到 2020 年，优质饲草生产能力达到 800 万吨、饲料生产能力达到 75 万吨，饲草贮备量达到 120 万吨。新建高标准人工草地 100 万亩，优质饲草种子繁育基地达到 5 万亩。

2. 建立完备的饲草储备体系建设。加大防灾应急饲草库数量建设力度。建立"牧草银行"，帮助企业和示范户扩大生产融资困难。推广牧草青贮和草捆、草块、草颗粒、草粉等草产品生产加工技术，提高牧草转化利用，提高草场单位面积产出和牧民收入。到 2020 年，新建饲草料储备库 17 万立方米，达到仓储 10 万吨干草的能力。

3. 支持草产业相关企业打造产品全产业链。集中现有资源，做大做强龙头企业，以龙头企业进一步带动草产业发展。按照"基地+公司+市场"的经营模式建立从原料、加工到销售的全过程质量管控体系，打造具有市场竞争优势的草产品产业链。加快注册呼伦贝尔草产品绿色品牌，依法保障品牌权益。鼓励企业引进现代化的饲草料加工设备，建立现代化饲草加工企业、以市场化运作，拉长饲草产业链条，解决饲草运输成本高、供应不平衡、草畜矛盾等问题。到 2020 年，扶持培育饲草料生产加工龙头企业 2~3 家，新建 10 个饲草饲料加工厂，牧区四旗各建 1 个，牙克石和额尔古纳各建 2 个。

4. 提高科技创新与服务能力。加强科技团队建设，建立国家级和市级科研院所共同搭建的人才团队。建立和完善人工草地研发基地。将各研究院所设立在呼伦贝尔的院士专家工作站、国家野外台站、草牧业试验站和呼伦贝尔学院牧草种质资源研发基地等作为重要试验示范基地，加大科研设备和基础设施建设。

5. 提升优良牧草繁育能力。引进国内外耐寒、耐旱优良牧草品种和人工草地建设的优秀智力资源，鼓励科技创新，培育出更多本土牧草新品种，提高人工草地质量和产量。搭建科技成果转化平台，引导企业采用新技术、新工艺，开发新产品，提高产品竞争力，提高草产品科技含量，建立绿色食品可追溯系统。进一步完善提高市、旗市区、乡镇苏木、嘎查村四级服务体系，

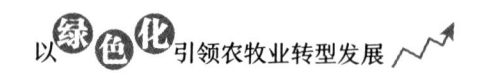

强化对新技术的推广和指导工作，加强对广大农牧民的技术培训，提高生产技能，使广大农牧民成为种草能手、养殖能手、产品初加工能手。

二、发展展望

到 2020 年，草原生产能力稳步提高，构建起"草原增绿、牧业增效、牧民增收"的现代饲草饲料产业体系，打造成为国家重要的绿色饲草生产输出基地、国家优良牧草种子繁育基地，力争全市优质饲草生产能力达到 800 万吨、饲料生产能力达到 75 万吨，饲草贮备量达到 120 万吨。

天然草原植被平均盖度由目前的 72% 提高到 75% 以上，项目区天然草原植被盖度提高 8~10 个百分点，草群高度提高 5~10 厘米；天然草地生产力每亩提高 40~50 千克，改良草地新增干草产量 5 亿千克。

全市高标准人工草地面积达到 100 万亩，其中，高产优质节水灌溉饲草基地 80 万亩，旱作饲草地 20 万亩，年生产 5 亿千克青干草，使 2000 万亩天然草场得到休养生息；草业先进适用技术普及率达到 80%，草业机械化水平达到 80% 以上；牧区防灾抗灾能力显著增强，试验试点地区农牧民和农牧场职工收入明显提高。

优质饲草种子繁育基地达到 5 万亩，其中，苜蓿繁种田 3 万亩、其他豆科饲草繁种田 1 万亩、禾本科优质饲草繁种田 1 万亩，年产草种 0.35 万吨以上。

新建饲草料储备库 17 万立方米，达到仓储 10 万吨干草的能力。

第四节　重大项目筛选

一、典型项目介绍

针对呼伦贝尔市草产业化发展中存在的突出问题、未来发展的任务和目标以及结合地区实际，选取了规模较大、具有示范带动作用、可持续发展能力强的 10 个重大项目，项目总投资 15.35 亿元。现以以下 5 个项目为例进行说明。

(一) 牧草育、繁、推一体化平台建设

1. 建设内容及规模。建设牧草育、繁、推一体化平台1个，进行牧草新品种及其配套种植栽培技术研发，牧草引种试验，制定牧草种植计划，指导牧草生产实践等。

建立高寒区适宜优质牧草品种选育及配套栽培试验基地3个，300亩，重点研发适宜高寒地区的苜蓿、野豌豆、蒿蓄豆、羊草、冰草、披碱草、无芒雀麦等优良牧草品种，研发其配套种植栽培技术。

建立优良牧草种子扩繁基地10个，总面积6万亩。

2. 建设地点。鄂温克旗、陈巴尔虎旗和呼伦贝尔垦区。

3. 项目投资。优质牧草品种选育基地总投资300万元，牧草种子扩繁基地总投资1.6亿元。

4. 经济效益估算。项目达产后，按优良牧草种子产量为20千克/亩，价格120元/千克计算，每年能生产优良牧草种子120万千克，产值达1.44亿元。

(二) 人工草地建设工程

1. 建设内容及规模。全市建立高标准人工草地面积达到100万亩，其中，高产优质节水灌溉饲草基地80万亩，旱作饲草地20万亩。种植苜蓿、燕麦、青贮玉米和羊草等。

2. 建设地点。呼伦贝尔垦区、鄂温克旗、陈巴尔虎旗、额尔古纳市和莫力达瓦旗等。

3. 项目投资。灌溉人工草地8亿元，旱作人工草地1亿元。

4. 经济效益估算。按牧草平均产量280千克/亩，1500元/吨计算，收获28万吨干草，年产值4.2亿元。

(三) 天然草地改良及划区轮牧工程

沙地和退化草地改良后植被盖度达到50%~80%，牧草产量提高2~4倍。

1. 建设内容及规模。天然草场改良1000万亩。在实施围栏封育等措施促进草原自然修复的同时，因地制宜实施切根、松土、施用有机肥等综合措施，改善草原土壤，促进退化草原植被恢复，增加优质牧草种类和比重，提高生产力水平和利用效率。

2. 建设地点。鄂温克旗、陈巴尔虎旗、新巴尔虎左旗和新巴尔虎右旗等。

3. 项目投资。总投资 8 亿元。

4. 经济效益估算。改良前与改良后的退化草地干草产量分别按 50 千克/亩和 150 千克/亩计算，按改良后的牧草平均产量 200 千克/亩，收获干草产量分别为 50 万吨和 150 万吨；按 1500 元/吨计算，增加产值 30 亿元。

（四）天然草场休牧与划区轮牧工程

1. 建设内容及规模。天然草场休牧与划区轮牧 1000 万亩。加大畜舍棚圈等基础设施建设，采用天然草原放牧与舍饲圈养相结合的方式，集成天然草场休牧与划区轮牧综合技术，推动全市天然草场的保护性利用。

2. 建设地点。鄂温克旗和陈巴尔虎旗。

3. 项目投资。总投资 4 亿元。

4. 经济效益估算。增加干草产量 50 万吨，按 1500 元/吨计算，增加产值 7.5 亿元。

（五）饲草储备库和草产品加工基地建设

1. 建设内容及规模。新建饲草料储备库 17 万立方米，达到仓储 10 万吨干草的能力。建设青贮窖 10 万立方米。带动呼伦贝尔市草产业发展，补充牧区冬季、雪灾、歉年饲草，保障养殖业稳定发展。

扶持培育饲草料生产加工龙头企业 2~3 家，新建 10 个饲草饲料加工厂。推广牧草青贮和草捆、草块、草颗粒、草粉等草产品利用，提高牧草转化利用率，整合资源和生产要素，逐步实现产业化发展，增加农牧民收入。

2. 建设地点。饲草料储备库分别建在鄂温克旗、陈巴尔虎旗、新巴尔虎左旗和新巴尔虎右旗。饲草饲料加工厂在牧区四旗各建 1 个，牙克石和额尔古纳各建 2 个。

3. 项目投资。饲草料储备库总投资 10.2 万元，饲草饲料加工厂总投资 4.8 亿元。

4. 经济效益估算。产值达到 3 亿元。

二、项目实施的预期影响

（一）经济效益

一是有利于推进农牧业供给侧结构性改革。发展草业是协调粮经饲统筹的重要途径，可为畜牧业发展提供优质饲料，有利于提高畜产品竞争能力，保障畜产品质量安全，实现好草产好肉、产好奶，满足消费者的需求，提升农牧业供给体系质量和效率。通过重大项目的实施，将使呼伦贝尔市的资源优势得到充分发挥，转换步伐进一步加快，延长草牧业产业链，实现提质增效。经初步测算，重点项目投入运营后，销售收入可达 32 亿元，经济效益显著。

二是有利于优化呼伦贝尔市农牧业产业布局。通过重点项目的实施，有利于在草产品资源丰富，但产业化进程相对滞后、龙头企业发展不足的地区培育大型龙头企业，发挥龙头企业在开拓市场、技术创新、引导和组织基地生产方面的优势，建设规模化、专业化、产业化的基地，以龙头企业的发展壮大带动草产品基地建设。

三是有利于将呼伦贝尔市建成为全国重要的绿色草产品生产和加工基地。通过加强草产品生产基地的建设，草产品在品种、质量、规模等方面能够更好地满足市场需求，更加适应现代加工业的发展需要，草产品市场占有率不断提高，为将呼伦贝尔市建设成为全国重要的草产品生产加工基地奠定物质保障。

（二）生态效益

草牧业是以饲草资源的保护利用为基础，通过草原保护与建设、饲草生产与生态养殖及畜产品生产加工等环节实现草原畜牧业可持续发展。草牧业顺应了当前草原生态文明建设和畜牧业绿色发展的大趋势，为着力打造农牧结合、种养结合的生态循环发展模式提供有力支撑，有利于农村牧区生产、生活与生态的有机结合，实现生产发展、生活富裕、生态良好的目标，有利于巩固和提升草产业在草原生态保护与生产发展中的重要作用。

（三）社会效益

发展草产业，科学繁育优良牧草品种，建设高产优质人工草地，实现天然草地改良、休牧与划区轮牧，可引导广大农牧民转变思想观念，提高生态保护意识及科技种草知识水平，增加农牧民收入，实现脱贫致富奔小康。重大项目的实施，可带动 5000 农牧民就业。同时也对保护少数民族文化传承，巩固民族团结，繁荣民族经济，维护边疆稳定，建设和谐社会和草原生态文明具有特殊的意义。

附:

附表 5.1 草业提升工程重大项目建议

序号	项目名称	建设规模	建设性质	建设年限	总投资（亿元）	项目所在地
	合计				15.35	
1	鄂温克旗饲草战备储备项目	10 个（饲料地种植及储备库建设）	新建	2016~2020	2.00	鄂温克族自治旗
2	鄂温克旗高产饲料地建设项目	15 万亩	新建	2016~2020	0.75	鄂温克族自治旗
3	陈旗饲草储备库建设项目	建 600 平方米的饲草储备库 3000 处，共 180 万平方米	新建	2015~2020	3.00	陈巴尔虎旗
4	呼伦贝尔市蒙草草牧草科技有限公司牧草加工储运销售项目	新建 7200 平方米草库，购置粉碎压包设备 3 套	续建	2015~2016	1.50	陈巴尔虎旗
5	呼伦贝尔垦区天然草原和人工草地建设	改良天然草原 100 万亩，建设 10 万人工草地	新建	2017~2019	1.40	呼伦贝尔垦区
6	鄂温克旗牧草籽种繁育基地	4 个，计 2 万亩	新建	2016~2020	1.60	鄂温克族自治旗
7	莫旗经济林及牧草种植项目	沙棘和紫花苜蓿基地建设	新建	2017~2020	3.00	莫力达瓦达斡尔族自治旗
8	莫旗优质牧草基地项目	流转 2.3 万亩土地，配套节水灌溉设施等方式种植紫花苜蓿、燕麦等优质牧草	新建	2017~2020	1.00	莫力达瓦达斡尔族自治旗
9	莫旗配混饲料加工项目	年产 20 万吨配混饲料	新建	2016~2020	0.60	莫力达瓦达斡尔族自治旗
10	额尔古纳市饲草料加工及饲草种植基地项目	建设 1 万亩饲草种基地，主要种植优质禾本科牧草、紫花苜蓿、块茎饲料甜菜等。建设 2000 平方米年加工饲草料 3 万吨的饲草料加工生产线	新建	2016~2020	0.50	额尔古纳市

第六章 乳业振兴工程

奶业横跨农业、工业和服务业三大产业，在这一过程中涉及乳品的收集、加工生产、配送以及销售环节。目前，奶业已经成为我国现代农业和食品工业中最具潜力和增长最快的一个产业。当前和今后一个时期，呼伦贝尔市必须破解奶业发展面临的产业竞争力不强、成本偏高、养殖加工利益联结不顺等问题，提高奶业发展质量效益和竞争力，大力推进奶业现代化。

第一节 发展现状

一、发展优势和基础

呼伦贝尔市是我国奶牛优势产区，也是国内最重要的奶源基地，发展乳业具有得天独厚的资源优势和基础条件，是国内其他省份无法比拟和不可替代的。呼伦贝尔市有100多年的奶牛养殖历史，当地农牧民具有传统的奶牛养殖习俗。在牧区和半农半牧区有许多奶牛养殖的专业村，乳业在全市畜牧业中占有重要位置，出售鲜奶的收入，是一些养殖户的重要经济来源。目前，呼伦贝尔已成为乳业巨头伊利集团的三大黄金奶源基地之一。

（一）规模化养殖程度较高

2016年，全市良种及改良种乳牛存栏达到60.6万头，其中，农区37.3万头，牧区23.3万头，分别排名自治区首位和第二位。全市牛奶产量118万吨。其中，农区87.63万吨，牧区30.43万吨。存栏100头以上的规模养殖场170家，规模化养殖比重达到61%。全市共有生鲜乳收购站197个，其中机械化挤奶站158个，鲜奶运输车70台。目前，全市正常运营的奶站96个，占奶站总数的48.7%（见图6.1）。

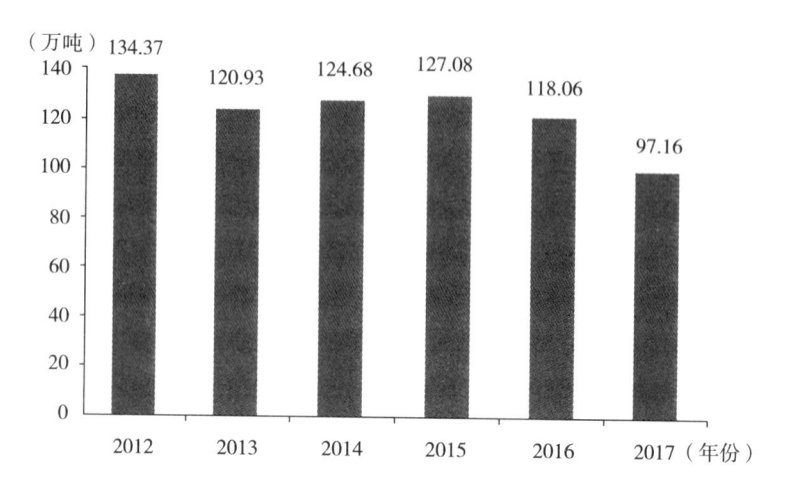

图 6.1　2012~2017 年呼伦贝尔市牛奶产量变化

(二) 奶牛良种化水平较高

呼伦贝尔的奶牛品种主要有荷斯坦奶牛、荷斯坦良种改良牛和三河牛。荷斯坦牛及其改良牛主要分布在阿荣旗、陈旗、牙克石市、额尔古纳市、新左旗、鄂温克旗、扎兰屯市、海拉尔区、莫旗等地；荷斯坦奶牛占奶牛养殖规模的70%以上，2016年存栏达到32.5万头，同比减少13.5%。三河牛是呼伦贝尔地区培育形成的优良的地方品种，也是我国第一个育成品种的奶牛。2010年起三河牛列入国家良种补贴品种，主要分布在呼伦贝尔市的额尔古纳市、陈巴尔虎旗和大兴安岭以西铁路沿线一带，养殖规模约10万头。

(三) 全市奶业经营方式呈现多样化

呼伦贝尔市鲜奶销售主要有三个销售渠道：一是加工企业收购。目前，全市共有乳品加工企业24户，累计日处理鲜奶能力超过5510吨。其中，70%以上的生产能力集中分布在海拉尔区、牙克石市、额尔古纳市、鄂温克旗、陈巴尔虎旗等大兴安岭以西的旗市区，其余部分分布在扎兰屯、阿荣旗等岭东地区。雀巢、双娃、三元、光明等国际国内知名企业在全市岭东和岭西设加工企业，产量加工约占生产总量的53%。二是居民自食和市场散卖。三是外销，由附近的兴安盟、黑龙江等地企业收购。

二、存在的问题

(一) 乳品加工企业规模小、附加值低、布局不合理

呼伦贝尔市乳品企业数量多、规模小，多为一二百吨加工能力的中小企业，企业带动能力弱。产品初级、档次低、科技含量不高。雀巢公司由于连年亏损，目前正在寻求合作。陈旗昱嘉乳业和阿荣旗双娃乳业可以生产婴幼儿配方奶粉，但因对原料要求较高，两厂只用自己牧场的鲜奶做部分原料，其余为进口奶粉和添加剂，故对奶户的带动很小。乳品企业多数产品仍然是大包装的奶粉，产品档次低、技术水平低、附加值低，很容易受到市场波动的冲击。目前，已有 8 家关停，还有部分企业或亏损或维系生存。全乳品加工企业布局不合理，在海拉尔、陈旗、鄂温克旗、牙克石市等地，不足 200 千米直径的领域内有规模以上乳品企业 17 家。加工率低，目前尚在生产的有 12 家乳业企业，2017 年上半年实际加工鲜奶却只有 6.4 万吨，只占生产企业设备加工能力的 10%。即使呼伦贝尔雀巢公司日处理鲜奶 1300 吨项目投产后，平均加工率也不足 40%。

(二) 奶牛存栏呈现急剧下降态势

由于受国际奶粉以及养殖饲料成本增加，养殖效益下滑等因素影响，奶牛养殖户不同程度地抛售奶牛，奶牛存栏减少，大量散养户退出。如图 6.2、图 6.3 所示，2013 年以来，全市奶牛存栏持续下降，导致牛奶产量呈下降态势。

(三) 奶源基地建设发展较为滞后

企业重视生产加工不重视培育原料基地，大多都没有建设自己的养殖场。奶源基地建设投入不足，2013 年以后发展起来的中等规模养殖场后续投入存在明显不足，多数企业靠进口国外大包粉做原料进行生产。奶牛养殖方式落后，规模养殖场饲养管理仍相对粗放，人员技术水平不高。饲料结构单一，奶牛产奶性能低，质量安全隐患大，奶牛良种化程度低，单产不高。

(四) 企业与养殖户缺乏紧密的利益联结机制

各乳品企业中，只有雀巢公司属于大型乳品企业，并能保持收奶价格的相对稳定。一些企业只考虑自身利益，在卖奶难时以种种借口压级、压价，在鲜奶好卖时又无序竞争，高价抢收鲜奶，影响了生鲜乳正常收购秩序。

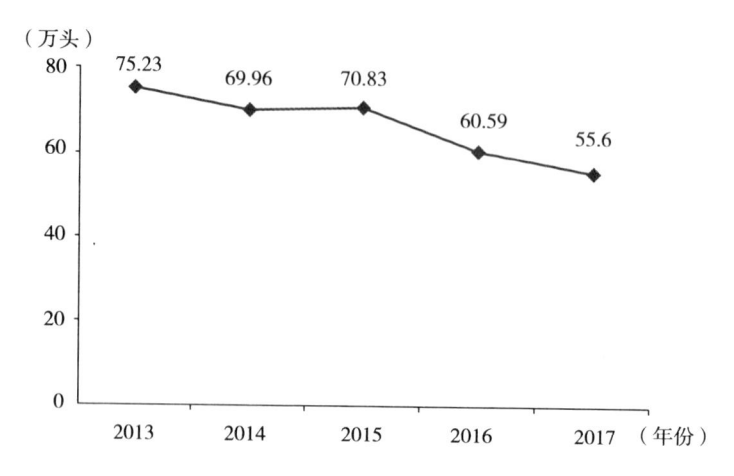

图 6.2　2013~2017 年呼伦贝尔市奶牛存栏变化

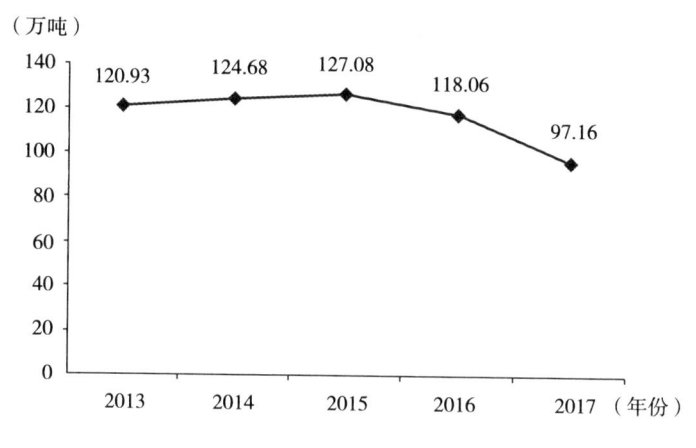

图 6.3　2013~2017 年呼伦贝尔市牛奶产量变化

（五）名优特新品牌较少

呼伦贝尔大草原的天然绿色、生态良好，发展乳产业优势明显。呼伦贝尔三河牛是全国最好的奶牛品种之一，数量却在减少；享誉全国的"海乳"牌乳粉多年来没有超越，反而被超越。到目前为止，还没有与伊利、蒙牛、飞鹤、完达山等乳品品牌相比肩的誉满全国的品牌，全市乳业产品中的中国驰名商标为零。乳制品品牌建设的严重滞后，直接影响了全市乳业的可持续发展能力和市场竞争力。

（六）牧场管理人员稀缺

随着乳业产业升级、散户退出及规模化牧场的兴建，呼伦贝尔市奶牛养殖业人力资源问题凸显，小规模牧场奶农文化素质偏低，多以初、高中和中专毕业为主，年龄主要在 40~60 岁，依靠经验进行奶牛饲养，缺乏系统的培训和科学的奶牛养殖知识，难以适应市场对奶牛生产水平和原料奶质量安全水平的高需求。大规模牧场具备充沛的生产资源和完善的技术体系，但是缺少经过系统管理培训并对资源可以有效管控和进行市场化运作的管理者。

第二节 国内外发展趋势

一、我国乳业发展的趋势

（一）我国乳业发展面临的机遇

1. 政策支持带来的机遇。2017 年 2 月，习近平总书记在河北考察时强调："我国是乳业生产和消费大国，要下决心把乳业做强做优，生产出让人民群众满意、放心的高品质乳业产品，打造出具有国际竞争力的乳业产业，培育出具有世界知名度的乳业品牌。"这为我国奶业振兴发展指明了航向。2017 年 1 月，农业部、国家发改委、工信部、商务部、国家食品药品监督管理总局五部委联合公布的《全国奶业发展规划（2016~2020 年）》，对奶业未来发展提出了明确规划与要求，并首次明确了奶业发展的战略定位，指出牛奶行业是健康中国、强壮民族不可或缺的产业、食品安全的代表性产业、农业现代化的标志性产业，奶业已经上升至国家战略产业的地位。2017 年 2 月，农业部启动实施奶业振兴"五大行动"，加快推进现代奶业建设。2018 年 6 月，国务院常务会议审议通过并印发了《国务院办公厅关于推进奶业振兴保障乳品质量安全的意见》（国办发〔2018〕43 号），提出要着力解决奶业发展中的薄弱环节和突出问题，全面推动我国奶业振兴发展，发出了奶业振兴的强烈信号。同时，在养殖环节，国家出台了很多保障政策，涉及奶牛良种补贴政策、奶牛标准化规模养殖、生产性能测定、振关奶业苜蓿发展行动、粮改饲和种养结合的整县推进、奶牛政策性保险等，这些政策从多个视角为奶牛业发展保驾护航。在奶业的加工环节，国家也出台了相关的保障政策，特别是婴幼儿奶粉的配方上，国家的监管力度特别大。随着国家不断出台落实相关的扶持政策，乳业作为重要民生产业的战略地位近年来不断提升。

专栏

奶业振兴"五大行动"

一是围绕"种好草"，开展优质牧草保障行动，扩大高产优质苜蓿种植和粮改饲规模。

二是围绕"养好牛"，开展健康养殖行动，整县推进奶牛标准化规模养殖，推动养殖提质增效绿色发展。

三是围绕"产好奶"，开展质量安全行动，实施生鲜乳质量安全监测计划和专项整治。

四是围绕"创品牌"，开展奶业品牌创建行动，开好奶业20强（D20）峰会，打造D20品牌，树立国产乳品品牌形象。

五是围绕"讲好奶业故事"，开展中国小康牛奶行动，提振消费信心，促进国产乳制品消费。

---

2. 行业规范发展带来的机遇。近年来，我国奶业相关的法规政策标准完善齐全，执行有效。相关部门发布多项政策法规，涵盖了乳制品生产的各个环节和各个方面，规范了乳制品行业的生产经营活动，这将继续推动乳业的健康发展。

3. 乳业市场发展潜力带来的机遇。世界卫生组织把人均乳制品消费量作为衡量一个国家人民生活水平的重要指标之一。2017年，我国人均乳制品消费量折合成生鲜乳为36.9千克，消费水平只有世界平均水平的1/3，占全国人口一半的农村居民还很少或没有喝上牛奶。由此可见，随着我国经济的发展、人民生活水平的进一步提高，加上利好政策的持续推动，我国人均乳品消费量提升是必然的趋势,乳制品市场存在巨大的发展空间和增长潜力。

(二) 我国乳业发展的趋势

1. 奶类增产提质高质量发展将成为主攻方向。今后一个时期,随着我国推进奶业振兴政策的逐步落实以及消费者对于优质奶制品的需求增加,奶制品企业将在生产上更加注重绿色发展和优质安全。《中国农业展望报告(2018~2027)》指出,"十三五"期间我国奶业将重构新型种养关系、支持奶业差异化、特色化发展等,奶业转型升级步伐将进一步加快,我国奶业将从徘徊调整期进入平稳增长期。伴随奶业质量不断提高和产业素质的持续增强,中国奶业发展的质量和竞争力将明显增强。

2. 高端乳制品是趋势。在我国乳制品行业快速发展的几十年中,也伴随着不少问题,其中产品同质化现象最为严重。随着居民收入及生活水平的提高,人们对鲜奶、乳制品的质量要求越来越高,需求量也越来越多,鲜奶、乳制品已经成为百姓不可缺少的食品之一。今后一个时期,基于我国居民人均可支配收入及消费水平的持续提升以及对健康的日益关注,将促使国内高端优质原奶需求保持强劲增长,并有望享受高于行业整体的增速。有机、纯天然、非转基因、无色素添加剂等概念已成为消费者挑选产品的重要标准,高价位、高附加值的产品逐渐获得市场青睐。

3. 行业结构性竞争日趋激烈。近年来,我国人均奶类消费量的逐年提升以及人口与渠道红利的结束,行业供不应求的阶段已经过去,未来的消费者需求将更多由企业产品创新拉动。随着国家对乳制品加工业市场准入的严格限制以及对现有乳制品加工企业的整顿,我国乳品行业的市场集中度不断提高,市场份额开始转向品牌知名度高、实力强、规模效益显著的大企业。特别是一些大型乳品企业通过资产重组、兼并收购等方式,扩大了规模,加强了对奶源以及销售渠道的控制。2016年末,我国规模以上乳制品加工企业(年销售额2000万元以上)627家,比2008年减少100余家,销售额排名前15位的乳制品加工企业销售额为1794亿元,约占全国销售总额的53.9%。今后一个时期,我国乳制品制造行业的企业既面临国内企业间竞争,又面临同国外企业的竞争。国内参与竞争的企业众多,大部分规模较小,价格成为唯一的竞争手段。国内奶源价格高,企业生产成本高涨问题短期内难以得到解决,企业面临成本上涨和进口奶低成本的双重挤压。未来,国内乳制品生产企业的"两极化"现象将会比较严重，大型企业将仍然保持较好增长，但是中小企业将面临复杂情况，可能会停产、破产甚至是倒闭。

4. 全产业链竞争将成为未来乳业发展的关键。随着振兴奶业苜蓿发展行动和奶牛遗传改良计划的实施，奶牛养殖规模化、标准化、机械化、组织化水平会有显著提高。一方面，加工企业更加注重自建基地，并利用自建基地生产的原料生产高端产品，确保满足对高品质原料的需求。另一方面，《婴幼儿配方乳粉产品配方注册管理办法》出台后，婴幼儿奶粉的配方从原来的"备案制"改为"注册制"，企业之间的竞争将更加激烈，通过企业兼并重组，会淘汰一批布局不合理、奶源无保障、技术落后的产能，产业结构将逐步优化。同时，乳制品企业加工装备、加工技术和管理运营越来越接近世界先进水平。

（三）我国奶业发展的实践

1. 上海市。上海市是我国近代奶业的发源地，是我国奶业经济最为发达的地区之一，是农业部确定的全国奶牛发展优势区域之一。上海奶牛饲养头数和生鲜乳总产量虽占全国的份额很低，但奶牛养殖实现了百分之百适度规模化、标准化；百分之百实施生产性能测定和良种登记；百分之百机械化挤奶和全程冷链质量控制、按质论价；百分之百实行特定疫病强制免疫和检疫。上海生鲜乳质量高于国家标准，达到和优于欧美标准。上海市奶业在规模化养殖、成乳牛平均单产、生鲜乳质量、良种培育、规范管理、新技术研究与推广等方面均处于全国领先水平。

上海市的具体做法：

一是实施优化奶源行动计划。1995年以来，上海市在提高奶源质量上狠下功夫，以国际标准生产优质牛奶。通过实施优化奶源行动计划，上海地区生鲜乳质量在全国处于领先水平。现行生鲜乳收购检测为乳脂率、乳蛋白率、细菌数、抗生素残留、黄曲霉毒素M1、冰点、亚硝酸盐、体细胞数八大指标，以严格的标准，用经济杠杆手段，引导奶牛场生产优质生鲜乳，来获取更高的经济效益。自2008年5月，上海市建立生鲜乳价格协商机制以来，奶牛生产保持良性发展。加上第三方监测、优质优价机制不断完善，上海收购的生鲜乳质量明显提高，乳脂率、乳蛋白率逐年提高，细菌数、体细胞数逐年下降。

二是建立有效的生鲜乳价格形成和调控机制。2008年9月在上海奶业行业协会的呼吁和协调下，由市发改委、市农委会同乳品企业和奶农代表协商出台了"上海市生鲜乳价格形成机制"，至今都在正常执行。上海生鲜乳价格协商的过程和方法，包括以下九个方面：①确立"生鲜乳价格形成机制和实施方案"；②选举产生奶农代表；③确定生鲜乳全成本调查方法；④确定生鲜乳全成本调查样本牧场；⑤实施生鲜乳全成本调查；⑥发布生鲜乳全成本调查结果；⑦协商生鲜乳收购基础价；⑧发布生鲜乳收购基础价；⑨特殊事件的补充协商机制。2015年上海市发改委向市委、市政府提出，生鲜乳价格退出政府定价目录，推进奶价的市场化改革，由市场决定收购价格，从而退出基本由政府主导的价格决定机制。2015年，上海市政府推进生鲜乳价格市场化改革，为了确保上海地区奶业稳定、健康发展，坚持优质优价、规范第三方检测，完善优质优价标准，加大了成本调查培训力度，力求客观真实地反映基础奶价，同时借助政府的优势，加大协会、企业、奶农三方协调力度，经多次协商，确定了上海地区合理的奶价，使上海没有发生压奶、倒奶现象，不仅稳定了上海的奶业市场，也为全国奶业市场树立了标杆，受到了农业部的肯定。

三是奶牛异地养殖助推奶业发展。由于城市发展和生态环境治理的推进，上海市当地奶牛饲养数持续减少，异地养殖增加。2017年上海浦东新区、宝山区、奉贤区的奶牛场和光明牧业所属的青浦香花、奉贤胡桥、东海和嘉定朱桥奶牛场全面退养，奶牛饲养总量2017年比2016年减少了12565头，减少16.26%，其中上海市本地奶牛饲养减少26.15%，减少幅度为近年最大。2017年，上海在江苏（太仓、昆山、海门、张家港、江阴、徐州等）、浙江、山东、天津、湖北、河南和黑龙江等地联营和异地养殖的奶牛场有28个，共饲养55470头奶牛，其中成乳牛27780头。

2. 黑龙江省。黑龙江地处世界黄金奶牛带，具有发展乳品产业得天独厚的资源优势。近年来，黑龙江省高度重视乳品产业发展，出台系列激励措施，创造良好政策环境，极大地促进了乳制品产业的发展，形成了集养殖、加工、科研、销售于一体的乳制品产业体系，培育出完达山、飞鹤等一批全国知名企业。

黑龙江省的具体做法：

一是在全国率先实施生鲜乳购销价格"双轨制"。2010年，黑龙江省在全国率先制定出台了《关于进一步完善生鲜乳购销价格管理的意见》(黑政办发〔2010〕31号)，确定在全省生鲜乳收购实行交易参考价和政府指导价相结合的定价机制，当生鲜乳收购交易参考价失灵时，对生鲜乳实行政府指导价管理。在新的生鲜乳购销定价政策的约束下，确保了奶价始终处于利益分配的合理区间，有效地保护了奶农的合法利益，同时也为乳品加工企业提供了充足的原料供应，实现了奶业发展的良性循环。

二是全面启动生鲜乳第三方检测。在实现生鲜乳定价公平合理后，为了确保公平公正交易，2011年，黑龙江省在全省范围内启动实施生鲜乳第三方检测，即在乳制品生产企业全面建立独立于乳企、奶农的第三方检测机构，解决生产企业和奶农在生鲜乳购销交易过程中出现的质量争议。通过开展第三方检测，进一步完善了生鲜乳收购按质论价的交易体系，强化了对奶畜饲养以及生鲜乳生产、收购环节的监督检查，为及时发现和预警生鲜乳生产重大问题和安全隐患，全面提升生鲜乳质量安全水平发挥了重要作用。

三是建设现代示范奶牛场。为从源头上保障高端优质乳制品的生产和供应，黑龙江省从2013年开始实施现代示范奶牛场建设项目。项目扶持方式为"先建后补"，政府对达标奶牛场的土建和设备方面投入进行补助奖励，按1200头泌乳牛为一个计算单位，补助资金1300万元。2013~2015年，黑龙江省新建182个泌乳牛存栏1200头规模的现代示范奶牛场。2016年，省政府又启动"两牛一猪"标准化规模养殖基地建设项目，计划投入补助资金29.3亿元，拉动投资100亿元，建设300头以上规模化奶牛养殖场146个。2013年以来，黑龙江省100头以上规模化奶牛养殖场数量、奶牛存栏、生鲜乳产量和单产水平等各项指标大幅提升，奶牛养殖场数量净增424个，奶牛存栏净增30多万头。奶牛存栏2016年比2012年增长110.9%，年均增幅20.5%；生鲜乳产量增加151.1万吨，2016年比2012年增长167.7%，年均增幅27.9%；平均单产水平增加1.6吨。

四是启动现代畜牧产业投资基金。黑龙江省启动规模74亿元的现代畜牧产业投资基金，撬动社会资金进入畜牧产业，形成多渠道融资体系，为产业发展注入"源头活水"。创新"奶牛活体抵押+保险+应收账款质押"等六种畜禽活体抵押贷款模式，在全国率先开展活体畜禽抵押贷款工作。2017年末，黑龙江省活体抵押贷款余额3.5亿元。创新开展奶牛规模养殖主体金融扶持培育专项工作，2017年末，黑龙江省42家规模养殖主体融资已落实贷款额度7.3亿元。

3. 河北省。河北省是我国传统奶业大省，拥有奶业发展的独特优势和良好基础。2008年，发端于河北省的三聚氰胺奶粉事件使河北省奶业跌入谷底。近年来，面对惨痛的教训，河北省奶业实现了从重创到稳定、从稳定到巩固、从巩固到步向振兴的巨大转变。目前，河北省奶业的综合生产能力、产业竞争力、质量安全水平得到大幅提升。

河北省的具体做法：

一是坚守质量安全底线。2008年以来，河北坚持把质量安全放在核心位置，大力实施奶业安全战略，用质量改善促进奶业转型，真正把发展的着力点从数量增加、规模扩大转移到优质安全上来。河北省以"最严谨的标准、最严格的监管、最严厉的处罚、最严肃的问责"建立生鲜乳监测体系，创新完善监测手段。建立以省为主体、市为骨干、县为基础的三级监管体系，加大监测投入，配备监测设备，完善监测手段，提高监测频次，三聚氰胺等违禁添加物检测合格率连续8年保持100%；着力强化全程监控链条，将质量安全延伸扩展到全产业链条上的所有环节，从源头到终端、从牧场到餐桌建立乳制品风险监测和质量追溯体系，责任到每个企业、每个车间、每个奶站、每个员工，全程监控不留死角；着力创新网络监管方式，建立生鲜乳收购站网络视频监管平台，在奶站挤奶间、储奶间、装车处等要害环节安装摄像头，配备监控设备，实现了24小时、全景式互联网全程监控，对生鲜乳运输车辆装设GPS定位系统，规定运输线路，极大提升了监管水平，走在了全国前端。

二是打造一流奶源基地。为了从根本上解决奶源安全问题，河北省从奶源基地这个源头入手，加快提升奶牛养殖规模化、标准化水平，实现了从传统养殖向标准化转变、从数量增长向质量提升转变、从松散合作向产业联结转变。自2008年开始，河北对标国际质量标准和先进饲养方式，狠抓奶牛养殖、奶站管理、饲草饲料等关键环节，着力打造一流奶源基地，初步形成了"建好舍、种好草、育好种、养好牛、产好奶"的良好局面。在奶站建设上，严格落实"五有一符合"标准，彻底取缔1558家不达标奶站；在奶牛养殖上，强力推行规模化养殖，散养奶牛全部入场集中饲养，全省规模养殖率达到100%、高出全国平均水平45个百分点，其中300头以上养殖场（区）存栏占98%；在良种选育上，全面实施奶牛良种繁育，建立了国内一流的奶牛生产性能测定中心；在调整种植结构上，抓住实施地下水超采综合治理试点的机遇，大力发展优质牧草。同时，在全国率先推行奶业利益联结长效机制，实行乳品企业与养殖场长期合同收购和有计划同步发展，启动省级生鲜乳价格协调机制，有效维护了乳品企业和养殖场（区）合法权益。

三是壮大奶业龙头企业。河北省把做大做强乳品企业作为建设奶业强省的有效抓手，坚持内外协同发力，积极引进国内知名企业，下大力气做强本土企业，不断壮大河北奶业企业规模和实力。一方面，通过资金、土地、税收等优惠政策，积极引进蒙牛、伊利、三元等国内知名龙头企业落户河北，培育了君乐宝等一批成长能力强、工艺技术新、质量安全有保障的本土领军乳品加工企业。另一方面，加快婴幼儿乳粉企业建设，重塑婴幼儿乳粉大省形象。2013年9月，河北出台实施了关于加快全省乳粉业发展的意见，计划利用4年时间，整合投入17亿元，做大做强全省乳品加工企业。文件一出台，就得到了众多乳品加工企业的积极响应，短短两年多的时间，新建君乐宝、河北三元、旗帜乳业等年产万吨以上婴幼儿乳粉企业6家，全省产能达到15.5万吨，比2008年翻一番，实现了河北婴幼儿乳粉产业发展的历史性跨越。

四是加强政策支持引导。奶业产业链条长，涉及饲草料种植、奶牛养殖、生鲜乳收购、乳品加工和销售等多个环节，既需要上下游企业的自律发展，也离不开政府部门和社会各界的支持和引导。2008年以来，国家出台和完善了奶业法规政策和标准制度，河北先后制定实施了《关于大力整顿奶业秩序促进奶业健康发展的意见》《关于加快现代畜牧业发展的意见》《关于加快全省乳粉业发展的意见》等文件，从奶源基地建设、做强龙头企业、健全流通体系、加强质量监管、强化金融扶持、保障用地需求等方面开辟绿色通道，构建起较为完善的奶业政策体系，为全省奶业健康发展提供了强劲动力。

4. 河南省。目前，河南省乳制品加工能力达310万吨，占全国加工能力的10%以上。奶牛标准化规模养殖比重达90%，高出全国平均水平十多个百分点，其中100头以上的奶牛养殖企业达325家，最大单场饲养规模达1万头；奶牛养殖小区牧场化转型100多个，全省牧场化比例达70%，比2010年提升50多个百分点，转型升级态势明显。河南奶业发展的良好态势，受到农业部的充分肯定。

河南省的具体做法：

一是政策引领。为支持优质奶业发展，近两年，河南省先后下发了《关于支持肉牛奶牛产业发展的若干意见》《关于印发河南省高效种养业和绿色食品业转型升级行动方案的通知》等政策性文件，将绿色奶业发展作为重要内容，提出要推进种养业供给侧结构性改革，做大做强奶业。自2017年开始，省财政每年安排2.5亿元"两牛"专项资金，用于奶牛肉牛标准化规模场、奶业新业态、良种繁育体系、肉牛基础母牛扩群增量等项目建设。在政策红利的带动下，社会资本加大投入或进军奶业领域，养殖场扩大养殖规模，龙头企业扩产能建基地，河南省奶业发展迎来新一轮发展机遇。

二是龙头带动。近年来，国内奶业巨头伊利、蒙牛、光明、三元、君乐宝等纷纷在河南建基地、扩产能，强势进行扩张。大型乳制品企业的强势扩张，为河南奶业转型升级注入了"强心剂"。截至目前，全省奶业重点项目建设进展顺利，标准化规模养殖水平持续提升，产业集聚效应更加明显，龙头带动能力明显增强。

三是科技发力。依靠科技创新，转换发展动能，提高产业核心竞争力，已成为河南省奶业发展一项紧迫的任务。为进一步提高奶业科技水平，河南省根据全省奶业发展实际和需要，适时调整充实了省奶业产业体系专家服务团，通过举办各类技术培训等多种方式推广奶业生产新技术，深入奶牛场区开展现场技术服务，完善了奶业服务体系建设，有力地提升了全省奶牛单产水平。

四是全程监管。目前，河南奶牛养殖每个关键环节如优质饲草料种植、清洁饮用水供应、投入品管理、奶牛舒适生活环境营造、挤奶操作过程规范、生鲜乳安全存贮运输、生鲜乳检测等，各环节都做到了制度化规范、标准化管控，实现了全过程、无缝隙监管，从源头确保了生鲜乳的质量安全。在生鲜乳生产、收购、运输环节，河南省严格按照《乳品质量安全监督管理条例》实行许可管理，实现生产、收购、运输过程监管全覆盖。开办生鲜乳收购站、从事生鲜乳运输必须具备完善的设施设备、健全的管理制度等条件，经许可后才能从事生鲜乳收购、运输；从业人员还必须持有健康证。畜牧主管部门对每一个生鲜乳收购站、每一台生鲜乳运输车都实施网络管理、在线出证、一证一码，并随时接受社会和群众监督。为提高监管效能，河南省积极推进生鲜乳质量安全信息化追溯体系建设,对生鲜乳收购站、运输车和乳品企业收奶全过程进行实时监控、精准监管、全程追溯。为强化企业主体责任,河南省坚持将法律法规宣传教育和业务培训常态化,每年组织开展教育培训人员上千人、发放宣传资料上万册、发送监管警示信息上万条,增强了从业人员的守法意识,提高了生鲜乳的质量管控能力。为把好生鲜乳质量安全关口,乳制品生产企业对收购的所有生鲜乳实行批批检测,检测项目达几十项之多。在乳品企业检测的基础上,畜牧主管部门还对生产收购运输环节的生鲜乳进行监督抽检和风险监测,检测项目涵盖违禁物质、国标检测、抗生素风险监测及菌落等几十个项目,近两年又在郑州、焦作、南阳三地开展了第三方检测。经过多年的跟踪监测,全省生鲜乳连续 8 年三聚氰胺检出率为 0,连续 8 年所有项目检测合格率为 100%[①]。

二、国外奶业发展的实践

(一)以新西兰等国家为代表的纵向供应链模式

新西兰和荷兰的乳业供应链是高度纵向一体化的模式。新西兰作为典型的畜牧业国家,乳品产业发达,产业链相对健全,国际影响力颇高。新西兰乳业成熟的供应链运行模式和供应链契约机制,对乳品产业的高速、高效发展有重要的促进作用。

新西兰乳品供应链模式较为简单,属于"生产+加工+销售"一体化的纵向供应链模式,主要包括原奶供应、乳制品加工和销售三个环节(见图6.4)。

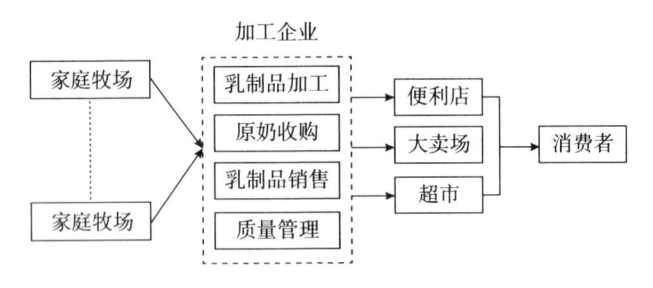

图 6.4 新西兰乳品供应链模式

---

① 刘红涛. 河南奶业转型升级正当时 [N]. 河南日报,2017-12-20.

原奶生产供应环节——新西兰原奶供应商主要是家庭牧场及由家庭牧场联合组成的合作社，是供应链的核心主体机构，在新西兰乳品供应链中处于重要地位。家庭牧场现代化水平较高，管理严格，以天然草饲为主，经营成本相对较低，能够在保持较高经济效益和规模经济的基础上，保护草场资源的可持续发展。

乳制品加工环节——乳品加工企业作为乳品供应链上连接上下游的关键环节，在新西兰有其独特的形成历史。新西兰奶农合作社最初是由家庭牧场主们出资共同成立，生产并加工原奶形成乳制品直接卖到市场上，后在政府的鼓励和支持下，众多小型合作社合并为大型的乳品加工企业，当时连同销售网络也一起合并到了乳品加工企业中，由此形成了家庭牧场主为股东，乳品加工企业负责统一收购、专业化运输、加工、销售的纵向一体化乳品供应链结构。

乳制品销售环节——新西兰乳品供应链相对简单，在乳品加工企业内部，乳品加工企业有专业化的销售团队，生产的乳制品直接销售于便利店、大卖场、超市等，中间不经过传统的分销环节，直接到达消费者手中，销售成本低，简化了供应链的销售环节，供应效率极高。这种产加销一体化模式，既能够有效调节原奶供给量，统一原奶生产加工标准，又能够有效保障奶制品的生产、供给质量。

新西兰乳品供应链结构及利益合作机制，将新西兰乳品供应链上下游企业联系到一起，形成密不可分的利益共同体，控制奶源的牧场主成为新西兰乳品供应链网络的实际核心主体，这成为新西兰乳品供应链的绝对竞争优势，也为新西兰乳业能够实现低成本规模经济做出了重要贡献[1]。

（二）以美国等国家为代表的产业支持及质量安全监管模式

美国对奶业十分重视，自20世纪大萧条年代起便开始构建一套较为完整的产业支持及质量安全监管政策体系。这些政策体系历经几十年，几经修改，有效提升了奶业质量安全水平和产业竞争力。

1. 政府监管与行业自律相结合保障奶业质量。美国对奶业的质量监管主体主要是联邦和州政府，监管环节包括生产、加工、运输、销售等环节，

---

[1] 华连连，董春凤，张小芳，木仁，孙保华．中国与新西兰乳品供应链模式差异研究［J］．中国乳品工业，2017（8）.

有效保障了奶业的质量安全。美国对农场生产环境有很多标准，包括粪便处理、农场气味、如何对待动物等，对奶制品生产也有很多质量和安全方面的管理措施。奶业在美国受监管的程度要高于农产品或食品受监管的平均水平。同时，行业的自我管理是整个美国食品安全系统中一个非常重要的部分，很多奶业生产者或公司会参加一些自愿性项目以提升产品质量安全水平。

2. 不断完善奶业支持政策。美国奶业支持政策历史悠久，覆盖面广，且处于不断完善中，这些政策对于保护奶农生产积极性、稳步提升奶品产量发挥了积极作用。美国奶业支持政策主要包括三个方面：第一，价格支持政策。该政策始于1949年的美国农业法，其后几经修改。其政策目标是确保奶农得到合理价格，以避免奶农在养殖利润压缩甚至亏损的时候放松对牛奶质量和安全的管理。2008年的美国农业法对该政策进行了根本性改革，将原来的对牛奶制定最低收购价改为对奶产品制定最低收购价。第二，牛奶收入损失合同计划。根据该计划，当牛奶价格低的时候，政府对奶农实施现金补贴。尽管每位奶农都有资格获得该项补贴，但由于补贴金额有限，小奶农得到的补贴相对于大奶农要多些。2008年的美国农业法批准该政策延续，并且对补贴规定做了更细致的规定。第三，液态奶销售规程。该政策制定于1937年，以解决美国大萧条后奶业面临的独特挑战，其后也历经多次修改。当初制定该政策的一个原因是平衡牛奶生产者和制造商之间的市场力量，该规程要求奶业制造商以不低于指定的月度最低价的价格从生产者手中购买牛奶[①]。

第三节 建设任务

一、重点任务及方向

1. 加强标准化、集约化、规模化奶牛基地建设力度。鼓励龙头企业和有

---

① 刘凡，蒋寒露. 美国奶业政策酝酿变革［N］. 经济参考报，2013-09-03.

条件的养殖场户加大资金投入，加大对现有养殖场区改扩建的力度。引导养殖户联合起来，整合资源，发展适度规模经营，建设高标准、高质量、符合高端产品需要的奶源基地。严格技术装备、环境控制要求，完善鲜奶、冷链储运硬件设施设备，严管冷链流程，确保终端乳制品的安全与品质。

2. 加快产品结构优化和附加值提升。适时优化乳制品产品结构，加大高附加值产品生产力度，因地制宜发展常温奶、巴氏杀菌乳、酸奶等液态奶产品，适度发展干酪、乳清粉等产品。根据奶源基地布局加工企业，在岭西推动海拉尔乳业、额尔古纳雀巢乳业等乳品加工企业进一步扩大生产规模，丰富产品结构，提高终端产品比重。在岭东引进大型乳品企业，通过品牌带动产业发展。

3. 健全产业利益链接机制。鼓励构建双赢多赢的新型乳业合作机制，乳品加工企业要采取土地草场流转、入股合作、合资经营、组建合作社等形式，与奶牛养殖户建立起紧密的利益联结机制。推行《生鲜乳购销合同（示范文本）》，督促严格履行购销协议，建立长期稳定的购销关系，实行订单生产，逐步形成奶农与乳品企业利益共享、风险共担的长效机制。鼓励企业与满足生产条件的基地建立稳定的利益联结机制，促进生鲜乳数质并举，降低养殖风险，提高养殖效益，实现农牧民增收，企业增效，促进产业健康稳定发展。

4. 打造呼伦贝尔乳制品品牌。依托呼伦贝尔市具有得天独厚的天然、纯净、绿色的草原优势和地域优势，全面打造"呼伦贝尔"特色品牌，加大申请注册地理标志商标力度，争创中国驰名商标。加大宣传力度，让消费者了解、接受呼伦贝尔品牌，吸引消费者眼球。

5. 推进奶牛粪污综合利用。推进种养结合、农牧循环发展，因地制宜推广种养结合、深度处理、发酵床养殖和集中处理等粪污处理模式。在额尔古纳和扎兰屯等地开展种养结合整县推进试点，根据环境承载能力，合理确定奶牛养殖规模，配套建设饲草料种植基地，促进粪污还田利用。支持规模养殖场建设干清粪等粪污处理设施，提高粪污处理配套设施比例。支持社会化服务组织和专业公司在奶牛养殖密集区建设粪污集中处理中心或有机肥加工厂，推进奶牛粪污储存、收运、处理、综合利用全产业链发展。

6. 加强奶牛疫病防控。加快实施国家中长期动物疫病防治规划，加大防

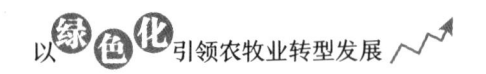

控工作力度,切实落实各项防控措施。按照国家口蹄疫和布病防治计划、奶牛结核病防治指导意见要求,全面推进口蹄疫防控和布病结核病监测净化工作,统筹抓好奶牛乳房炎等常见病防控。加强奶牛场综合防疫管理,健全卫生消毒制度,不断提高生物安全水平。

二、发展展望

到2020年,巩固提升内蒙古自治区"五大牛奶生产区域"之一的重要地位,成为全国高端高产优质奶源基地。牛存栏达到35万头,良种覆盖率达100%,鲜奶产量达到140万吨,鲜奶加工率达到65%。

第四节 重大项目筛选

一、典型项目介绍

共筛选乳业项目9个,总投资35.3亿元。其中标准化规模养殖及奶源基地建设项目6个,总投资26.8亿元;乳制品加工项目3个,投资8.5亿元。现以下4个项目为例进行说明。

(一)鄂温克旗纽籁特奶粉加工及奶源基地建设项目

1. 项目性质及建设地点。新建,鄂温克族自治旗伊敏苏木。
2. 建设内容与规模。本项目总规模为一个10000头的奶牛养殖场。总用地面积为200亩,建构筑物面积35000平方米,项目建设内容包括生活区、养殖区、草料区、粪污处理沼气发酵区、有机肥生产区。
3. 投资结构及资金来源。该项目总投资1.5亿元,分三期投入。
4. 经济效益估算。本项目总规模为一个10000头的奶牛养殖场,建成后年产鲜牛奶8万吨。牧场总养规模:10000头。牛群结构:泌乳牛68%,后备牛32%。项目建成投产后,可实现年产值4亿元。

(二)鄂温克旗田野奶牛养殖基地

1. 建设性质及建设地点。新建,建设地点位于鄂温克自治旗。
2. 建设内容与规模。本项目总规模为一个18000头的奶牛养殖场。建成后日产鲜牛奶 315 吨。总用地面积为 200 亩，建构筑物面积 35000 平方米，项目建设内容包括生活区、养殖区、草料区、粪污处理沼气发酵区、有机肥生产区。

3. 投资结构及资金来源。该项目总投资 5 亿元，分三期投入，项目一期投资目前已自筹解决。

4. 经济效益估算。养殖奶牛 18000 头，建成后年产鲜牛奶 11.5 万吨。牛群结构：泌乳牛 68%，后备牛 32%。项目建成后，年产值 5.8 亿元左右。

（三）额尔古纳市奶牛养殖大县种养结合整县推进试点项目

1. 建设性质及地点。续建，额尔古纳市黑山头镇、拉布大林办事处、上库力办事处、三河回族乡、苏沁管委会、恩和俄罗斯民族乡、蒙兀室韦苏木。

2. 建设内容和规模。建设规模：项目区内三年新建、改扩建存栏 100 头以上的奶牛标准化规模奶牛养殖场（小区）100 个，配套种植青贮 10 万亩，苜蓿等人工草场保有面积 15 万亩，种植燕麦等其他饲草 5 万亩。建设内容：牛舍、挤奶厅、青贮窖、干草库等基础设施改造、建设，养殖场粪污处理设施，TMR 搅拌车等设备，饲草料种植基地建设。

3. 项目投资及资金来源。共需投入开发建设经费 9000 万元。资金来源方面，奶牛养殖大县建设预计总投资 9000 万元，其中中央扶持资金 4500 万元，占总投资的 50%。其余 4500 万元资金，由承担项目建设的农垦企业、合作社及养殖场配套。

4. 经济效益估算。到 2020 年，新建、改扩建标准化奶牛养殖场 100 个。配套种植青贮 10 万亩，苜蓿等人工草地保有面积 15 万亩，燕麦等其他饲草料 5 万亩。项目区内实施标准化养殖的奶牛头数达到 10 万头，产奶牛头数 5 万头，奶牛单产达到 6 吨，鲜奶总产量 30 万吨，商品奶 25 万吨，呼伦贝尔雀巢有限公司年加工鲜奶量 30 万吨（其中市域外奶量 5 万吨），高附加值产品由目前的 15% 提高到全部产品的 80% 以上。

100 个养殖场新增商品奶产量 5 万吨，增加产值 1.8 亿元。项目建设实现人畜分离，改善了奶农居住环境；减轻了奶农劳动强度，还不耽误打工赚钱，或从事其他职业。奶农收益有保证，增强了农户养殖奶中的信心和积极性，奶牛流失现象基本消失。养殖场与乳品企业签订生鲜乳购销合同，摒弃掺杂使假，确保生鲜乳质量安全，可以获得较高、稳定的奶价。

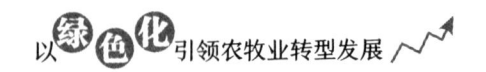

(四) 北京双娃乳业公司食品产业园及奶牛基地建设项目

1. 项目建设性质及地点。新建，阿荣旗。

2. 建设内容及规模。产业园新增建筑面积 8 万平方米。主要建设生产车间、库房、综合办公楼、宿舍等，并购置生产、检测设备多台套，同时配套建设水处理、污水处理、锅炉房等公共辅助设施。奶牛基地新建牛舍、挤奶厅、产房、青贮窖、干草棚、精料库、饲料加工间等主要及辅助设施。

3. 项目投资及资金来源。本项目总投资为 14.5 亿元。项目企业自筹 6.8 亿元，申请银行贷款 5.7 亿元。

4. 项目周期。项目建设期为 3 年。

5. 经济效益估算。项目建成后日可处理鲜奶 200 吨，年处理生鲜乳 6 万吨，年可生产婴幼儿奶粉 2.4 万吨。奶牛基地总存栏规模为混合群 16000 头奶牛，达产后年产 6 万吨鲜奶。

项目建成达产后将形成年产婴幼儿奶粉 2.4 万吨的生产能力，按 20 万元/吨婴幼儿奶粉平均价格测算，可实现产值 428000 万元，新增税金 27450.94 万元，实现净利润 49231 万元。项目市场前景较好，通过项目建设，有利于加强乳制品安全，可直接解决 670 人的就业问题，其中包括专业技术人员、大中专毕业生及失地农民等多层次的人员。对于促进地方就业，起着极其重要的推动作用。项目建设有很好的产业链带动和辐射作用，对于促进当地产业结构调整、升级，促进当地经济发展都起到了极大的带动作用。

二、项目实施的预期影响

(一) 经济效益

项目建设新增奶牛 15 万头，通过推行标准化规模养殖，机械化挤奶厅挤奶，TMR 饲喂。在饲养成本不增加的情况下，奶牛单产达到 6 吨，全部加工成婴幼儿奶粉可实现产值 42.8 亿元。同时，通过加工项目的实施，带动养殖户按照企业高品质的要求进行标准化生产，可以促进当地传统畜牧业经营方式的改变，促进农牧民增收和实现小康的进程，走规模化、集约化、标准化、产业化道路。同时，由于项目建设的有力带动和龙头作用的发挥，可使呼伦贝尔乳业再创辉煌，并为自治区东部生态高效优质畜牧业的建设作出示范和表率，促进全市畜牧业经营健康发展。

(二) 社会效益

1. 有利于加强乳制品安全。在我国，牛奶已经由个别群体的营养保健品转变为大众的大宗食品，牛奶消费占有较大比例。乳品质量安全直接关系到人民群众的身体健康和生命安全。项目建设从各个环节入手，自建牧场，严把质量关，有利于加强乳制品安全。

2. 项目建设可促进社会的稳定。项目建设可安排就业千余人，直接带动养殖（种植）户30000户，增加收入32400万元。按照每户养殖户以5头奶牛计算，通过技术培训及技术服务，每头牛单产提高1吨，每年增收3600元，每个养殖户可以增收18000元，按每户4人计算，每人增收4500元。同时，项目的基本饲料是直接向农户购买，假设每户种植4亩，每亩净收入540元，每户收入2160元，人均收入514元。农牧民有事做、有钱赚，极大地促进了社会的稳定。

(三) 生态效益

1. 有利于生态保护。通过实施重大项目，到2020年实现人畜、人草彻底分离，所有奶牛标准化规模养殖，实现机械化挤奶，TMR饲喂，可使部分牧民从传统的畜牧业中转移出来，实现优质、高效奶牛产业，可大大减轻草原的压力，保护了草地生态环境，使得草畜动态平衡得以实现，舍饲集约化生产的发展，天然草原能够充分地得到合理利用，植被得以恢复，有助于改善草原生态环境，使草原的合理利用和建设保护协调统一，逐步实现增草增畜，草畜平衡的良性循环生产结构。

2. 有利于改善土壤环境。从生态农业的角度分析，饲养奶牛不仅可增收、增效，种植业还可以通过增施有机肥，增加土壤有机质含量，改善土壤结构，促进种植业的可持续发展，着力发展生态农业和有机农业，建立绿色食品和有机食品基地，打造无公害生态养殖区。引导养殖场积极开展粪便综合利用，项目建设充分体现了循环经济理念，同时注重环境治理，使牧场产生的粪便污水等污染物得到有效治理。

3. 有利于促进"美丽乡村"和"特色小镇"建设。分三年实施总体奶业发展规划，项目重点以提质增效为目标，扩大规模化养殖，跨入科学化、标准化、集约化发展的正轨，推进循环畜牧业发展，实现农民增收致富。

附:

附表 6.1 乳业振兴工程重大项目建议

序号	项目名称	建设规模	建设性质	建设年限	总投资（亿元）	项目所在地
	合计				35.30	
1	鄂温克旗种养循环一体化奶牛标准化规模养殖项目	建设20处奶牛标准化养殖场，每个养殖场规模不小于500头	新建	2017~2020	2.00	鄂温克族自治旗
2	成吉思汗天骄奶牛公司	扩大养殖规模，建成存栏5000头奶牛基地	扩建	2016~2020	1.50	扎兰屯市
3	额尔古纳市奶牛标准化规模养殖场建设项目	新建100个奶牛规模养化养殖场，每个规模在500头以上	新建	2016~2020	5.00	额尔古纳市
4	雀巢乳业2000吨/日生产项目	将产能由1300吨/日提升到2000吨/日	续建	2016~2020	2.00	额尔古纳市
5	阿荣旗双娃乳业婴幼儿配方奶粉及基地建设项目	改建成人奶粉、婴幼儿奶粉、豆粉终端生产线，新增终端产品30个，新建万头奶牛养殖场，检测中心、研发中心	新建	2016~2020	5.00	阿荣旗
6	鄂温克红花尔基特奶粉加工及奶源基地建设项目	新增生产线，厂房改造，建设标准化奶牛基地5处，总数达到1000头	新建	2016~2018	1.50	鄂温克旗
7	鄂温克旗田野奶牛养殖基地建设项目	分三期新建18000头规模奶牛养殖圈舍、奶厅等配套设施、数字设施、奶牛养殖场设施	新建	2016~2020	14.40	鄂温克旗
8	额尔古纳市奶牛养殖大县整县推进试点建设项目	实施奶牛养殖大县整县推进试点，进行粪污处理利用、中央合合设施完善、养殖场设施改造等相关建设	续建	2017~2018	0.90	额尔古纳市
9	呼伦贝尔市特色牧业奶牛现代化牧场建设项目	新建50000头奶牛牧场	新建	2017~2020	3.00	陈巴尔虎旗

第七章 肉业提质增效工程

肉业是关系国计民生的重要产业，上连农村牧区畜牧养殖，下连人民群众日常消费。呼伦贝尔市要立足资源、市场、技术等产业基础条件，大力推进供给侧结构性改革，发挥肉业在农村牧区第一、第二、第三产业融合发展中的引领作用，降低生产成本，提高生产效率，补齐产业短板，厚植竞争优势，着力破解制约生产效率不高、种养分离严重等问题，调整产业链利益分配关系，加快提升肉业发展水平，逐步提高规模化和产业化水平，提升市场竞争力，促进农牧业增产、农牧民增收和产业转型升级。

第一节 发展现状

一、发展优势和基础

（一）牲畜存、出栏稳步提升

如图7.1所示，2017年，呼伦贝尔市牧业年度牲畜总头数达到2162.4万头（只、口），比2012年增加了331.7万头（只、口），已经连续三年稳定在2000万头（只、口）以上。其中，2017年呼伦贝尔市牛存栏197.33万头，羊存栏1752.03万只，生猪存栏183.49万口，分别比2012年增加了9.63万头、298.6万只、13.69万口（见图7.2）。

如图7.3所示，2017年，呼伦贝尔市牲畜出栏969.36万头（只、口），出栏率为44.8%。其中，牛出栏77.43万头，羊出栏756.2万只，生猪出栏126.8万口，分别比2012年增加3.03万头、25万只、17.7万口。从图7.3可以看出，由于呼伦贝尔市生猪和牛的出栏占比较小，呼伦贝尔市牲畜出栏曲线与羊出栏曲线变化趋势几乎一致。

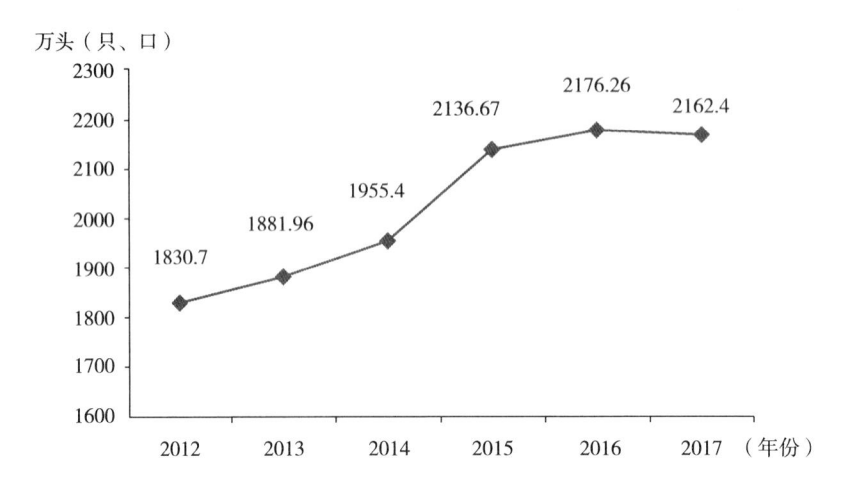

图 7.1　2012~2017 年呼伦贝尔市牲畜存栏总数情况

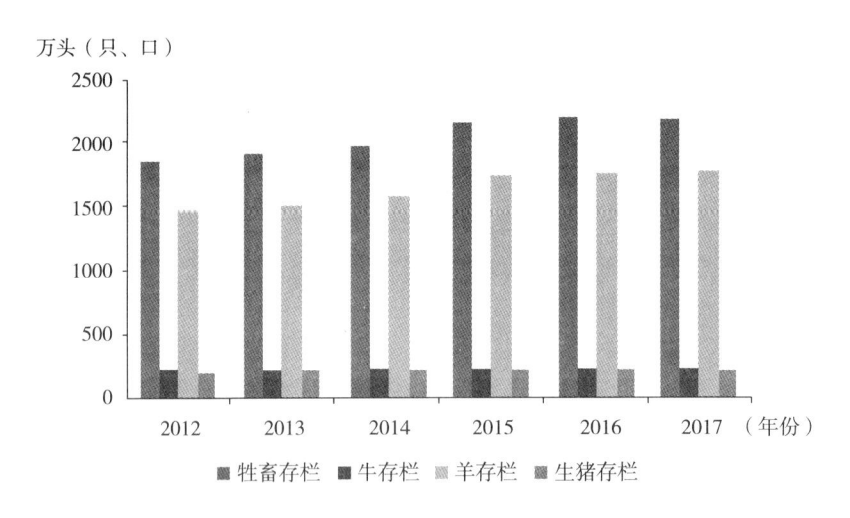

图 7.2　2012~2017 年呼伦贝尔市牲畜存栏分项情况

（二）肉类产量稳中有升

2017 年，呼伦贝尔市肉类产量达到 29.48 万吨，比 2012 年增加了 4.68 万吨。其中，牛肉产量 10.48 万吨，羊肉产量 14.04 万吨，猪肉产量 4.15 万吨，分别比 2012 年增加了 1.09 万吨、4.04 万吨、0.32 万吨（见图 7.4）。近年来，呼伦贝尔市禽蛋产量基本稳定在 4 万吨左右，2017 年达到 4.14 万吨。

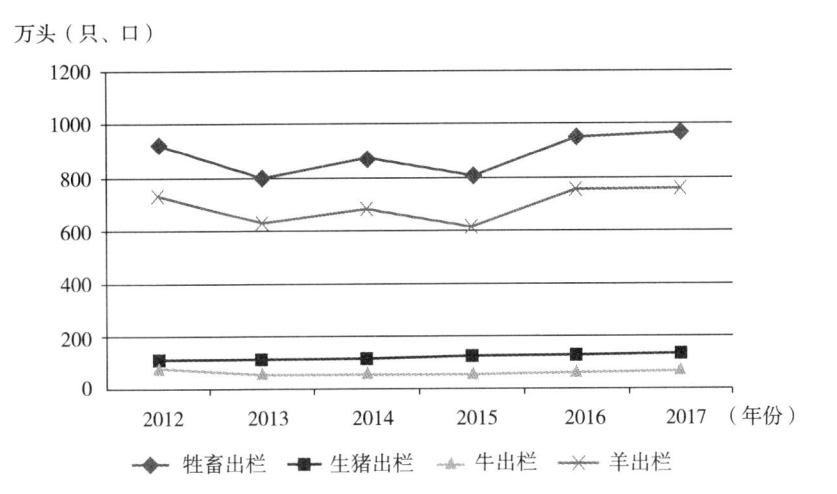

图7.3 2012~2017年呼伦贝尔市牲畜出栏总数情况

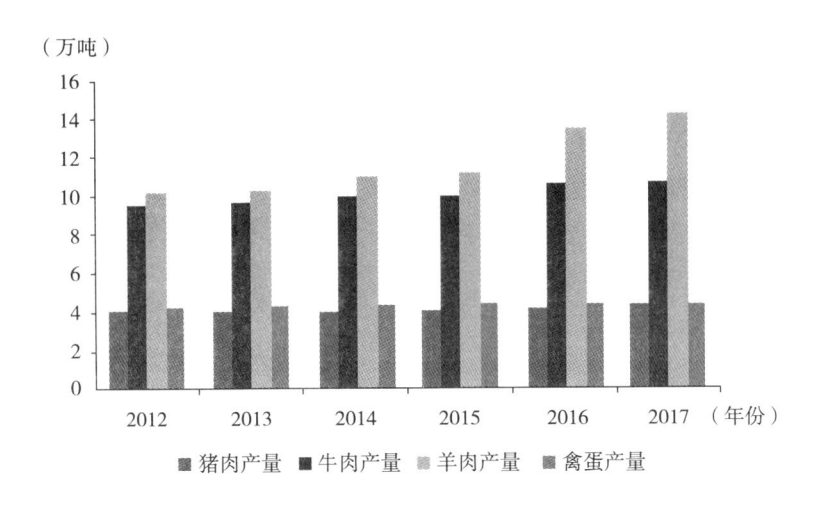

图7.4 2012~2017年呼伦贝尔市肉类产量分项情况

（三）畜牧种质资源得到明显拓展

全市畜牧业种质资源丰富，拥有呼伦贝尔羊、呼伦贝尔细毛羊、三河牛和三河马等优良畜牧品种，其中三河牛是中国培育的第一个乳肉兼用型新品种。引进了杜泊羊、安格斯肉牛等国外优良品种，推广繁育荷斯坦奶牛、西门塔尔牛等。

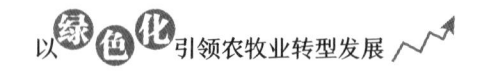

(四) 形成了较为稳定的畜群分布特征

肉牛品种主要为蒙古牛、三河牛、西门塔尔及其改良牛、安格斯牛等。蒙古牛主要集中在牧区；三河牛主要分布在呼伦贝尔市的额尔古纳市、陈巴尔虎旗和大兴安岭以西铁路沿线一带；西门塔尔及其改良牛主要分布在农区阿荣旗、扎兰屯市、莫旗等地；安格斯牛主要分布在新巴尔虎左旗。

肉羊品种主要为呼伦贝尔羊、呼伦贝尔细毛羊及其改良羊。呼伦贝尔羊主要分布在牧区四旗；呼伦贝尔细毛羊及其改良羊主要分布在农区阿荣旗、扎兰屯市、莫旗等地。目前，全市肉业产业主要集中在鄂温克族自治旗、陈巴尔虎旗、新巴尔虎左旗、新巴尔虎右旗、扎兰屯市、阿荣旗、呼伦贝尔农垦集团等区域。肉类加工业包括了屠宰分割、包装出口等领域，已有呼伦贝尔市肉业集团、内蒙古伊赫塔拉牧业股份有限公司、呼伦贝尔绿祥清真食品有限公司、呼伦贝尔元盛食品有限公司、扎兰屯市天佐牧业公司、呼伦贝尔有保公司等企业。

生猪品种主要为大白猪、长白猪、杜洛克猪等，主要分布在扎兰屯、莫旗、海拉尔等地。

二、存在的问题

(一) 经营方式相对粗放

生产规模不大，生产模式有待改善。呼伦贝尔位于我国北部，环境条件相对恶劣，只有在 8~11 月才能够出栏，使得肉类市场供应不足。畜群周转不够迅速，出栏率与商品率比较低、效益不高，是阻碍呼伦贝尔市肉产业发展的主要障碍。同时，育肥基础设施不足，育肥手段与基地不配套，人工饲草料基地也比较薄弱，无法保障供应。

(二) 肉类加工企业规模小、产业化程度低

目前，呼伦贝尔市规模比较大的肉牛加工企业仅有一家，肉羊加工能力百万只以上的企业有两家，生猪加工尚没有规模化的加工企业，特别是缺乏规模大、前景好、带动力强、产品市场占有率高的企业，没有形成一条安全、稳定、高质量的完整产业链。

(三) 屠宰设备和加工工艺落后

肉类加工还没有做到真正按等级深加工和拣选分装，特别是中小型加工

企业工艺落后、设备简陋、屠宰加工技术不好。传统的屠宰不但没有卫生保证，而且由于未将血放净或惊吓过度，导致肉质量下降。有些能够开发利用的副产品没有利用充分，也制约着企业经济效益的提高。

（四）产品附加值低

加工企业开工不足，设备闲置。目前全市肉羊加工能力为1300万只，实际加工肉羊500万只；肉牛加工能力13万头，实际加工肉牛8万头。副产品如内脏、尾巴、皮毛等没有得到很好的开发和利用，产业链条较短，没有形成完整产业链条。品牌化发展较为迟缓，也制约着产业竞争力的提升。

（五）利益联结不紧密

养殖户与龙头企业之间还没有形成紧密的利益联结，龙头企业带动能力不强，出栏的大部分牛羊流向交易市场和上门收购的商贩。专业合作组织作用发挥不够，养殖专业合作社大都规模较小，管理不够规范，服务功能不强，带动力不大，运行机制不完善，组织化程度较低，没有真正成为"民办、民管、民受益"的合作组织。

第二节　国内外发展趋势

一、我国肉业发展的趋势

（一）我国肉业发展面临的机遇

1. 政策支持带来的机遇。近年来，为了促进肉类产业的持续健康发展，国家相继出台了一系列政策和发展规划。2014年1月，国务院印发的《中国食物与营养发展纲要（2014-2020年）》（国办发〔2014〕3号）提出，要求大力发展畜牧业，提高牛肉、羊肉、禽肉供给比重。2016年4月，农业部印发了《全国生猪生产发展规划（2016-2020年）》，这是新中国成立以来第一个生猪生产发展规划，也是"十三五"期间生猪生产发展的指导性文件。2016年7月，农业部印发了《全国草食畜牧业发展规划（2016-2020年）》（以下简称《规划》），这是新中国成立以来第一个全国性的草食畜牧业发展规划；《规划》涵盖了以奶牛、肉牛、肉羊为重点，兼顾兔、鹅、绒毛用羊、马、驴等特色草

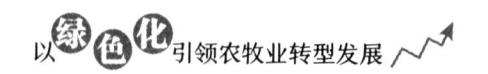

食畜种,提出要大力推进标准化规模养殖,强化政策扶持和科技支撑,推动粮经饲统筹、种养加一体、一二三产业融合发展,全面建设现代草食畜牧业。2017年"中央一号"文件《关于深入推进农业供给侧结构性改革,加快培育农业农村发展新动能的若干意见》给畜牧业提出稳生猪促牛羊的发展任务。今后一个时期,随着政策、规划的实施必将促使我国肉业快速健康发展。

2. 消费需求继续增加带来的机遇。目前,我国是世界上最大的肉类食品生产国和消费国。从供求角度看,我国牛羊肉供不足需,缺口较大,我国的牛羊肉产量均无法满足市场需求(见表7.1)。2017年中国牛羊肉消费量分别为794万吨和494万吨,分别排名世界第一和第三。尽管如此,我国人均牛羊肉年消费量远低于世界平均水平。未来中国的牛羊肉消费量还有较大增长空间,尤其是牛肉方面,受饲养周期长、生产成本高、发展方式落后等因素影响,长期以来依靠进口来填补国内巨大的需求缺口。海关统计数据显示,2018年第一季度我国冻牛肉进口量继续保持同比较快增长,进口总量达到21.2万吨,增长32.2%。根据农业农村部中国农业展望专家组最新发布的《中国农业展望报告(2018-2027)》判断,未来10年,中国牛羊肉生产消费将保持增长,牛肉进口继续增加,预计到2027年,我国牛肉产量将达到863万吨,年均增速为1.7%。同期牛肉进口量将达到122万吨。按照2017年我国进口的牛肉总量69.5万吨,未来10年我国牛肉进口量将净增76%,年均增速为7.6%。同时,由于牛羊肉供需缺口较大,带动价格连续上涨。从2001年开始,牛羊肉价格连续上涨了13年。其中,2007~2013年上涨势头较猛,牛肉价格从每千克18.54元上涨到58.81元,年均上涨17.9%;羊肉价格从每千克18.63元上涨到61.88元,年平均上涨18.7%。从消费结构趋势看,"重猪肉、轻牛羊"的饮食结构正在改变。如表7.2所示,我国居民人均猪肉消费占肉类消费的比重由2013年的77.3%下降到2016年的75.1%。虽然居民的猪肉消费比重下降,但猪肉仍是我国传统饮食中最为主要的肉类。根据《中国食物与营养发展纲要(2014-2020年)》,发展目标明确指出:大力发展畜牧业,提高牛肉、羊肉、禽肉供给比重。由此可以看出,当前我国居民肉类消费结构中,猪肉占比较高并不符合营养健康的要求,在国家保证谷物基本自给、口粮绝对安全的大前提下居民肉类消费结构未来或许会有大的调整。在优化结构调整,缩减生猪饲养量,降低猪肉消费的同时,鸡肉、牛羊肉的消费比例会进一步提高。随着我国居民收入的不断提高和消费结构的升级，我国居民对肉类食品的消费逐渐由单纯注重数量转变为量、质并举。未来一个时期我国肉业仍然具有较好的发展前景。

表 7.1　2010~2016 年我国肉类产量变化　　　　单位：万吨

年份	肉类	猪肉	牛肉	羊肉
2010	7925.8	5071.2	653.1	398.9
2011	7965.1	5060.4	647.5	393.1
2012	8387.2	5342.7	662.3	401
2013	8535	5493	673.2	408.1
2014	8706.7	5671.4	689.2	428.2
2015	8625	5486.5	700.1	440.8
2016	8537	5299.1	716.8	459.4

资料来源：《中国统计年鉴》（2017）。

表 7.2　2013~2016 年我国居民人均肉类消费量变化　　　　单位：千克

年份	肉类	猪肉	牛肉	羊肉
2013	25.6	19.8	1.5	0.9
2014	25.6	20	1.5	1.0
2015	26.2	20.1	1.6	1.2
2016	26.1	19.6	1.8	1.5

资料来源：《中国统计年鉴》（2017）。统计口径从 2013 年开始，数据周期较短。

3. 市场空间巨大带来的机遇。目前，我国肉类加工制品总体发展速度较慢，只有不到 17% 的肉类用于加工肉制品，而发达国家的此类数据多在 80%~90%。现有的差距说明我国肉类加工制品的发展空间巨大，是未来行业发展的大方向。肉类加工制品产品利润较高，发展空间较大，未来将是肉类行业发展的大方向。

（二）我国肉业发展的趋势

1. 养殖业向种植业基地集中。目前，我国肉类行业发展的集中度较低，行业规模大，中小企业多且较为分散，企业规模和品牌集中度低。肉类产业本身的特点，一是链条长，二是行业跨度大，涉及种植业、养殖业、饲料加工业、屠宰加工、生化制药物流及零售等行业。随着产业链条的延伸，种植业—粮食加工业—养殖业—屠宰业—肉加工业的发展模式已经形成。养殖业向种植业基地集中已经成为我国肉类行业的发展趋势。

2. 产业链一体化成为行业发展的大趋势。目前，我国肉类产业链各环节的发展水平不均衡。在产业链的上游，我国肉类企业无论是种源还是种养殖，整体上基本处于小规模化、分散化、粗放式的生产方式，标准化、规模化成为发展要求。而我国肉类产业链中游的发展水平和加工能力基本与国际上同业先进水平保持同步，客观上存在着食品加工能力大量闲置的问题。从肉类产业链下游来看，物流特别是冷链物流发展水平也远远滞后于肉类产业发展需要。因此，肉类产业发展需要产业链规模化的整合，均衡性的发展。短期来看，产业链一体化可以压缩与转移成本，提高盈利能力。规模化生产促进了效率，同时产业链各环节间的合作无疑降低了交易成本、有效管理了风险、协调了产品销售渠道和物流保障、减少了对市场的反应时间。长期来看，产业链一体化可以为行业整体提供更长远的发展。当产业链各环节独立运转时，企业更多关心如何短期内利益最大化，即如何把现有产品做得更多、更省，对终端消费者需求和环境并不十分看重。但是，当产业链进行整合时，产业链上游也可以更好地了解终端需求，开发更适宜的产品。同时，每一个生产环节所产生的废料可能会被另一环节利用，增加了生产效率，降低环境损害。各个环节的互补有助于产业链整体应对节能、可持续、健康等越来越突出的社会要求，同时缓解金融方面的压力。总体来讲，产业链一体有利于各生产环节的短期运营，也有助于整体的长期发展。肉类产业链整合成为必然趋势。

（三）"有机"将成未来肉业消费的主流趋势

随着大众消费观念的进步，肉类的消费将逐步由追求数量向追求质量转化，食品安全、营养平衡、种类丰富等问题将受到越来越多的重视。目前，全球有机食品市场发展迅猛，2012年全球市场销售额已超过600亿美元。中国有机食品也有着巨大的国际国内市场需求，近10年来，全国有机食品的年出口增长率均在30%以上；同时，国内市场也在不断扩大，尤其是在一些经济发达的城市，已形成相对稳定的有机食品消费群。我国未来肉类特别是牛羊肉消费将呈刚性增长态势。2015年，全国羊肉产量441万吨，到2020年新增羊肉市场需求将达到 535 万吨，"十三五"时期需求将比 2015 年增长 15.6%。全国牛肉产量 689 万吨，到 2020 年牛肉市场需求还需新增 200 万吨。到 2020 年全国猪肉消费量将比"十二五"末增加 250 万吨。国内市场需求的扩张，为呼伦贝尔肉业发展创造了广阔的空间。

（四）品种日益精良化

发展规模化、专业化、标准化养殖模式，将防疫、饲草料供给等生产服务体系建设作为基本支撑条件。良种选育和扩繁工作力度加大。部分土、杂、劣种肉羊常因个体小、肉质差、生长发育缓慢、出栏率低等影响养羊的效益。因此，要调整肉羊品种结构，选择合适品种组合，实现二元或三元杂交育肥饲养体系；采取提纯扶壮、引进良种、改良杂交等手段，培育优良品种。

（五）肉产品品牌化

随着农产品供需关系和消费者生活方式的转变，转化为知名度、美誉度等以品牌为主导的综合实力的竞争，消费者对肉产品品质要求越来越高。

（六）肉食深加工化

一直以原材料销售、粗加工经营为主的肉类行业，正在朝着深加工的方向前进。深加工羊肉卷比例逐步加大，调理类产品，将由简单的原材料供货，转变为根据餐饮客户的需求，为其"定制式"供货，达到餐厅供货中央厨房化。

（七）饲养管理体系科学化

针对养殖不同需求提供毛、绒、皮、肉、脏器等专门领域专业化分工养殖领域，逐步向跨地区的养殖体系转变，在区域特色发展、农牧区之间互动发展的基础上形成大区域的养殖业核心竞争力体系。

二、国外肉业发展实践——以澳大利亚为例

澳大利亚是肉类生产大国，也是出口大国。牛肉总出口量在全球出口量中占重要地位，是世界第二大牛肉出口国，仅次于巴西，也是中国进口牛肉的第一大来源国。澳大利亚发展肉业的举措主要是：

1. 拥有比较健全的法律法规。这些法律法规基本覆盖了肉类产业全产业链各个环节。《澳新食品标准法典》是肉类乃至食品的基本法，贯穿肉类的产前、产中、产后各环节。在养殖前、养殖中、活畜运输和销售、加工、分销

及市场等环节也有一系列法律法规。

2. 注重发挥行业组织的作用。政府大力支持行业组织发展，这些机构普遍接受政府委托和任务，对行业开展监管或服务，是政府管理肉类产业的重要途径。目前，国家级的行业组织有十几个，主要围绕肉类生产产前、产中、产后开展服务，成为产业、政府和市场的桥梁、纽带。

3. 建立了全程追溯体系。建立了覆盖养殖前、养殖中、运输、销售、加工、分销及市场全产业的肉类生产质量安全追溯体系。养殖前控制点为农场输入饲料、肥料、农用与兽用化学品、供水等物资无污染、可追溯，要达到食物链的使用标准，可追溯其供应处或产地，如谷物和饲料供应商要执行HACCP（危害分析和关键控制点）。养殖控制点为食物链无污染、建立所有输入物资和输出产品的可追溯系统、全部牲畜得到合理的照料和供养，如强制实行牲畜电子贴标系统。运输控制点为牲畜完整性、识别、生物安全管理，如应用国家畜产品识别系统（NLIS），被广泛应用到整条供应链，牲畜从出栏到进入农畜市场、加工厂或活牛出口站，都能得到全程追踪。销售控制点为生物安全、牲畜识别、动物福利。加工控制点为获批准的质量保证制度、核查、动物福利，肉类加工厂需要有经营许可，由州级食品监管机构批准，出口企业还要到国家农业部注册，要报批以HACCP为基础的食品安全计划书和质量安全保证书，所有企业必须遵守澳大利亚肉类与肉制品卫生与运输标准，对工厂的设计和建造均有严格限制，产品规格要以《食品安全法》的规定为准，国家农业部和各州食品监管机构每年组织年审。分销及市场控制点为可追溯性、完整性，肉类和肉制品分销或进入市场过程中必须维持产品的可追溯性、完整性，如罐头和宰后的酮体等出口商品从厂商转运到另一厂商时，要持国家农业部统一颁发的肉类运输证，需注明出货与收货厂商名称、产品质量及规格明细，出口商品还需到农业部办理达到澳大利亚和进口国双方标准的卫生证，卫生证信息均存储在农业部中央数据库。

4. 支持肉类技术研发。澳大利亚在国家、州、行业、企业各层次开展了肉类产业技术研发，相关主体根据产业需求和市场变化确定科研方向，国家或行业给配套支持。联邦科学与工业研究组织（CSIRO）是澳大利亚最大的国家科研机构，有5000多名员工，资产规模超过2000万澳元，年经费预算10亿澳元，其中45%的经费来自财政，55%的经费从行业以及技术转让和合作中获得，是澳大利亚最大的专利持有机构，研发的技术既可以转让，也可以产业化，有314个商标，获得的收益再投入科研；农业食品部门是这个组织最大的部门，有1100多名员工，年经费预算2.5亿澳元，分布在各州26个分支机构，致力于农业食品全产业链、全价值链研发，其中肉类产业研发是主要方向，相关分支机构分别开展小企业、其他机构难以承担的大研究项目、加工机械装备和加工工艺研发、转基因技术和微生物污染的研究，以及消费者满意度调查和肉类产业可持续性等软课题研究。州一级政府根据本地优势资源也有相应的研究机构，一些行业团体为满足肉类加工企业需求，也支持开展技术研发，据了解，一些大型企业设有独立的研发机构，政府、行业均有资金支持[①]。

第三节 建设任务

一、重点任务及方向

培育壮大肉类加工龙头企业。按照"集中力量、整合资源、强化培育、扶优强优"的原则，大力推进肉羊、肉牛、生猪屠宰加工企业兼并重组，重点扶持呼伦贝尔肉业集团、伊赫塔拉、清真绿祥等企业。引进科技含量高、市场潜力大、经济效益好、带动能力强、发展后劲足的产加销一体化大型加工企业，完善企业与农牧户的利益联结机制，打造集标准化原料基地、集约化加工园区、体系化物流配送和营销网络"三位一体"畜产品精深加工产业集群。

大力发展标准化规模养殖。扩大乳肉兼用三河牛种群规模，形成岭西繁育、岭东育肥的发展格局。牧区以呼伦贝尔羊和短尾羊为主推品种，按照全程可追溯和有机饲养标准，发展高端精品肉羊。农区在适度控制速度和规模前提下，以肉用羊为主要品种，通过本品种繁育、杜泊羊及澳洲白绵羊经济杂交等措施，提高肉羊品质和效益，做大肉羊产业。扩大生猪养殖规模，推进标准化规模养殖场建设。推进生态养殖、清洁养殖，加强粪便综合利用和病死猪无

---

① 潘利兵，李增杰，王守伟，赵巍. 发展肉类加工，澳洲做法启示多多 [J]. 农产品市场周刊，2016（46）.

害化处理，促进生猪养殖与环境保护协调发展。鼓励龙头企业、养殖大户、专业合作社等新型经营主体收购、自建标准化规模养殖场（小区），扶持牧区家庭牧场、农区标准化规模养殖场改造，完善配套粪污处理利用基础设施设备，探索推广智能化、信息化管理，促进养殖场（小区）向智慧牧场转变。

优化畜种畜群结构。创新养殖技术与模式，强化地方特色品种保护改良，加快国内外优良品种引进和繁育推广。充分利用国家和自治区对家畜良种的扶持政策，加大杜泊羊、澳洲白绵羊等肉羊优良品种繁育与引进，建立以龙头企业为主的良种引进扩繁体系，提升良种覆盖率。推动农区由散养向适度规模养殖转变。加快安格斯肉牛品种引进和扩繁，扩大养殖规模，打造高端肉牛标准化养殖基地。以安格斯肉牛为主推品种，加快推进肉牛品种改良。

加强牛羊疫病防控。坚持生产发展和防疫保护并重的方针，加强肉牛、肉羊疫病防控。实施牛羊重大动物疫病和重点人畜共患病防治计划，筛选流行菌（毒）株并建立资源库；开展免疫抑制与免疫失败控制技术、多病原混合感染与协同致病控制技术研究，建立疫苗免疫质量评价体系，加大疫病监测和流行病学调查力度，完善免疫、扑杀、无害化处理机制。大力实施布病防治计划。开展种牛、种羊场疫病监测净化工作，加强种牛、种羊场防疫设施和制度建设，提高生物安全水平。实施牛羊外来动物疫病风险防范策略，加强牛羊外来动物疫病监测，强化相关防控技术研究，防止外来动物疫病传入。

积极推进产业化经营。做大做强肉牛、肉羊龙头企业，改善屠宰加工、品质检验设施装备条件，提高企业技术创新能力，开发特色牛羊肉产品，延长产业链条，加强品牌建设，增强市场竞争力，促进牛羊屠宰加工行业向规模化、标准化、品牌化方向发展。扶持家庭牧场和合作社、协会等农民专业合作组织发展，提高肉牛、肉羊养殖组织化程度。引导肉牛、肉羊屠宰加工企业建立稳定生产基地，通过订单收购、返还利润、参股入股等多种形式，与养殖场户或专业合作组织结成稳定的购销关系。大力推进产销衔接，建立和规范基层肉牛、肉羊活体交易市场，加强牛羊肉加工配送、冷藏冷冻、冷链运输等市场流通设施建设，鼓励批发市场、大型连锁超市等流通企业与屠宰加工企业建立长期稳定的产销关系，减少流通环节，降低流通成本。提升产加销一体化程度，促进养殖、屠宰加工、流通等各环节利益合理分配，实现产业发展、企业增效、农牧民增收。

推进肉类产业链条化。一是构建有机肉羊、肉牛、生猪、禽的精细化分割和无菌化保质包装产业链，提高分割精细度，发展销量无菌化保质包装精细分割产品。二是构建特种优质牛羊肉供应链条。通过特种优质肉羊良种引进、繁育，扩大杜泊羊肉等优质特种羊肉产能，扩大市场影响和建设销售渠道，针对大型城市大型餐饮品牌店集团化消费，稳定和拓展销售市场，提高特种优质羊肉的附加值。三是构建批量化农区育肥牛羊肉供应链条。筛选适宜岭东农区发展的优势品种，实施绿色发展战略，推进育肥牛羊肉屠宰加工的规模化、安全卫生高标准生产体系，改善和提高现有屠宰加工企业的设备设施。四是构建牛羊肉调理肉深加工产业链条。引进调理肉加工技术，以农区育肥牛羊肉屠宰加工为主，发展牛羊肉嫩化、去膻、整形包装等产品，按照市场要求适时发展牛羊肉熟制、干制产品和新型罐头产品，延伸产品系列，适度发展针对城市上班族的预烹饪产品，丰富产品组合。

推进产品品牌化发展。引进国内外大型肉业龙头企业入驻呼伦贝尔市，联合、兼并或重组小微肉业加工企业，统一使用"呼伦贝尔牛肉""呼伦贝尔羊肉"商标和专利包装，使区域商标公有化，形成"大品牌"。

二、发展展望

到 2020 年，年培育种羊 2.5 万只，争创 1 个肉羊国家核心育种场，建成国家重要的肉羊良种繁育输出基地。规模化、标准化饲养比率达到 80%，羊肉加工转化率 75%，新建 6 个万头肉牛养殖基地、57 个机械化、规模化养殖场。扩大安格斯肉牛的养殖规模，力争用 5~10 年的时间，全市实现年存栏安格斯肉牛达到 50 万头，出栏 15 万头的目标，肉类总产量达到 36.52 万吨，将"呼伦贝尔牛肉""呼伦贝尔羊肉"商标打造成为中国驰名商标，将呼伦贝尔打造成为中国肉都。

第四节　重大项目筛选

一、典型项目介绍

按照市场主导、绿色发展、食品安全、多业融合的原则，共筛选肉业项

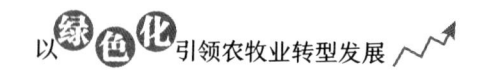

目31个，总投资56.4亿元。其中，牛羊养殖基地及加工项目20个，总投资39.7亿元；猪禽养殖及加工项目9个，投资12.5亿元；其他畜产品加工项目2个，总投资4.2亿元。现以下5个项目为例进行说明。

（一）呼伦贝尔肉业集团产业融合项目

1. 项目性质及建设地点。新建，阿荣旗那吉镇工业园区。

2. 建设内容及规模。该项目分为三部分：一是育肥牛养殖基地二期项目，该项目有育肥牛圈舍4栋，青贮窖12000平方米，年可实现出栏育肥牛4000头，用于二产屠宰加工及深加工原料基地；二是150万只羊深加工建设项目，建设羊屠宰加工生产线一条，其中包括屠宰及分割加工车间、速冻库及冷藏库、辅助用房等，设备购置屠宰加工设备、熟食深加工设备，年可实现屠宰加工肉羊150万只；三是3000吨中央厨房项目，本项目建设中央厨房生产车间、冷藏库及冷冻库、业务用房、配电室等，并配置生产设备、化验设备、电子追溯系统设备、产品研发设备及其他辅助设备。项目建成后，产品规模为年产3000吨，其中熟食类肉制品1500吨，半成品原料1500吨，为德克士、黄记煌等产业客户提供专属熟食产品（半成品）和为项目单位餐饮连锁店提供半成品熟食及半成品原料。

3. 投资结构及资金来源。项目总投资17102.21万元，其中，养殖基地二期投资3200万元，150万只羊深加工项目投资6004.97万元，中央厨房项目投资7897.24万元。

4. 效益估算。该项目以加快现代农业建设、提升农业竞争力和促进农业可持续发展为目标，积极探索和创新龙头企业与农户的利益联结机制，通过与农民专业合作社合作，建立企业与合作社利益共享、风险共担、互惠互利的长效联结机制。杜绝病死畜肉上市，使卫生条件得到极大的改观，使人民群众吃上"放心肉"，项目建设可促进优质牲畜的饲养，推动养殖业的快速健康发展，促进畜牧业持续、稳定、协调发展，促进了畜产品社会有效需求的形成。项目可直接解决340多人的就业问题，同时可间接安排2000多个农村剩余劳动力，主要从事农业生产和畜牧业养殖。直接带动家庭人口达270人左右，仅工资性收入人均增收76160元；项目直接受益农户5000户，人口约2万多人，户均增收2万元，项目区农户可新增收益10万元左右。

项目产后年产值可达 2.52 亿元，可实现年利润总额 0.6 亿元，销售税金及附加为 0.3 亿元。

（二）内蒙古伊赫塔拉牧业股份有限公司 30000 吨熟食加工项目

1. 项目性质及建设地点。新建，呼伦贝尔市鄂温克族自治旗巴彦托海经济技术开发区。

2. 建设内容及规模。新建厂房 2 栋，建筑面积 8797.7 平方米，产品展厅 1 栋，建筑面积 799.6 平方米，办公楼 1 栋，建筑面积 1681.3 平方米，成品库 1 栋，建筑面积 3870.6 平方米；职工宿舍 1 栋，建筑面积 1427 平方米，门卫一栋 51 平方米。本项目主要购置设备包括：生产设备、研发和化验室设备及配套和附属设备。国内外性能相近的设备采用国内制造的，国内没有或达不到产品要求的设备选用引进设备，重点引进技术先进、性能良好、关键工序的重点设备，使总体设备达到较高的水平。

3. 建设期限。2016 年 5 月至 2018 年 10 月。

4. 投资估算。本项目总投资 2 亿元。

5. 效益估算。项目达产后，按照熟食 24000 元/吨测算，可达到年产值 7.2 亿元。

（三）呼伦贝尔市禾牧阳光生态农业有限公司肉牛养殖基地项目

1. 项目建设性质及地点。新建，新巴尔虎左旗。

2. 建设内容和规模。项目一期新建 51000 平方米棚舍，牛活动场所 15000 平方米；贮草棚 30000 平方米；饲料车间及饲料库 9000 平方米，防疫检验室 150 平方米，冷配室 150 平方米，青贮窖 40000 立方米；综合办公室 300 平方米，引进安格斯肉牛 6000 头。

项目二期新建牛舍 74000 平方米，青贮窖 26000 平方米，办公用房 1728 平方米，配套用房 10000 平方米，引进安格斯肉牛 4070 头。

3. 项目投资。一期 2 亿元，二期 3 亿元。

4. 收益估算。项目一期、二期已完成所有基建工程，总计购进澳大利亚进口安格斯种母畜 10000 头，实现投资近 5 亿元，企业年可实现产值 2.5 亿元，年均利润额达 0.75 亿元，带动农牧户及农牧民增收：1400 人，人均 20000 元。

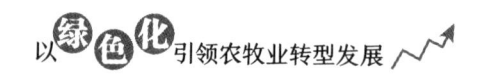

（四）呼伦贝尔市禾牧阳光生态农业有限公司西旗安格斯肉牛良种繁育场项目

1. 项目建设性质及地点。新建，新巴尔虎右旗项目立项已完成，立项文号2017-150727-03-03-010530。

2. 建设内容和规模。一期妊娠母牛舍25380平方米，后备牛舍6768平方米，带犊母牛舍8460平方米，产房2160平方米，兽医办公室108平方米，断奶犊牛舍4320平方米，隔离牛舍1080平方米，综合楼1979.64平方米，大门值班室45平方米，加压水泵房95.2平方米，锅炉房27.36平方米，发电机房59.85平方米，蔬菜大棚3456平方米，消毒池64平方米，门卫地磅房24.3平方米，青贮窖6000平方米，精料库1296平方米，装卸牛台45平方米，化尸井9平方米。

3. 项目投资。一期投资1.5亿元。

4. 经济效益估算。项目建成后，可带动农牧民人均增收20000元。企业可实现年产值1.13亿元，年均利润额达0.4亿元。

（五）鄂温克旗种养业循环一体化肉牛标准化规模养殖项目

1. 项目建设性质及地点。新建，鄂温克旗锡尼河东苏木罕乌拉嘎查和辉苏木嘎鲁图嘎查。

2. 建设内容和规模。建设20处肉牛标准化养殖场，每个养殖场年育架子牛不小于1000头。2017年建设2处，畜牧兽医办公室80平方米，饲草储备库500平方米；建设600平方米暖棚舍，打机井1眼。

3. 项目投资。总投资2亿元。

4. 效益估算。项目的建设将辐射带动周边养殖户规模化、标准化养殖，提高整体养殖水平，同时解决部分就业问题。建成投产后能繁母牛和肉牛的年产值达5.4亿元左右。

二、项目实施的预期影响

（一）经济效益

通过重大项目的实施，推行标准化规模养殖，推广良种良法，提升肉牛、肉羊、生猪的胴体重水平，提高肉产量，将取得良好的经济效益。项目建成后，年新增出栏肉牛25万头、出栏肉羊35万只、出栏生猪5万口；新增400

万只羊、30万头牛、150万口猪、1200只鸡、520万只鹅屠宰加工规模。通过延长产业链条，提高产品附加值，实现肉产业提质增效，年均可增加产值100亿元。通过质量认证、商标注册、名牌培育，打造一批在全国乃至国际市场具有大影响力、高市场占有率、强市场竞争力和高消费者认可度的大品牌，塑造绿色有机、天然健康、安全放心的"呼伦贝尔"农畜产品品牌形象。

（二）社会效益

通过项目的建设，规模化养殖场、屠宰加工厂等建设将加快，有利于进一步增加就业岗位和扩大就业渠道，促进富余劳力就业和农村劳力就地转移；项目建成后，将提高群众的科学知识水平和科学管理水平，为社会提供更多、更优质的生产原料，并解决农村剩余劳动力和剩余闲散资金投资，为农村稳定和经济发展做出贡献。经测算，重大项目实施可带动20万个养殖户，户均增收1.5万元。

（三）生态效益

一是有利于促进农区秸秆的资源化利用。项目实施有利于加快推进农作物秸秆的饲料化利用，通过"过腹还田"，不仅可以减少农作物秸秆焚烧及废弃带来的环境污染，而且可以促进秸秆的资源化利用。

二是有利于促进草场改良。项目实施后，通过支持草原围栏、人工饲草基地建设等，有利于促进牧区草原的禁牧、休牧、轮牧，缓解草原载畜压力，促进草原休养生息，减少草原沙化退化和水土流失，不断改良牧区草原生态环境。

三是有利于牛羊废弃物的集中处理和资源化利用。规划合理布局牛羊养殖规模，农户散养比例逐步下降，减少了因散养带来的农村面源污染。规划推行标准化生产，支持规模养殖场的标准化改造，加大规模养殖场粪污无害化处理设施的建设力度，有利于牛羊粪污的集中处理。同时，大力推进种养结合，推动粪污还田利用，实现了粪污资源化利用，为种植业提供了有机肥源，有利于减少化肥对生态环境的污染。

附：

附表 7.1 肉业提质增效工程重大项目建议

序号	项目名称	建设规模	建设性质	建设年限	总投资（亿元）	项目所在地
					38.6	
(一) 牛、羊						
1	牙克石市肉牛、肉羊养殖	存栏 20 万头、只	新建	2016~2020	1.10	牙克石市
2	蒙东肉牛繁育养殖场建设项目	占地面积 70 万平方米，建筑面积 15 万平方米，建设牛舍 30 栋，基础母牛存栏 10000 头	新建	2017~2018	1.50	扎兰屯市
3	扎兰屯市肉羊规模化养殖场（园区）建设项目	建设 10 个规模化养殖场（小区），肉羊年出栏 22000 只	新建	2016~2020	0.90	扎兰屯市
4	额尔古纳市肉牛、肉羊规模化养殖场项目	在全市四个乡镇建设 4 个肉牛养殖场，年出栏肉牛 1 万头左右。年出栏肉羊 2 万只	新建	2016~2020	4.00	额尔古纳市
5	鄂伦春旗现代肉牛、肉羊棚圈建设项目	建设现代肉牛养殖场 50 座、现代肉羊养殖户 300 户肉羊棚圈，在全旗十个乡镇选择 50 户肉牛养殖户、300 户肉羊养殖户进行项目建设，每户建设一座棚圈，建设规模每户棚圈 500 平方米，总面积为 17.5 万平方米。项目实施后，直接受益养殖户达到 350 户、1750 人	新建	2017~2020	2.00	鄂伦春自治旗
6	鄂温克旗种养业循环一体化肉牛标准化规模养殖项目	建设 20 处肉牛标准化养殖场，每个养殖场年育架子牛犊小于 1000 头	新建	2017~2020	2.00	鄂温克族自治旗
7	陈巴尔虎旗畜牧业养殖基地建设项目	实施优质奶源、肉源基地建设项目 50 个，扶持牧民合作社 25 个	新建	2017~2020	3.00	陈巴尔虎旗

第七章 肉业提质增效工程

续表

序号	项目名称	建设规模	建设性质	建设年限	总投资（亿元）	项目所在地
（一）牛、羊					38.6	
8	呼伦贝尔乌珠尔有机肉羊奶牛标准化养殖人畜分离示范区建设项目	总建筑面积90650平方米，其中：牛羊圈舍区域80000平方米，附属设施饲料加工及仓储区域10000平方米，业务用房及职工用房区域650平方米；购置牛羊饲料、饲料加工及附属奶设备等	新建	2016~2018	1.05	陈巴尔虎旗
9	陈巴尔虎旗两万只羊、一千头牛养殖育肥基地建设项目	在呼和诺尔镇和鄂温克苏木鄂温克苏木各建设一个万只羊、500头牛养殖肥基地7座	新建	2017~2020	1.80	陈巴尔虎旗
10	陈旗家庭生态牧场建设项目	建200个家庭生态牧场	新建	2015~2020	1.00	陈巴尔虎旗
11	呼伦贝尔禾牧阳光生态农业有限公司肉牛养殖基地及肉牛繁育项目	项目分两期建设，共引进安格斯种牛10070头，新建牛舍12.5万平方米，建设饲料加工间、青贮；建设肉牛良种繁育示范场1座	续建	2016~2020	6.50	新左旗、新右旗
12	扎兰屯市草原冰鑫畜牧有限责任公司40万只肉羊生产线扩建项目	本项目以扎兰屯市周边乡镇畜牧业为原料，扩建年生产加工40万只肉羊生产线	改扩建	2017~2018	1.10	扎兰屯市
13	额尔古纳市肉类加工厂项目	年屠宰加工优质牛羊肉1万吨，总建筑面积10000平方米	新建	2016~2018	1.00	额尔古纳市
14	额尔古纳市畜产品精深加工生化项目	建设生产加工厂房、冷藏库房、屠宰加工生产线，生物活性肽提取生产线以及配套设备。年加工牛肉干500吨，活性肽10升，免疫球蛋白20吨，多元多肽60吨	新建	2016~2017	1.30	额尔古纳市

— 117 —

续表

序号	项目名称	建设规模	建设性质	建设年限	总投资（亿元）	项目所在地
					38.6	
(一) 牛、羊						
15	阿荣旗兴源20万只肉羊生产加工项目	建圈舍3万平方米，改扩建屠宰加工车间、冷库、建污水处理场等	新建	2016~2017	1.50	阿荣旗
16	呼伦贝尔肉业集团产业融合项目	包括三部分：一是育肥牛羊养殖基地二期项目；二是150万只羊深加工建设项目；三是3000吨中央厨房项目	新建	2016~2020	1.70	阿荣旗
17	莫旗肉羊屠宰加工项目	建设年屠宰加工能力为200万只肉羊的屠宰加工项目，屠宰分割生产线2条；7500吨容量的冷冻库一座。产品生产能力：分割羊肉13000吨、鲜羊肉4000吨、真空精包装羊排7500吨、真空精包装羊火腿肉750吨、真空精包装羊杂7.5吨、精包装羊舌肉750吨、羊脆肉7.5吨、羊胎素15吨、加工生物医药原品原料1500吨、羊骨15吨、羊肠衣15万张、等级皮150万张、杂皮50万张	新建	2016~2020	2.30	莫力达瓦达斡尔族自治旗
18	莫旗肉牛屠宰加工项目	新建5000平方米屠宰加工车间、4000吨冷库及其他配套设施，年产优质牛肉4万吨、优质皮革20万张、优质牛骨2万吨	新建	2016~2020	1.65	莫力达瓦达斡尔族自治旗

第七章 | 肉业提质增效工程

续表

序号	项目名称	建设规模	建设性质	建设年限	总投资（亿元）	项目所在地
(一) 牛、羊					38.6	
19	内蒙古伊赫塔拉牧业股份有限公司30000吨熟食加工项目	新建厂房2栋，建筑面积8797.7平方米，产品展厅1栋，成品库1栋，办公楼1栋，职工宿舍1栋。购置生产设备、研发和化验室设备及配套和附属设备，引进技术先进、性能良好，关键工序的重点设备，使总体设备达到较高的水平	新建	2016~2018	2.00	鄂温克族自治旗
20	东来顺鼎吉羊屠宰加工项目	建设年10万头牛屠宰加工生产线和1.5万平方米冷库	新建	2017	1.20	新巴尔虎左旗
(二) 猪禽					12.50	
1	额尔古纳市生猪标准化规模化养殖项目	扩建生猪养殖基地5个。每个生猪标准化规模养殖场购进优良种母猪2000口	新建	2016~2020	1.00	额尔古纳市
2	莫旗生猪标准化规模化养殖场建设项目	建年出栏10000头以上，能繁母猪存栏100头以上，猪舍52栋，建设化粪池，饲料加工间、仓库、办公室其他附属设施	新建	2016~2020	2.00	莫力达瓦达斡尔族自治旗

— 119 —

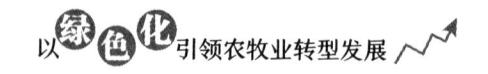

续表

序号	项目名称	建设规模	建设性质	建设年限	总投资（亿元）	项目所在地
(二)	猪禽				12.50	
3	鄂伦春旗生猪标准化养殖场项目	建设生猪养殖场5个。建设地点：鄂伦春旗大杨树镇、乌鲁布铁镇、甘河镇、阿里河镇、古里乡各建一处生猪标准化养殖场。每个养殖场购进优良种猪繁化养殖场。种公猪50头，新建猪舍800平方米，配套相关养殖污处理设施、防疫室、产房室、活动室、饲料室、仓库、办公室等其他附属设施。每处投资200万元，总投资1亿元。项目建成后可提高生猪产业发展水平，推动畜牧业健康绿色发展，示范带动增加400户，2100人收入	新建	2017~2020	1.00	鄂伦春自治旗
4	根河市标准化养殖基地项目	年出栏2万头养猪基地，100万只养鸡基地，10万只养鹅基地及配套基础设施	新建	2017~2020	1.50	根河市
5	莫旗大鹅标准化养殖场建设项目	建设出栏10万只以上大鹅养殖场，新建小区50个，1000平方米×10及其他附属设施	新建	2016~2020	1.00	莫力达瓦达斡尔族自治旗
6	鄂伦春旗蛋鸡标准化养殖场建设项目	建设蛋鸡标准化养殖场10个，配套其他附属设施	新建	2017~2020	1.00	鄂伦春自治旗
7	草原有机生态鸡养殖场扩建项目	每年草原有机鸡河养1000万只，草原有机生态鸡养殖场扩建30000亩	续建	2015~2017	1.00	巴彦托海经济技术开发区

第七章 | 肉业提质增效工程

续表

序号	项目名称	建设规模	建设性质	建设年限	总投资（亿元）	项目所在地
（二）	猪禽				12.50	
8	阿荣旗大鹅屠宰加工项目	建设屠宰分割生产线，年屠宰加工大鹅500万羽，年产分割产品1.2万吨	新建	2016~2020	2.00	阿荣旗
9	莫旗雨润盘活项目	雨润集团福润肉类加工项目占地150亩，主厂房9302平方米，附属工程10676平方米，具备年屠宰加工150万头生猪能力，建成后未生产，由于资金问题企业未进行盘活	新建	2016~2020	2.00	莫力达瓦达斡尔族自治旗
（三）	其他畜产品加工				4.20	
1	羊皮深加工项目	年加工200万张羊皮，制作胶原蛋白，采用高新技术对胶原蛋白进行深加工，制作化妆品、医疗用品等	新建	2016~2020	3.00	呼伦贝尔市经济技术开发区
2	羊胎素产品开发项目	建设生产加工厂房，引进年加工羊胚胎200万只的羊胎素提取工艺生产线及配套生产设备	新建	2016~2020	1.20	额尔古纳市

— 121 —

第八章 种植业调整优化工程

种植业处于农牧业产业链的最前端，是下游产业链和市场延伸开发的主要依托。近年来，呼伦贝尔市种植业保持了稳定发展态势，取得了显著成绩。但是，我们也清醒地认识到，呼伦贝尔市种植业对农牧业增产、农村牧区增效和农牧民增收的影响力都有较大弱化。种植业结构性矛盾日益突出，资源环境约束更加趋紧，发展动能不足，资源优势尚未转化为产业优势、市场优势和经济优势。当前和今后一个时期，必须进一步认清形势，着力解决"多而不优"的问题，推进种植结构调整，实现优质化发展、差异化竞争，提高农产品竞争力和农牧业效益。

第一节 发展现状

一、发展优势和基础

呼伦贝尔市耕地面积居全区第一位，常年种植面积在2700万亩左右，土壤肥沃，以坡耕地为主，土壤有机质平均含量为5%~10%。2017年呼伦贝尔市农作物总播种面积2789万亩，位居全区第一。粮食产量为75.5亿千克，位居全区第二。大豆、小麦种植面积和产量均位居全区第一，且呼伦贝尔市是全区高蛋白大豆的主产区。

（一）粮食综合生产能力稳步提高

2017年，呼伦贝尔市粮食播种面积达到2097.94万亩，比2012年增加102万亩。粮食产量达到600.52万吨，比2012年增加34.92万吨。大豆、小麦、油菜种植面积及产量居内蒙古首位。阿荣旗和莫旗成为全国"产粮大县"，形成了一批区域化、规模化、专业化粮油生产基地。全市粮油种植业规模化经营水平不断提高，500亩以上种植大户现有1258户（占全区的40%），1万亩以上大户32户（占全区的71%），10万亩以上大户4户，种植面积最大的种植大户经营总面积达22万亩。呼伦贝尔市粮油产业技术优势明显，大豆、马铃薯育种技术水平较高，市农研所是国家大豆改良中心呼伦贝尔分中心，国家大豆原种繁殖基地，国际科技合作基地，国家大豆产业体系特早熟大豆育种岗位所在地，国家马铃薯产业体系综合试验站，"十二五"期间共审认定大豆品种18个，马铃薯品种20个，其中蒙豆14、蒙薯21成为内蒙古自治区第一个大豆和马铃薯国审品种。

（二）种植结构逐步优化

呼伦贝尔市位于内蒙古高原东北部，处于大兴安岭沿麓马铃薯优势产业带、东北肉羊肉牛产业带、东部大豆优势产业带、小麦优势产业带、马铃薯种薯产业带、黑木耳优势产业带，是国家绿色食品基地、国家主体功能区建设试点示范地区和国家粮食主产区。如表8.1所示，改革开放以后，呼伦贝尔市在确保粮食生产稳步提高的同时，大力发展油料、蔬菜、水果及黑木耳等具有地方特色的经济作物，并不断培育和引进新的品种，产品产量不断增加。2016年种植结构调整，冷凉地区玉米种植面积压减132.6万亩，青贮玉米种植面积75.3万亩，按照市场需求，各地根据当地实际，扩大了杂豆、马铃薯、强筋小麦、胡麻、苏子、水飞蓟、苜蓿、白瓜子、菇娘等特色优势作物种植面积。中草药材、蔬菜、饲草饲料等特色经济作物生产稳步发展，播种面积、产量均创历史新高。饲草饲料的播种面积从2012年的43.71万亩增长到52.3万亩，增长19.7%。如图8.1所示，粮、经、饲的播种面积占总播种面积的比重由2006年的79.3∶15.7∶5.0调整为2016年83∶12.5∶4.5。

表8.1　1978年以来呼伦贝尔市主要年份玉米、大豆等种植面积变化

单位：万亩

年份	粮食	小麦	玉米	大豆	经济作物
1978	617.19	302.8	95.72	65.83	22.09
1992	788.19	371.03	94.72	234.39	72.26
2002	1215.81	145.67	191.26	687.04	336.63

续表

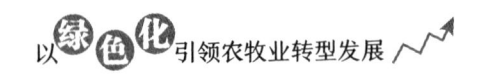

年份	粮食	小麦	玉米	大豆	经济作物
2012	1995.93	325.37	634.35	736.31	338.5
2016	2083.37	366.75	766.48	765.63	377.11

资料来源：呼伦贝尔市统计局，《改革开放四十年来呼伦贝尔市种植业发展突飞猛进》。

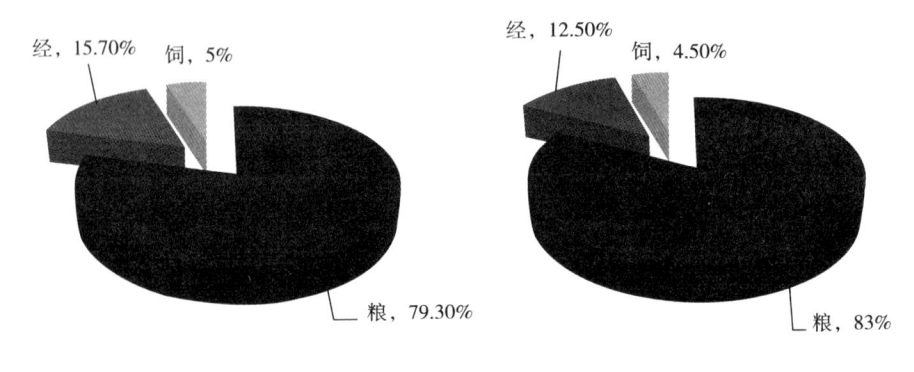

图8.1 2006年和2016年呼伦贝尔市粮经饲比重变化

（三）农牧业种植技术稳步提升

绿色农业科技创新引领能力不断提升，农业科技贡献率比自治区平均水平高4.6个百分点。以粮食作物机耕、机播、机收为关键环节的机械化发展迅速，农牧业机械化综合水平达到85%。2016年，全市机耕、机播和机收面积占全市总播面积的比重分别为56%、92.3%和75.6%，分别为1400万亩、2306万亩和1890万亩，与改革开放初期相比，平均每年增长速度分别达到2.9%、6.6%和6.5%。呼伦贝尔农垦集团的综合机械化水平已经达到99%以上，每年实施保护性耕作面积在100万亩以上，实现了全程机械化，在全区乃至全国都处于领先地位。全市农作物良种推广面积2230万亩，占粮食作物89%。订单农业面积510万亩，种子包衣面积1410万亩，地膜覆盖面积115万亩，配方肥推广面积1728万亩。重点推广优势粮油作物绿色高效增产技术面积700万亩，绿色、增产、增效技术覆盖率达到粮油作物播种面积的40%以上。项目田优质良种覆盖率达到100%，主推技术到位率达到100%。为探索建立大豆—玉米合作轮作模式，实现种地、养地相结合，促进农业可持续发展，实施了《农业部大豆绿色高效技术集成示范》和《黑土地保护利用试点工作》项目。

二、存在的问题

（一）种植业供给侧结构性矛盾有待解决

种养结构不合理，种养不协调，尤其是农区种养循环链条没有形成，以养定种、种养结合的机制没有建立。由于气候资源和基础设施等条件限制，种植业内部结构不合理，"一粮独大"现象突出，玉米产量占到粮食总产量比重由2011年的44.9%提高到2016年的56.4%（见表8.2），大豆、牧草、马铃薯、杂粮杂豆等作物占比不高。

表8.2　2011~2016年呼伦贝尔市主要农产品产量变化

单位：万吨，%

年份	粮食	小麦	小麦占粮食产量比重	玉米	玉米占粮食产量比重	大豆	大豆占粮食产量比重	油料
2011	525	77.41	14.7	235.54	44.9	108.62	20.7	26.09
2012	565.6	92.57	16.4	272.93	48.3	94.49	16.7	29.70
2013	600.6	102.4	17.0	305.15	50.8	114.65	19.1	30.95
2014	615.65	117.5	19.1	367	59.6	68.75	11.2	32.56
2015	621.2	111.18	17.9	370.25	59.6	86.34	13.9	33.48
2016	603.7	107.29	17.8	340.5	56.4	94.5	15.7	31.08

资料来源：2011~2016年《呼伦贝尔市国民经济和社会发展统计公报》。

（二）种植业基础设施条件有待改善

中坡耕地面积较大，占总耕地面积的85%，导致农业基础设施建设薄弱，农田基础设施建设水平远低于内蒙古其他农业盟市。全市90%的耕地属雨养农业。虽然近年来全市有效灌溉面积不断增加，2017年增加到34.29万公顷（见表8.3），但有效灌溉面积仅占耕地面积的12%。干旱成为全市农业生产最大的制约因素，个别年份和旗县冰雹、洪涝、霜冻等灾害时有发生，遇到较大自然灾害造成大面积减产。农业抵御自然灾害特别是抗旱能力很弱。

表8.3　2012~2017年呼伦贝尔市有效灌溉面积变化

年份	2012	2013	2014	2015	2016	2017
有效灌溉面积（万公顷）	24.96	19.14	22.16	25.44	27.88	34.29

资料来源：2012~2017年《呼伦贝尔市国民经济和社会发展统计公报》。

（三）种植结构比较单一

呼伦贝尔市气候冷凉，有效积温不足，种植作物种类较少，岭南主要种植大豆、玉米、水稻、马铃薯、杂粮杂豆等，岭北主要种植小麦、油菜、马铃薯等。由于气候和品种原因，粮食生产在一定程度上存在专用品种少、市场竞争力不强的现象。

（四）有机肥使用规模小

如图8.2、图8.3所示，2016年，全市化肥施用量（折纯量）为270535吨，农药使用量9495吨，分别是2000年的3.41倍和3.42倍。2016年全市农作物播种总面积为1665.86千公顷，是2000年的1.5倍。显而易见，呼伦贝尔市种植业中化肥、农药的使用量增长速度超过全市农作物播种面积增长速度。目前，全市化肥使用量为13.5千克/亩（折纯后），虽然低于国内亩均21.9千克的化肥用量，但远高于亩均8千克的世界平均水平；农药使用量为142.6克/亩；农家肥（有机肥）使用量为887千克/亩，使用面积201.64万亩，仅占全市总播种面积的7%左右。如不采取有效措施，农田持续生产能力将继续依靠化学农药和肥料的投入，不利于种植业的可持续发展。

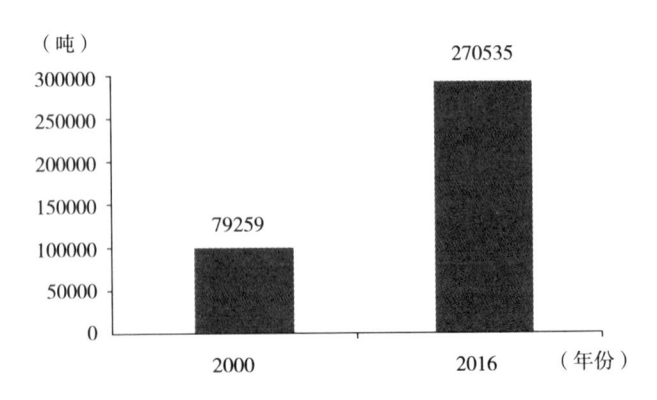

图8.2　2000年与2016年呼伦贝尔市化肥施用量（折纯量）变化

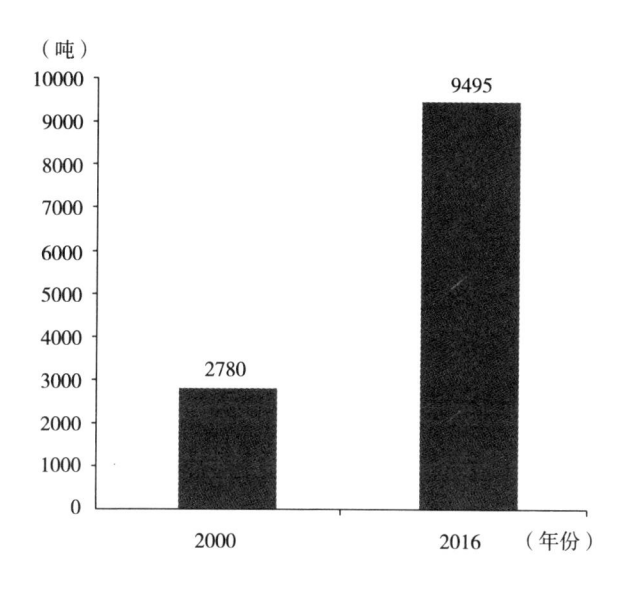

图 8.3　2000 年与 2016 年呼伦贝尔市农药使用量变化

（五）规模化、组织化程度有待继续提高

呼伦贝尔市耕地总面积 3000 万亩，其中呼伦贝尔农垦集团 600 万亩，家庭承包经营 472 万亩，其他仍以农户独立经营为主。种植品种不一，特色种植面积小、呈碎片状分布，集约化管理和标准化生产更谈不上，农户满足于自产自销，无法与千变万化的市场对接。另外，农牧民生产经营多为单打独斗，组织程度不高。大部分专业合作社组织规模小、制度不健全、带动能力弱，全市农牧民专业合作社运作良好的仅占 33%。

第二节　我国种植业发展趋势

一、我国种植业调整优化的机遇

1. 规划引领带来的机遇。近年来，国家强化了种植业结构调整的顶层设计，相继出台了《全国农业现代化规划（2016-2020 年）》《全国种植业结构调整规划（2016-2020 年）》等规划和实施意见。其中，国务院印发的《全国农业现代化规划（2016-2020年）》对"十三五"期间全国农业现代化的基本目标、主要任务、政策措施等作出全面部署安排，提出"推进以玉米为重点的种植业结构调整，适当减少玉米种植面积，恢复和增加大豆种植面积，推进粮改饲，扩大粮豆轮作范围，在棉花、油料、糖料、蚕桑优势产区建设一批规模化、标准化生产基地"。农业部印发的《全国种植业结构调整规划（2016-2020年）》对当前和今后一个时期种植业结构调整进行了具体安排部署，提出品种结构和区域布局的调整意见，加快构建粮经饲统筹、农牧结合、种养加一体、一二三产业融合的现代农业发展格局。农业部制定了《2018年种植业工作要点》，提出要持续推进种植结构调整，大力推进绿色发展，加快种植业现代化步伐。可以看出，国家为种植业结构调整的持续推进营造了良好的政策环境，可以预期后续国家各部委和各地方政府都会有更具体的鼓励政策落地。

2. 消费市场带来的机遇。随着人民生活水平的不断提高，人民群众对粮食的需求已经从"吃饱"上升为"吃好"，传统的"粮食安全"问题也已经转型为"食物安全"问题。同时，"二孩"政策的全面实施，人口增长对粮食的刚性需求不可逆转，对粮食的需求空间巨大。

3. 改革红利和科技创新将为种植业发展提供持久动力。"十三五"期间，国家重点实施农业供给侧结构性改革，将为种植业结构调整、竞争力提升提供直接动力。加快构建新型农业经营体系、推进农村集体产权制度改革、稳步推进农村土地制度改革试点等一系列改革举措，将为种植业发展释放更多制度红利。未来信息技术蓬勃发展，"互联网+"与种植业深度融合，国家将继续加强科技创新体系建设，粮经饲统筹、农牧渔结合、种养加一体发展方向的进一步明确，一批网络化、智能化、精细化、多样化的现代生态农业模式和物联网管理模式，将为种植业发展提供持久动力。

二、我国种植业发展的趋势

1. 更加注重优化产品结构，提升优质高端农产品供给能力。随着城乡居民消费结构加快升级，人们不仅要求吃得饱，而且要求吃得好、吃得营养健康。从我国种植业供给体系的现状来看，市场需求旺盛、适销对路的高品质农产品，国内生产供给不足，或者供应成本过高，许多国内需求形成进口需要，中高端农产品进口显著增加；而一些低端、普通的"大路货"品种，虽然国内生产供应充足，但售价较低，甚至积压滞销。顺应国内食品消费结构升级趋势，迫切需要把增加绿色优质种植产品和农业生态服务供给放在更加突出的位置，压减低端供给，增加中高端供给，使农产品供给品种和质量更加契合消费者需要，使供需关系在更高水平上实现新的平衡。

2. 更加强调种植业绿色特质，加快转变生产方式和资源利用方式。绿色既是农业的属性，更是新时期种植业发展的新理念。促进农业绿色发展，增强农业可持续发展能力，是农业现代化的基本内涵，也是生态文明建设的必然要求。绿色发展是寻求经济社会进步与环境保护和谐统一的一种新的发展模式，代表着21世纪的发展方向。为实现种植业的绿色发展，一方面，需要加快形成有利于农业投入品减量使用的市场导向，大力开展"三品一标"名优农产品认证，培育具有区域特色的农产品知名品牌，把过量使用的化肥农药等种植业投入品减下来；另一方面，需要把农业废弃物综合利用水平提上来，需要把山水田林湖看作一个生命共同体，重点把农业生态环境"欠账"补起来。

3. 更加注重农村改革，全面激发农村内生发展动力和活力。深化农业供给侧结构性改革，要推进相关体制机制的改革创新力度。一是加快推进土地"三权分置"改革。通过"三权分置"，引导土地经营权流转，推进种植业适度规模经营，激发土地要素活力，提升土地的资产价值。二是改革财政支农投入机制。在确保财政投入增量前提下，对涉农存量财政资金进行整合，形成支农合力。通过农业PPP项目吸引社会资本投资农村农业，解决农村农业发展资金难题。三是创新金融模式。加大金融对新型农业经营主体的支持力度，开发针对新型农业经营主体的金融产品。积极开展土地经营权和宅基地使用权抵押贷款试点，加大仓单、保单、农产品订单等抵押质押创新力度，不断拓宽抵押担保物范围。

4. 中美贸易摩擦，将令国内外大豆及其相关产业的种植、消费结构发生转变。自中美贸易摩擦以来，双方的农产品贸易都受到了一定程度的影响。2017年，中国从美国进口的农产品贸易额共计241亿美元，其中大豆进口额为140亿美元，占进口总额的58%。可以这样认为，大豆贸易是中美农产品贸易的一个重要支点。我国大豆对外依存度过高，适度扩大国内种植面积，也能更好应对国际市场的变化。在需求拉动下，随着补贴加大、种植面积增

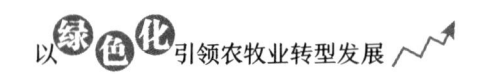

加，虽然我国大豆进口仍维持高位，但进口来源将得到优化。从2014年开始，我国东北地区开始实行大豆目标价格改革政策，当年确定大豆目标价格为每吨4800元，当采价期内平均市场价格低于目标价格时，国家对大豆生产者给予补贴。2017年，全国大豆种植面积到1.1亿亩，大豆产量1200万吨以上，但这一数据远低于我国市场对大豆的巨大需求。2017年，中国进口大豆约9553万吨，前三大进口来源国分别为巴西、美国和阿根廷，其中来自巴西和美国的大豆分别约占中国进口总量的53%和34%。对国内种植业来说，2017年国内大豆播种面积为1.19亿亩，总产量1455万吨；中美贸易摩擦之后，国内大豆种植面积有所上升，2018年比2017年增加1000万亩，大约扩大8%的种植面积，因此产量增长约为125万吨，总产量大约提高到1580万吨。相对于进口总量9500万吨而言，国内产出增长相对较小，不会对国内大豆生产格局产生实质性影响。因此，可以预计国内豆类消费结构将逐步发生转变，其中大豆、豆粕转变有限，而豆油料或将被充分替代；国内大豆消费仍将以进口大豆为主，国产大豆为辅；豆油消费将下降，棕榈油及菜籽油消费将明显上升。

第三节 建设任务

一、重点任务及方向

按照"区域化、规模化、标准化、专用化"的发展方向，建立优质粮油持续增长和稳定发展的长效机制。根据呼伦贝尔市地形地貌导致的生产条件的差异，在大兴安岭西麓重点发展小麦、油菜、马铃薯种薯产业，在大兴安岭东麓重点发展大豆、玉米、水稻、鲜食和加工薯和甜菜产业。

依托呼伦贝尔良好的生态环境和丰富的农牧林产品资源优势，实施"藏粮于地、藏粮于技"战略，按照"压玉米、优小麦、稳油菜、重大豆、扩稻薯"为发展方向，重点发展高强筋小麦、专用玉米、优质寒地水稻、非转基因高蛋白大豆、高品质马铃薯、"双低"油菜、高产高糖甜菜等优质粮油作物，加强农田综合整治、耕地质量提升、农业物质装备、科技创新应用，打造高标准农田和优质粮油生产基地。

> **专栏**
>
> **绿色农产品种植结构调整方向**
>
> 玉米：压缩高纬度、高海拔和冷凉地区的籽粒玉米种植面积，重点发展加工专用玉米和高淀粉玉米，适度发展青贮玉米。
>
> 小麦：稳定小麦面积，大力推广优良高强筋小麦品种，提升小麦质量和产量。
>
> 水稻：发挥扎兰屯、阿荣旗和莫旗等水资源丰富的有利条件，发展优质寒地水稻种植。
>
> 大豆：以高蛋白和功能大豆为主，稳步扩大大豆种植面积，转变传统大豆加工方式，向大豆卵磷脂、异黄酮等精深加工产品方向发展。
>
> 马铃薯：促进马铃薯产业发展，扩大加工专用薯种植面积，实现种薯、加工专用薯、绿色鲜薯三轮驱动。
>
> "双低"油菜：稳定发展油菜，强化"双低"油菜优势地位，开发油菜休闲观光功能。
>
> 甜菜：加快高产高糖甜标准化种植基地和100万吨甜菜制糖项目建设，以龙头企业带动基地和产业发展。

二、发展展望

巩固提升呼伦贝尔在内蒙古的粮食主产区地位，争取部分旗市纳入国家粮食生产功能区，提高优质粮油综合生产能力，建成全国绿色安全粮油产品生产优势带、全国一流大豆和马铃薯制种基地及自治区最大的非转基因大豆生产区、全国绿色食品原料标准化生产基地，把呼伦贝尔建设成全区绿色农畜产品优势区。

到 2020 年，全市粮食播种面积稳定在 2200 万亩，粮食综合生产能力力争达到 750 万吨。玉米面积稳定在 850 万亩左右，小麦面积稳定在 350 万亩，水稻面积达到 90 万亩，非转基因大豆面积达到 850 万亩，马铃薯种植面积 100 万亩。"双低"油菜面积稳定在 250 万亩，油菜产量达到 30 万吨。新发展甜菜 30 万亩。杂粮杂豆面积达到 100 万亩。绿色安全粮油产品比例大幅提升，创建绿色原料玉米基地 180 万亩，创建绿色食品原料大豆基地 300 万亩，创建绿色食品原料小麦基地 150 万亩，创建绿色食品油菜基地 120 万亩，创建绿色鲜食马铃薯基地 40 万亩，优质脱毒种薯基地 30 万亩、加工专用薯基地 30 万亩。

第四节 重大项目筛选

一、典型项目介绍

按照"区域化、规模化、标准化、专用化"的发展方向，尽可能选择规模化程度高、带动力强、品质高的项目。本规划共筛选 23 个项目，总投资 56.12 亿元。现以以下六个项目为例进行说明。

（一）呼伦贝尔垦区高标准农田建设项目

1. 建设内容及规模。强化农田基础设施建设，改善粮油作物生产重点区的基础设施条件。分别针对玉米、小麦、水稻、大豆、马铃薯、油料、甜菜等主要粮油作物，开展土地平整、农田水利、田间道路、农田防护林等设施建设，大规模改造中低产田，建设集中连片、旱涝保收、稳产高产、生态友好的高标准农田，稳定提高耕地生产能力，实现农业内涵式发展。到 2019 年，建设集中连片、旱涝保收、稳产高产、生态友好的高标准农田 65 万亩。

2. 建设地。呼伦贝尔垦区。

3. 项目投资。项目总投资 10.4 亿元。

4. 经济效益估算。项目建成后，折算玉米年增产 200000 吨，按吨粮（玉米）1600 元测算，年增加产值 3.2 亿元左右。

（二）莫旗 110 万亩绿色食品原料标准化生产基地项目

1. 建设内容和规模。通过绿色原料基地生产技术标准的制定工作，严格基地投入品管理，加强基地环境监测。逐步实现统一品种、统一农资、统一技术、统一标准、统一检测、统一收购，努力提高基地标准化生产水平。通过政府推动、龙头带动和业主开发，不断扩大基地规模，实现规模效应。在莫旗17个乡镇打造110万亩绿色食品原料标准化生产基地，其中大豆50万亩、玉米50万亩、水稻10万亩。

2. 建设地点。莫旗。

3. 项目投资。项目总投资4.4亿元。

4. 效益估算。项目建成后，测算玉米年增产110000吨，按吨粮（玉米）1600元测算，年增加产值1.76亿元左右。

（三）海拉尔区马铃薯专业繁育基地建设项目

1. 建设内容和规模。通过选用优良抗病品种，建立绿色马铃薯生产基地，合理施肥，推广配方施肥和测土施肥，实行病虫害的综合防治等措施，新建马铃薯专业繁育基地2万亩，新建马铃薯生产基地15万亩及基础设施建设。

2. 建设地点。海拉尔区。

3. 项目投资。项目投资4亿元。

4. 经济效益估算。项目建成后，按马铃薯亩均5000斤折算，亩均产值2500元左右，新增产值3.75亿元左右。

（四）谢尔塔拉"菜篮子"工程项目

1. 建设内容和规模。通过基础设施、配套设施、产品质量安全保障体系、社会化服务体系及绿色品牌建设，建成现代化的"菜篮子"工程。项目占地2万亩，建成日光温室2000亩、大棚8000亩及配套农业科研中心、育苗车间、物流中心、检测中心、农业科普教育中心气调保鲜库等设施，挂市级扶贫基地牌子。

2. 建设地点。海拉尔区。

3. 项目投资。项目投资4亿元。

4. 经济效益估算。项目建成后，参照市周边亩均产值1.5万元左右测算，年新增产值约3亿元左右。

（五）牙克石市硬红春强筋小麦生产基地项目

1. 建设内容和规模。以绿色发展为导向，因地制宜，针对水浇地、旱地、山旱区等分别形成系统的春小麦绿色高产高效技术模式。通过在大兴安岭沿麓地区建设硬红春强筋小麦生产基地，重点强化技术支撑，推进标准化规模化生产，打造绿色高产高效典型，发挥示范引领作用。在牙克石建设50万亩生产基地。

2. 建设地点。牙克石市。

3. 项目投资。项目总投资1亿元。

4. 效益估算。项目建成后，亩均小麦产量500千克，按硬红春强筋小麦2400元/吨的均价测算，年新增产值6亿元左右。

（六）优质高产玉米大豆种子选育及高蛋白大豆基地建设项目

1. 建设内容和规模。通过培育早熟、耐密、高产的玉米品种，加大对大豆育种的支持力度，繁育高蛋白、豆浆豆、豆芽豆等专用大豆品种。在莫旗腾克镇、宝山镇、塔温敖宝镇、杜拉尔乡、红彦镇、巴彦乡、坤密尔堤办事处、鄂伦春旗大杨树镇、宜里镇、诺敏镇、乌鲁布铁镇、古里乡打造10万亩高蛋白大豆种植基地。

2. 建设地点。鄂伦春旗、莫旗。

3. 项目投资。项目投资1亿元。

4. 经济效益估算。项目建成后，亩均高蛋白大豆产量150千克折算，按1元/千克测算，年新增产值6000万元左右。

二、项目实施的预期影响

通过实施"藏粮于地、藏粮于技"战略，农田综合整治、耕地质量提升、农业物质装备、科技创新应用进一步提高，高标准农田和优质粮油生产基地基本建成，优质粮油持续增长和稳定发展的长效机制基本建立。

（一）经济效益

通过实施绿色农产品种植结构调整工程，使呼伦贝尔市的种植业由传统种植业向绿色农业方向进行转变，由以普通农产品种植生产方式向以生产并加工销售绿色农产品为轴心的农业生产经营方式转变。通过实施绿色农产品种植结构调整工程，绿色食品等农产品的市场竞争力将有很大的提高。以上工程项目总计有500万亩耕地，能增产1.25亿千克粮食，每千克粮食按0.5元统计，产值将增加2.5亿元。同时，总产量能达到14亿千克。按目前市场统计，每千克绿色食品农产品比普通农产品价格要高0.1元，项目实施后绿色农产品每年又能增加1.25亿元，经济效益显著。

（二）社会效益

呼伦贝尔市是国家重要的商品粮生产基地，通过项目的实施，一方面可以调整呼伦贝尔市粮食种植结构，改善农业生产条件，提高粮食单产，增加农民收入；另一方面使全市的农产品生产加工企业有了绿色的安全的原料生产基地，为企业的健康发展、职工的就业提供了有力的保障。同时在绿色农业开发建设中广泛传播了可持续发展和保护生态环境的思想和理念，规范了生产行为，有利于提高人民健康水平。

（三）生态效益

发展绿色农业是坚持可持续发展，保护环境的需要，绿色农产品种植结构调整工程以基地建设为主，卓有成效地保护和改善了生态环境，有利于改善耕地土壤环境，治理水土流失，增加优质农产品覆盖率，提高土壤肥力，减少农药和有害化肥对土壤的污染，同时使百万公顷土地资源及周围的生态因子得到定期监控，环境得到良好的保护，实现农业可持续发展。

附：

附表 8.1 种植结构调整工程重大项目建议

序号	项目名称	建设规模	建设性质	建设起止年限	总投资（亿元）	项目所在地
	合计				56.12	
1	呼伦贝尔垦区高标准农田建设项目	建设高标准基本农田土地整治项目65万亩	新建	2016~2020	10.4	呼伦贝尔垦区
2	莫旗庭院经济示范项目	在公路沿线打造50个庭院经济专业村，开展养殖、大棚、采摘等	新建	2017~2018	0.50	莫力达瓦达斡尔族自治旗
3	阿荣旗国家现代农业示范区组合项目	阿荣旗现代农业示范园占地3357亩，包含子项目34个	新建	2016~2020	10.00	阿荣旗
4	莫旗高产基本农田建设项目	建设高产基本农田100万亩	新建	2016~2020	2.00	莫力达瓦达斡尔族自治旗
5	扎兰屯市农业综合开发高标准农田建设项目	建设水源井、井房、地埋管道、输变电线路、农田路、建筑物、农防林、规格12万亩	新建	2016~2020	1.56	扎兰屯市
6	莫旗标准良田建设项目	改造中低田产，建成标准良田100万亩	新建	2016~2020	1.50	莫力达瓦达斡尔族自治旗
7	额尔古纳市千亿斤粮食生产能力规划田间工程项目	建设内容包括农田水利建设、平整土地、农田路、修桥涵等附属设施	新建	2015~2020	1.00	额尔古纳市
8	深松整地	500万亩	新建	2016~2020	0.75	全市
9	莫旗高标准基本农田建设	建设高标准农田21万亩，新建成改建田间道路工程、侵蚀沟治理、排水工程等	新建	2016~2020	2.17	莫力达瓦达斡尔族自治旗

第八章 种植业调整优化工程

续表

序号	项目名称	建设规模	建设性质	建设起止年限	总投资（亿元）	项目所在地
10	呼伦贝尔农垦薯业集团项目	建5000亩马铃薯种薯生产基地，生产脱毒苗100万株，10万亩优质马铃薯种植基地，生产优质鲜薯20万吨；提升马铃薯产品加工水平，生产12270吨高品质马铃薯全粉。新建脱毒马铃薯组培室和种薯检验室630平方米；新建防虫网室80栋，共计170亩	续建	2017~2019	1.50	海拉尔区
11	海拉尔区马铃薯专业繁育基地建设项目	新建马铃薯专业繁育基地2万亩，新建马铃薯生产基地15万亩及基础设施建设	新建	2017~2020	4.00	海拉尔区
12	扎兰屯市马铃薯脱毒种薯良种繁育基地建设项目	建成马铃薯工作室600平方米，网棚6000平方米，种薯繁育田20000亩，购置配套农机（具），仪器设备	新建	2015~2020	0.50	扎兰屯市
13	莫旗粮食种植基地建设项目	马铃薯种植基地10万亩；高科技玉米种植基地10万亩；绿色水稻种植基地10万亩；大豆良种繁育基地5万亩	新建	2016~2020	2.00	莫力达瓦达斡尔族自治旗
14	牙克石市硬红春强筋小麦生产基地	50万亩	新建	2016~2020	1.00	牙克石市
15	扎兰屯市农作物种子质量检验检测中心项目	建成农作物种子质量检测检验中心600平方米，购置种子检验检测仪器设备，购置农作物新品种实验基地	新建	2015~2020	0.50	扎兰屯市

— 137 —

续表

序号	项目名称	建设规模	建设性质	建设起止年限	总投资（亿元）	项目所在地
16	根河市设施农业项目	规划土地3000亩，新建600个大棚，300个温室及配套设施等	续建	2016~2020	1.50	根河市
17	海拉尔区无公害蔬菜产业基地建设项目	新建无公害蔬菜种植大棚5000亩，日光温室2000栋	新建	2016~2020	4.50	海拉尔区
18	满洲里农产品边贸出口基地项目	总规划面积6000亩，主要发展观光农业。规划建设高效节能日光温室和标准化大棚，建立果蔬仓储运输基地，果蔬清洗及切加工基地，菜蔬出口联检大楼等一系列配套的建设	续建	2014~2017	6.00	满洲里东湖区
19	海拉尔区蔬菜产业基地蔬菜批发市场及气调保鲜库、仓储库建设项目	总占地面积200亩	新建	2016~2020	1.20	海拉尔区
20	额尔古纳市出口蔬菜种植基地及蔬水果出口绿色通道项目	拟利用现有蔬菜种植基础，扩大种植面积，建成产、存、加、销一体的绿色蔬菜出口基地。蔬菜基地占地2000亩，其中温室塑料大棚100个	新建	2016~2020	1.00	额尔古纳市

第八章 | 种植业调整优化工程

续表

序号	项目名称	建设规模	建设性质	建设起止年限	总投资（亿元）	项目所在地
21	莫旗现代农业产业园建设项目	打造核心示范区、松散型合作区、休闲旅游观光现代农业示范区，积极开展有机水稻及稻田养殖水产品等有机产食品品牌建设工作，建立10万亩绿色水稻生产基地	新建	2017	1.04	莫力达瓦达斡尔族自治旗
22	莫旗庭院经济示范项目	在公路沿线打造50个庭院经济专业村，开展养殖、大棚、采摘等	新建	2017~2018	0.50	莫力达瓦达斡尔族自治旗
23	满洲里花卉种植项目	项目拟建设在东湖区二卡花卉种植基地，总投资约3亿元，该项目采用温室大棚种植，预计每年收入为3000万元	新建	2016~2020	1.00	满洲里

第九章　林下经济发展工程

林下经济依托森林中的资源及生态环境，发展林下养殖、林下种植、森林旅游、林下采集等立体复合经营模式，是绿色经济的重要组成部分。呼伦贝尔市拥有丰富的动植物资源和得天独厚的生态环境，发展林下经济有着巨大的市场前景和发展潜力。如何推动呼伦贝尔市林下经济健康持续发展，打通从绿水青山到金山银山的转化通道，不仅关乎生态安全，也关乎农民增收致富。

第一节　发展现状

一、发展优势和基础

呼伦贝尔市森林资源十分丰富。2017年，呼伦贝尔市森林覆盖率51.4%，比全区平均水平（2017年全区森林覆盖率为21.03%。）高30个百分点，森林活立木总蓄积量达到11.6亿立方米。2015年，呼伦贝尔市林地面积1.8亿亩，其中有林地面积1.6亿亩。近年来，呼伦贝尔市充分利用林下自然条件，进行合理林下种植养殖，开展相关产品采集加工和森林景观利用，提高林地综合效益，取得了一定成效。

（一）林下特色种养殖品类丰富

目前全市特色养殖主要品种有蓝莓、木耳、沙果、榛子、沙棘、白瓜子、菇娘、山丁子、狐、野猪、貂、獭、鹿等，品种十分丰富。

（二）产品产量较为稳定

全市国有林区涵盖牙克石市、鄂温克族自治旗、鄂伦春自治旗、莫力达瓦达斡尔族自治旗、额尔古纳市、根河市、扎兰屯市、阿荣旗、海拉尔区9

个旗市区。全市特色种植面积达359.8万亩,其中,改良榛子100.1万亩、沙果27.3万亩、白瓜子25万亩、蓝莓20.3万亩、中草药16万亩、菇娘6.5万亩、食用菌1亿袋;全市特色养殖达到541.4万羽(只、口),其中,大鹅249万羽、笨鸡243万羽、兔20.6万只、狐貉13万只、野猪3.6万口、鹿1万只。全市特色产业基地年产值达41.98亿元,专业化水平不断提升。

(三)产业布局基本形成

扎兰屯、鄂伦春、根河黑木耳产业基地,扎兰屯、阿荣旗沙果产业基地,牙克石、根河、鄂伦春蓝莓产业基地,呼伦贝尔农垦集团、海拉尔水飞蓟种植基地,阿荣旗白瓜子种植基地,鄂伦春狐貉养殖基地和莫旗菇娘种植基地等一批特色产业专业化基地等快速发展。

(四)特色品牌体系日益完善

特色农产品通过绿色食品认证的有9个、有机食品认证3个、无公害农产品认证63个、农畜产品地理标志登记保护产品10个。

二、存在的问题

(一)产业规模和企业规模偏小,缺乏大项目支撑

由于经济基础薄弱、交通落后、气候寒冷及资金、技术、人才短缺等诸多因素,林下经营者多为小企业,规模化程度低。缺少龙头大企业和立市性项目,导致接续产业起点低、规模小,发展缓慢。

(二)生产组织化程度低,龙头企业的引领和带动作用较弱

目前,呼伦贝尔市一些林下产品在种植、养殖上都是采用传统的管理方法和生产方式,靠自然生长,生产周期长,靠手工加工,影响产量和成本。同时,由于林下经营主体多为一家一户分散经营,尚未与龙头企业建立起供需一体、利益共享、风险共担的利益联结机制。大部分林区产业合作社组织规模小、制度不健全、带动能力弱。整体上看产业化水平不高,多数特色产业尚未形成龙头企业带动和引领的格局,如蓝莓产业虽有一定规模,但仅有几家小企业,带动能力较弱。

(三)产业链条短,品牌建设较为滞后

特色产业龙头企业少且小,科技研发力量不足,特色产业的产业链条短,高附加值、精深加工产品偏少,与市场对接能力不强。大部分特色产业加工

企业处于品牌创建的初级阶段,尚未培育出享誉全国的地域品牌,"优质产品不优价",特色产业效益未能充分体现。

(四)科技支撑能力不强

科技支撑能力不强是呼伦贝尔市发展林下经济的重要制约因素。第一,普通农户大多沿用传统种养方式,经营模式和品种单一,难以满足市场多样化需求。第二,加工企业往往单纯追求产量,产品深加工能力不足,资源消耗量大,附加值低,经济效益不明显。第三,很多企业既没有完善的技术标准体系,也没有相应的技能培训与服务指导,致使种养成本较高[①]。

第二节　我国林下经济发展趋势

一、林下经济发展面临的机遇

1. 国家相继出台的政策为林下经济发展提供了有力支持。2012年,国务院办公厅出台《关于加快林下经济发展的意见》。2015年,为贯彻落实《关于加快林下经济发展的意见》,国家林业局编制了《全国集体林地林下经济发展规划纲要(2014-2020年)》,提出要打造一批各具特色的林下经济示范基地,实施品牌战略;重点扶持一批林下经济龙头企业,形成"龙头企业+专业合作组织+基地+农户"的生产经营格局。2016年,国家林业局办公室印发了《关于在贫困地区开展国家林下经济及绿色特色产业示范基地推荐认定的通知》,推动形成一批各具特色的林下经济示范基地,助推精准扶贫。

2. 全面停止天然林商业性采伐对发展林下经济提出了新要求。我国全面停止天然林商业性采伐共分为三步实施,2015年全面停止内蒙古、吉林等重点国有林区商业性采伐,2016年全面停止非天然林资源保护工程区国有林场天然林商业性采伐,2017年实现全面停止全国天然林商业性采伐。这意味着,林木资源的限制性开发倒逼林区必须调整经济结构,传统的粗放型经营模式已经不能带动群众持续增收,促使林区必须把目光聚焦在林下林间经济开发

---

① 李军. 林下经济:让百姓不砍树也能致富[J]. 农村工作通讯, 2015(8):40-41.

上来，发展林下经济势在必行。林下经济实质上是复合的生态系统，关注非木质林产品的经营，在不砍树的情况下，以林地资源为依托，选择适合林地资源利用的种植、养殖形式，实现生态、经济、社会的协调发展。这种崭新的林业生产方式，生产出来的农产品既迎合了当前人们对生态农产品的追求，也实现了经济、社会、生态效益的有机统一。

二、我国林下经济发展的趋势

1. 林下经济发展前景广阔。林下经济包括林下种植、林下养殖、相关产品采集加工和森林景观利用等内容，具有发展模式多、就业容量大、从业门槛低、市场空间广的特点。预计到2020年，我国林下经济等林业十大绿色富民产业总产值可达10万亿元。

2. 林下经济内涵逐步在拓展。发展林下经济不是单纯的种植业、养殖业、加工业和森林旅游业，而是涉及生态、经济、文化多个领域，涉及林业、农业、畜牧业多个行业，涵盖生产、加工、销售多个环节，需要科学规划、精心组织、稳步推进，确保实现生态效益和经济效益双赢。

3. 林下经济发展方向日益多样化。林下经济是充分利用林下土地资源和林荫优势从事林下种植、养殖等立体复合生产经营，从而使农林牧业实现资源共享、优势互补、循环相生、协调发展的复合经营模式。未来其发展方向必然呈现多样化趋势，重点向饲料资源型林下经济、粮食型林下经济、畜牧业型林下经济、林药型林下经济和食用菌型林下经济等模式转变。

4. 林下经济产业化发展日益提上日程。推动林下经济示范基地的形成，保证产业化发展趋势的形成，推进林下经济实现生产、加工、销售的综合方式，充分释放品牌效应，从而实现林下经济的集约化经营与产业化发展渐成林下经济发展的主流方向。同时，立足区域特色，促进产品特色的形成，保证最大程度提升专业化水平，成为促进林下经济发展壮大的重要支撑和考量。

三、我国林下产业发展的实践

全国许多省区市都将"林下经济"作为经济发展的着力点，形成了一批可以推广复制的林下经济典型模式和经验，为我国适宜发展林下经济的地方提供了可供参考的模式。

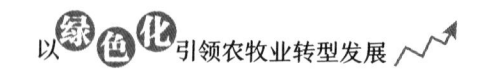

（一）广西壮族自治区

近年来，广西着力培育林下经济产业，农民和企业发展热情高，产业发展速度快，取得了比较显著的成效。2016年，广西林下经济产值798.56亿元，同比增长15.7%；林下经济发展面积5573万亩，同比增长5.3%；全区发展林下经济惠农人数1375万人。

广西的做法主要有：

一是完善林下经济政策。为了转变林下经济发展方式，加快林下经济产业转型升级，提高林地综合产出水平，广西壮族自治区人民政府印发了《广西壮族自治区人民政府办公厅关于加快促进广西林下经济产业转型升级的若干意见》。同时，出台了《广西壮族自治区"十三五"林下经济发展规划》。

二是抓好林下经济示范项目建设。2012年，自治区财政设立了林下经济发展专项资金，成为全国第一个设立林下经济专项资金的省区。2012~2017年，自治区财政共安排林下经济发展专项资金3.06亿元，用于扶持建设337个自治区级林下经济示范项目和一批"产业富民"林下经济示范基地。同时，2013~2016年，中央财政安排2400万元用于扶持建设21个国家级林下经济示范基地。通过自治区级和国家级林下经济示范项目（基地）建设，带动大批农户发展林下经济，取得了比较明显的示范效果。

三是加大林下经济金融支持力度。大力推进林权抵押贷款。鼓励引导银行业金融机构根据《广西壮族自治区林权抵押贷款管理办法（试行）》的要求，在风险可控的前提下，支持林下经济可持续发展。①加大"政银企"对接力度。通过联合人民银行南宁中心支行和各金融机构继续开展"政银企"对接工作，列入"政银企"对接名录库的林下经济经营主体贷款数量和额度大幅增加，2016年获得贷款的主体从2015年的40多家增加到60多家，贷款额度从4.48亿元增加到7亿多元。②完善对金融机构的政策支持。对支持林下经济小企业发展，符合自治区小企业贷款风险补偿专项资金管理规定的金融机构，按其当年小企业贷款平均余额的净增加额给予5‰的风险补偿。对为发展林下经济提供贷款，符合国家政策规定的县域金融机构，给予县域金融机构涉农贷款增量奖励政策。③加强林下经济担保体系建设。鼓励和支持以农民林业专业合作组织为主体的互助性担保体系的建设及以林权抵押贷款担保为主要业务的担保机构的发展，将以林权抵押贷款担保为主要业务的担保机构纳入自治区担保风险补偿资金补偿范围。④扩大政策性保险覆盖面。开发适合林下经济发展的保险品种，积极推进林下种植业、林下养殖业政策性保险，降低林业经营主体发展林下经济的风险。

四是积极培育新型林业经营主体。印发《广西壮族自治区林业专业合作社示范社评定及监测暂行办法》，开展林业专业合作示范社评定工作，共评选出44个自治区级林业专业合作示范社、26个国家级林业专业合作示范社。探索创新林业龙头企业与农户、家庭林场、专业合作社等形成紧密联结的组织模式和利益机制，推行"龙头企业+合作社+基地+农户"等经营模式和"入股分红+保底分红+利润分红"等分配机制。林下经济扶持政策向林下经济龙头企业、林业专业合作社倾斜，充分发挥其产业拉动作用，推动林下经济集约化、品牌化发展。同时加强新型经营主体领头人的培训工作，更好地促进农民增收。

五是重视科技支撑和技术培训。筹划组建林下经济科技服务中心，组织制定林下经济种养技术指南，加强对农户的技术培训。在发展林下经济过程中，各地也开始重视科技支撑。

六是加强品牌宣传工作。为扩大林下经济的影响力，广西加大了品牌宣传力度。在广西林业中设置林下经济板块，定期宣传各地林下经济发展成效和经验做法。同时，各地也加强项目建设的品牌宣传，扩大产品影响力。

（二）湖北省

根据自然资源条件，湖北省因地制宜，重点发展林下种植、林下养殖、林下产品采集加工和森林景观利用四大类林下经济，适宜湖北省推广的主要有以下几种林下经济模式。

1. 林下种植主要发展模式为：

林—粮模式，在用材林、经济林下的行间进行林粮间作；

林—油模式，在林下种植大豆、花生等油料作物；

林—药模式，在林下种植耐阴的黄栀子、绞股蓝、草珊瑚等药用植物；

林—菌模式，林下种植培育松菇、香菇、木耳、竹荪等菌类；

林—草模式，在林下种植紫花苜蓿、黑麦草、白三叶、金荞麦、箬竹等牧草；

林—茶模式，在林下种植茶叶；

林—花模式，在林缘、林荫及林下空地培植耐阴性的苗木花卉。

2. 林下养殖主要发展模式为：

林—禽模式，在林下圈养鸡、鸭、鹅等禽类；

林—畜模式，在林下圈养或放养牛、兔、羊等家畜；

林—蜂模式，利用林木放养蜜蜂，发展养蜂业。

3. 林下产品采集加工主要发展模式为：

充分利用林下产业的产品资源，大力发展林下产品的加工、流通和销售业，拉长林下经济产业链，提高经济效益，主要发展松脂、食用香精香料、竹笋、山野菜等采集加工模式。

4. 森林景观利用主要发展模式为：

充分发挥林区山清水秀、空气清新、生态良好的优势，大力发展森林旅游业，加快森林景区规划和建设步伐。合理利用森林景观、自然文化环境和林下无公害产品发展农家乐、森林人家、森林庄园等观光旅游、休闲度假、生态疗养等，开发富有地方特色的森林食品、果品、茶叶、药材等森林旅游商品，逐步形成功能比较完善的旅游精品景区。主要发展以家庭或合作社为主体开发和吸引社会资本投入以龙头企业为主体开发两种模式。

在此基础上，各地根据自然条件、林木生长状况、自身经济技术条件和市场环境，不断丰富，灵活选择林—花—游、林—草—禽、林—果—草—禽等各种适宜模式，多元化组合发展。

第三节 建设任务

一、重点任务及方向

合理利用丰富的林下资源，有序培育发展食用菌、蓝莓、野生浆果、山野菜、卜留克等绿色食品加工和矿（山）泉水加工等产业，积极引进资金、技术、先进理念和国内有实力的绿色食品加工企业，重点围绕绿色养生，深度开发野生浆果系列饮品、黑木耳灵芝微粉、保健品、药用品和矿（山）泉水等绿色健康产品，提高产品的产业化水平。依托得天独厚的森林生态资源优势，培育发展林区生态文化旅游、苗木育种等产业。因地制宜大力发展蓝莓、中药材、榛子、沙果、黑木耳等特色种植和狐貂、獭兔、鹿等特色养殖，推进规模化、集约化、标准化特色种养殖基地建设。突出规模化、集约化，打造呼伦贝尔品牌。培育生产黑木耳、中草药、矿泉水等特色产品，实施精品特色产业提质升级行动计划。

二、发展展望

到2020年，黑木耳年产量达到3000吨，建成自治区最大的黑木耳生产基地，蓝莓种植面积达到10万亩、产量4万吨；沙果种植面积达到50万亩、产量75万吨；榛子种植面积达到2万亩、产量1万吨；菇娘种植面积达到6.5万亩。野猪、鹿、狐、貂、獭兔等特色养殖规模显著扩大。建成特色产业龙头企业8家，其中国家级龙头企业2家。

第四节 重大项目筛选

一、典型项目介绍

按照产业化水平较高、发展潜力较大、生态效益较好、带动增收能力较强的原则，研究筛选了35个项目，总投资62.92亿元。其中，林下特色种植工程项目23个，总投资31.2亿元；林下特色养殖工程项目12个，总投资31.72亿元。现以下7个项目为例进行说明。

（一）冷极实业发展（股份）有限责任公司林下资源综合开发利用项目

1. 建设内容及规模。一期整合现有加工企业，对生产线进行技术改造，年综合加工绿色林下产品达到5万吨，并在北京等大中型城市建设营销平台。二期建设厂房、库房、冷库、办公楼及配套基础设施等。

2. 建设地点。根河市。

3. 项目投资。总投资2亿元。

4. 效益估算。项目建成后，年综合加工绿色林下产品达到5万吨，按林下黑木耳价格7万元/吨测算（70元/千克）估算，实现产值3.5亿元左右。

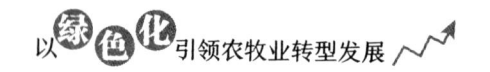

（二）根河市林下资源开发项目

1. 建设内容及规模。建设厂房20000平方米及配套基础设施，种植大棚100个，购置加工设备等，开发红豆、蓝莓、杜香等林下资源引种繁育基地。生产线5条，2000平方米冷库1座，1000平方米包装车间1座，年加工能力1万吨。

2. 建设地点。根河市。

3. 项目投资。总投资3亿元。

4. 效益估算。年加工能力1万吨，按林下较低红豆价格10万元/吨测算（25元/千克）估算，最低可实现年产值10亿元左右。

（三）阿荣旗黑木耳菌包厂和黑木耳栽培以及综合开发项目

1. 建设内容及规模。阿荣旗建设日产10万包黑木耳菌包生产线及生产车间，建设黑木耳种植大棚1000个、野生柞树木耳场1000处，年产50万吨功能糖饮料、6000吨功能性食品。

2. 建设地点。阿荣旗。

3. 项目投资。8.5亿元。

4. 经济效益估算。黑木耳日产10万包，按35元/包（0.5千克）估算，年产值12.8亿元左右；年产50万吨功能糖性饮料和6000吨功能性食品产值，按8000元/吨估算，年产值4.5亿元；合计产值17.3亿元左右。

（四）扎兰屯林业产业建设项目

1. 建设内容及规模。抚育、更新、围封榛林基地20万亩，建成人工栽植榛林2万亩，强化榛实象甲生态防控能力，榛子高产、示范良种繁育基地2000亩，全市优质天然榛子林基地达到50万亩，开发、加工榛子油等高端产品；改扩建沙果经济林面积5万亩，推广沙果病虫害防治及栽培技术。

2. 建设地点。扎兰屯市。

3. 项目投资。总投资1亿元。

4. 效益估算。项目建成全部投产后，2.2万亩榛子按亩产30千克和10元/千克测算，年产值大约为0.26亿元左右；沙果经济林面积5万亩，年产量稳定在5万吨左右，产值约1亿元左右。合计产值约1.26亿元左右。

（五）根河市特种动物养殖项目

1. 建设内容及规模。对现有貂狐养殖基地进行科学化、规范化、无害化改建；引进种鹿 800 头，建设改良站 1 座；新建野猪圈舍 2 座，养殖野猪 10000 头；养殖冷水鱼 10000 尾等。

2. 建设地点。根河市。

3. 项目投资。总投资 2 亿元。

4. 效益估算。按年 2500 元/头的平均产值计算，鹿年产值 200 万元；养殖野猪 10000 头，年出栏 50000 头，平均每头野猪以 75 千克计算，市场价每千克 70 元左右，年产值在 2 亿元左右；冷水鱼 10000 尾年产值 30 万元左右。以上项目全部正常运营后年产值在 2.03 亿元左右。

（六）呼伦贝尔松鹿制药公司中药材加工及基地建设项目

1. 建设内容及规模。建设中草药材加工生产线及 10 万亩种植基地、5000 亩鹿产业园建设。

2. 建设地点。扎兰屯市。

3. 项目投资。总投资 2 亿元。

4. 效益估算。中草药材加工生产线及 10 万亩种植基地年产值在 1 亿元左右；500 亩鹿产业园按年产 1000 头鹿和 2500 元/头的产值计算，产值 250 万元；合计产值 1.25 亿元。

（七）中药种植及饮片加工项目

1. 建设内容及规模。人工种植板蓝根、白芷、甘草、丹参、芍药等中草药 8 万亩，建设 3500 平方米厂房，年生产中药饮片 1000 吨。

2. 建设地点。额尔古纳市。

3. 项目投资。总投资 1 亿元。

4. 经济效益估算。按亩产 225 千克和均价 5 元/千克测算，年产值 3.6 亿元；中药加工占用种植中药材 1/3 测算，年生产能力中药饮片 1000 吨，按 4600 元/吨的药片价测算，年产值 460 万元左右。合计年产值 2.45 亿元左右。

二、项目实施的预期影响

（一）经济效益

项目全部投入运营后，将基本形成林下特色产品种植、加工一体化产业格局。年产值 10 亿元左右，经济效益明显。

（二）社会效益

通过发展林下产业，能够一定程度上解决林区职工的就业创业问题，带动农民、林区职工增收,把农民、林场职工带入低门槛、劳力密集型就业,实现幸福指数高的绿色就业。同时,林下经济也能带动旅游、休闲采摘等第三产业的发展,为农民、林区职工增收增加新的渠道。

(三) 生态效益

通过发展林下种植、养殖等模式,有效提高林地的综合效益,调动了农民植树造林的积极性,为林业的快速发展提供了有力的资金支持,进一步促进了造林绿化、资源保护和林产品加工等林业产业发展。大面积森林为林下种植养殖提供合理的空间、适宜的小气候及养分原料,同时通过发展林下特色种养殖,能够调动群众管护林区的积极性,积极补树种树的自觉性也大大加强。在利用林业资源创造价值的过程中,有利于形成科学利用生物生长相辅相成的生态循环系统,以林养农、以林济工,以农哺林,以工富林,林业资源属于可再生可循环利用资源,经济效益、社会效益和环境效益达到高度统一。

附:

附表9.1 林下特色种植工程重大项目建议

序号	项目名称	建设规模	建设性质	建设年限	总投资（亿元）	项目所在地
	合计				36.72	
（一）	野生浆果				7.30	
1	牙克石市森野饮品有限责任公司	建设生产能力饮料3000万瓶，果酱300吨，干果300吨	续建	2012~2016	0.60	牙克石市
2	额尔古纳市野生浆果加工项目	年加工野山果系列饮品5000吨。项目占地面积8000平方米，新建厂房面积1500平方米	新建	2016~2018	1.00	额尔古纳市
3	白桦树汁健康饮品项目	建设年产5000吨白桦汁类健康饮品生产线。总建筑面积1.8万平方米，包括生产车间、办公楼、宿舍等	新建	2017~2018	0.50	额尔古纳市
4	根河市林下资源开发项目	建设厂房15000平方米及配套基础设施，种植大棚100个，购置加工设备等，开发红豆、蓝莓、杜香等林下资源引种繁育基地	新建	2017~2020	1.50	根河市
5	根河市野生浆果、山野菜等绿色食品加工项目	新建厂房5000平方米，生产线5条，2000平方米冷库一座，1000平方米包装车间1座，年加工能力1万吨	新建	2017~2020	1.20	根河市

— 151 —

续表

序号	项目名称	建设规模	建设性质	建设年限	总投资（亿元）	项目所在地
(一) 野生浆果					7.3	
6	冷极实业发展（股份）有限责任公司林下资源综合开发利用项目	一期整合现有加工企业，对生产线进行技术改造，年综合加工绿色林下产品达到5万吨，并在北京等大中型城市建设营销平台。二期建设厂房、库房、冷库、办公楼及配套基础设施等	新建	2017~2020	2.00	根河市
7	莫旗菇娘深加工项目	建成一套年产2000吨菇娘果汁饮料生产线，年储存1000吨菇娘保鲜冷藏库一处，同时完成生产车间以及附属设施建设5000平方米。建成年产2000吨菇娘罐头生产线，年产500吨菇娘籽油生产线	续建	2013~2016	0.50	莫旗
(二) 中草药					7.00	
1	呼伦贝尔松鹿制药公司中药材加工及基地建设项目	建设中草药材加工生产线及10万亩种植基地，5000亩鹿产业园建设	新建	2018~2020	2.00	扎兰屯市
2	额尔古纳市中药种植及饮片加工项目	人工种植板蓝根、白芷、甘草、丹参、勺药等中草药8万亩，建设3500平方米厂房，年生产能力中药饮片1000吨	新建	2015~2020	1.00	额尔古纳市

— 152 —

第九章 | 林下经济发展工程

续表

序号	项目名称	建设规模	建设性质	建设年限	总投资（亿元）	项目所在地
(二)	中草药				7.00	
3	鄂伦春自治旗北方药业科技开发有限责任公司道地中药材种植基地项目	建设中药袋泡茶加工生产线及5万亩道地中草药种植基地	新建	2017~2020	1.00	鄂伦春旗
4	鄂温克旗中草药（蒙医药）种植示范基地	共建设4个，计2万亩	新建	2016~2020	2.00	鄂温克旗
5	中草药种植及加工项目	种植及加工种植芍药、北五味子、金莲花、返魂草等	新建	2018~2020	1.00	大兴安岭重点国有林区
(三)	食用菌				16.28	
1	扎兰屯市森宝公司黑木耳开发项目	新建内容主要包括食用菌品生产车间、冷藏库房、锅炉房、变电所、污水处理、库房、食堂、办公楼等，并新增生产设备81台（套）	新建	2016~2017	2.60	扎兰屯市
2	额尔古纳市年产5000吨食用菌、山野菜系列健康食品项目	新建年产5万吨木耳饮品生产线	新建	2016~2020	0.58	额尔古纳市
3	根河市黑木耳菌种培育及深加工	年生产1亿袋黑木耳	续建	2017~2020	2.00	根河市

— 153 —

续表

序号	项目名称	建设规模	建设性质	建设年限	总投资（亿元）	项目所在地
（三）食用菌					16.28	
4	阿荣旗黑木耳菌包厂及黑木耳栽培以及综合开发项目	建设日产10万包黑木耳菌包生产线及生产车间，建设黑木耳种植大棚1000个、野生柞树木耳场1000处，年产50万吨功能糖饮料、6000吨功能性食品	新建	2016~2020	8.50	阿荣旗
5	食用菌种植及加工项目	种植及加工木耳、蘑菇等食用菌6000万袋	新建	2018~2020	2.60	大兴安岭重点国有林区
（四）榛子、沙果、坚果					4.34	
1	呼伦贝尔市榛子、沙果等特色经济林经营项目	107万亩	新建	2016~2020	0.92	巴林林业局，南木林业局，扎兰屯市，阿荣旗
2	扎兰屯林业产业建设项目	抚育、更新、围封榛林20万亩，建成人工栽植榛林2万亩，强化榛实象甲生态防控能力，榛子高产、示范良种繁育基地2000亩，全市优质天然榛子基地达到50万亩，开发、加工榛子油等高端产品；改扩建沙果经济林面积5万亩，推广沙果病虫害防治及栽培技术	新建	2016~2020	1.00	扎兰屯市

第九章 | 林下经济发展工程

续表

序号	项目名称	建设规模	建设性质	建设年限	总投资（亿元）	项目所在地
（四）	榛子、沙果、坚果				4.34	
3	额尔古纳市蜂产品精制加工项目	年加工蜂产品3000吨	新建	2016~2020	0.50	额尔古纳市
4	经济林果种植及加工项目	种植及加工蓝莓、榛子、沙棘等经济林果	新建	2018~2020	1.92	大兴安岭重点国有林区
（五）	沙棘、山野菜				1.80	
1	额尔古纳市卜留克加工项目	年产3万吨	新建	2015~2017	1.20	额尔古纳市
2	根河市绿色产品开发项目	食用菌灵芝年加工15万袋，卜留克年加工4000万吨，蓝莓年加工400吨	新建	2017~2020	0.60	根河市

附表9.2 林下特色养殖工程重大项目建议

序号	项目名称	建设规模	建设性质	建设年限	总投资（亿元）	项目所在地
	合计				31.72	
（一）	野猪、狍子				1.80	
1	鄂伦春旗狍子繁育基地项目	年出栏狍子5000只5处	新建	2018~2020	0.90	鄂伦春自治旗
2	鄂伦春旗野猪繁育基地项目	年出栏野生5000头10处	新建	2018~2020	0.90	鄂伦春自治旗

— 155 —

续表

序号	项目名称	建设规模	建设性质	建设年限	总投资（亿元）	项目所在地
(二)	貉兔、狐、貂、鹿					
1	貂皮加工项目	建设年加工20万张貂皮加工生产销售中心	新建	2016~2020	5.00	呼伦贝尔经济技术开发区
2	根河市特种动物养殖项目	对现有貂狐养殖基地进行科学化、规范化、无害化改建，建设改良站1座；引进种鹿800头，新建野猪圈舍2座，养殖野猪10000头；养殖冷水鱼10000尾等	续建	2015~2020	1.00	根河市
3	鄂伦春旗特种动物养殖项目	对现有貂狐络养殖基地进行科学化、规范化、无害化改扩建；引进种鹿800头，建设改良站1座	改扩建	2018~2020	2.00	鄂伦春自治旗
(三)	鱼					
	尼尔基水库网箱养殖	在尼尔基水库莫旗侧布置网箱5000个。网箱材料为聚乙烯，网线直径为1.13毫米，网箱规格为4米×8米×2米，采用单层网箱，框架规格为3~5厘米，竿直径为10厘米左右，若干个连为一体，用沉子固定。水库网箱养殖基地主要布局在尼尔基水库所涉及的尼尔基镇、腾克镇、库叉库湾三处	新建	2016~2020	0.52	莫旗

续表

序号	项目名称	建设规模	建设性质	建设年限	总投资（亿元）	项目所在地
（四）林蛙、柞蚕、蜂					24.40	
1	阿荣旗柞蚕深加工组合项目	新建年产丝绸制品100万平方米生产线，糖尿病功能性饮料200万吨生产线；提高柞蚕放养、加工、产品研发、品牌创建、仓储物流、销售等一体化柞蚕产业基地	新建	2016~2020	21.00	阿荣旗
2	阿荣旗沙果系列产品深加工项目	年加工10万吨沙果	新建	2016~2020	2.90	阿荣旗
3	莫旗林下经济产业化项目	林蛙等林下养殖项目	新建	2016~2020	0.50	莫旗

第十章 配套服务体系建设工程

2015年"中央一号"文件《关于加大改革创新力度加快农业现代化建设的若干意见》明确提出，要强化农业社会化服务，完善农业服务体系，帮助农民降成本、控风险。建立完善的农业社会化服务体系，提高农业综合配套服务水平，是深化农村改革、实现农业现代化、发展绿色农牧业的重要条件和基础保障。目前呼伦贝尔市农业配套服务体系存在着水利设施建设投入不足、科技服务水平不高、面源污染严重、信息化建设滞后等一系列问题，随着呼伦贝尔市绿色农牧业发展已经进入了一个新的阶段，要以公共服务机构为依托，合作经济组织为基础，龙头企业为骨干，公益性服务和经营性服务相结合，专项服务和综合服务相协调，建立健全一套与之相适应的新型农业配套服务体系。

第一节 发展现状

一、发展优势和基础

（一）水利设施建设稳步推进

截至2015年底，全市共有水库44座，其中大型水库1座、中型水库7座、小型水库36座，总库容达5.654亿立方米；建成水电站2座；建成泵站92座，其中中型泵站2座、小型泵站90座；建成水闸178座，其中中型水闸6座、小型水闸172座；建成堤防940.24千米，其中达标766.53千米；全市节水灌溉面积388.26万亩，其中水田25.17万亩。水土流失治理面积127.2万公顷；建成机电井283509眼；安全饮水达标人口165万人。

（二）农业机械化水平较高

2015年，全市农牧业机械总动力达到430万千瓦（见图10.1），机耕、机播、机收面积达到 1470 万亩、2250 万亩、1950 万亩,农牧业机械化综合水平达到 85%,比自治区平均水平高 4 个百分点,在全区位列第一。保护性耕作技术推广面积达到 980 万亩,占全区总推广面积的 50%。呼伦贝尔农垦的综合机械化水平已经达到 99% 以上,每年实施保护性耕作面积在 100 万亩以上,实现了全程机械化,在全区乃至全国都处于领先地位。牧区机械化打贮草 140 万吨,综合机械化水平达 83%,同比提高 2 个百分点。农机安全生产运行平稳,重特大农机生产事故得到有效控制。

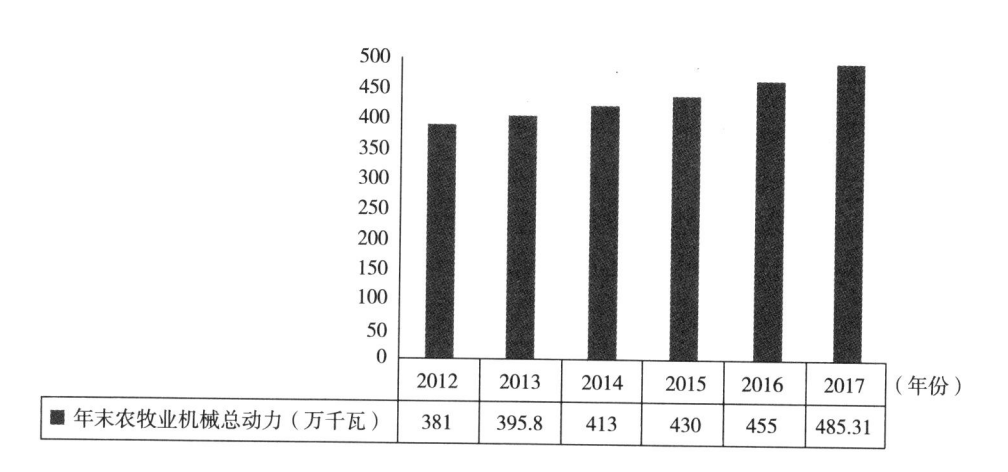

(年份)	2012	2013	2014	2015	2016	2017
年末农牧业机械总动力(万千瓦)	381	395.8	413	430	455	485.31

图 10.1　2012~2017 年呼伦贝尔市农牧业机械总动力变化

(三) 农业科技水平逐步提高

积极实施高产创建、良种推广补贴、测土配方施肥、喷施叶面肥等项目,推进新品种、新技术的推广应用。主要农作物良种覆盖率、家畜改良率、水产良种率分别达到 98%、94%、69%。2015 年农牧业科技贡献率达到 55%,比全区平均水平高 4.6 个百分点。农牧业机械化综合水平达到 85%。强化动物防疫体系建设,重大动物疫病防控取得积极成效,保持重大动物疫情稳定,全市重大动物疫病免疫密度达 100%、免疫抗体合格率保持在 70% 以上,动物产品质量安全水平有效提升。

(四) 农牧业资源环境保护持续提升

草原保护和建设成效显著,草原建设总规模连续五年保持在 400 万亩以上,草原植被盖度达到 72%,居全区首位。稳步推进测土配方施肥,创建科学施肥示范工程,共推广测土配方施肥面积1850万亩,技术覆盖率达66%。推进专业化统防统治与绿色防控相融合技术,农作物专业化统防统治覆盖面积964.5万亩,绿色防控技术面积746.8万亩。

二、存在的问题

(一)水利设施建设投入不足

农田水利设施水平远低于其他农业盟市,90%的耕地属雨养农业,有效灌溉面积仅占耕地面积的12%,干旱成为全市农业生产最大的制约因素。

(二)高标准农田建设有待加强

中坡耕地面积占85%,农业抵御自然灾害特别是抗旱能力很弱,个别年份和旗县冰雹、洪涝、霜冻等灾害时有发生,遇到较大自然灾害造成大面积减产。

(三)农牧业科技服务水平有待提升

动物疫病防治科技支撑力量不足,跨区调运和市场准入机制不健全。农牧业技术推广体系有待进一步健全与完善。目前,农技推广体系是以政府各级农技推广部门来组织协调实施各项推广工作的,农技推广、农业教育和农业科研分别由不同的部门管理,三者各自独立,各成系统,缺乏有效的联结机制。致使政府农技推广部门缺乏技术源头,大学、科研院所研发的技术又缺少推广平台。

(四)农牧业面源污染问题亟待解决

化肥、农药不科学使用,导致农田土壤结构破坏;畜禽养殖粪便未经处理直接排入环境,造成地表水、地下水和土壤环境污染;草原生态环境仍然是大患,草原退化、沙化还将长期困扰农牧业。

(五)农牧业信息化基础设施建设较为滞后

农牧业信息网络基础设施较为薄弱,绝大多数旗、苏木信息网络基础设施不够完备,网络还没有延伸到最急需信息的基层,对生产的指导作用弱小,尚未真正发挥出网络的优势,从而形成"最后一公里"问题。同时也缺乏相关的农牧业信息网络平台。

第二节 国内外发展趋势

一、我国农牧业配套服务体系的发展趋势和实践

（一）发展趋势

1. 农业发展的基础保障将不断夯实。《中共中央 国务院关于实施乡村振兴战略的意见》明确提出，要大规模推进农村土地整治和高标准农田建设，稳步提升耕地质量，强化监督考核和地方政府责任。加强农田水利建设，提高抗旱防洪除涝能力。推进小型农田水利设施达标提质，建设一批重大高效节水灌溉工程。

2. 农业机械化发展前景更加广阔。《中华人民共和国国民经济和社会发展第十三个五年规划纲要》明确要求加快农业机械化，推进主要作物生产全程机械化。《全国农业机械化发展第十三个五年规划》提出，扩大绿色环保机械化技术推广应用。紧紧围绕"一控两减三基本"的目标，加快深松整地、保护性耕作、精准施药、化肥深施、节水灌溉、秸秆机械化还田收贮、残膜机械化回收利用、病死畜禽无害化处理及畜禽粪便资源化利用等机械化技术的推广应用。大力推广环保节能型农业动力装备，加快淘汰能耗高、污染重、性能低的老旧机械。《中国制造2025》将农机装备列为重要领域，推动农业机械化科技创新和农机工业转型升级。《全国农业现代化规划（2016-2020年）》对农业机械化提档升级做出了全面部署。"智能农机装备"纳入了国家重点研发计划。机耕道路、农机具存放设施等列入了国家规划建设内容，扶持农业机械化发展的政策体系更加完善。

3. 未来科技创新服务和保障水平将大幅提升。国家将在现代种业、农机装备、农业信息化、农业资源环境等领域，开展原创性科技成果和关键技术产品攻关。健全完善农业技术推广体系，加快健全以国家农技推广机构为主导，农业科研教学单位、农民合作组织、涉农企业等多元推广主体广泛参与、分工协作的"一主多元"农业技术推广体系，为推进农业供给侧结构性改革、加快农业现代化提供有力支撑。同时，为加快农业科技成果转化应用，农业

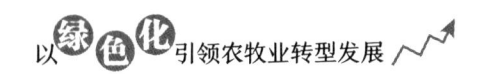

防灾减灾稳产增产关键技术集成示范工程、主要农作物生产机械化推进行动、保护性耕作技术集成示范工程、同步营养化技术示范应用、草牧业综合配套技术推广项目、农业物联网试验示范工程、水产养殖节水（能）减排技术集成示范工程、稻渔综合种养示范工程、农产品加工关键技术与产业示范工程、农产品质量安全全程关键控制技术推广与科普示范工程、秸秆综合利用技术示范应用、地膜回收综合技术示范应用和畜禽标准化规模养殖技术集成示范工程等农业技术推广重点项目和行动，这为完善绿色牧业配套体系带来了机遇，明确了方向。

4. 信息化将成为农业现代化的制高点。《中华人民共和国国民经济和社会发展第十三个五年规划纲要》提出推进农业信息化建设，加强农业与信息技术融合，发展智慧农业；《国家信息化发展战略纲要》提出培育互联网农业，建立健全智能化、网络化农业生产经营体系，提高农业生产全过程信息管理服务能力；《全国农业现代化规划（2016-2020年）》《"十三五"国家信息化规划》也将对全面推进农业农村信息化作出总体部署。同时，从信息化发展趋势看，网络经济空间不断拓展，信息技术创新日新月异并加速与农业农村渗透融合，农业信息技术创新应用不断加快，为农业发展提供了坚实的基础支撑、广阔的发展空间。从农业现代化建设需求看，资源环境约束日益趋紧，农业发展方式亟待转变，迫切需要运用信息技术优化资源配置、提高资源利用效率，充分发挥信息资源新的生产要素的作用。农业小规模经营长期存在，规模效益亟待提高，迫切需要运用信息技术探索走出一条具有中国特色的农业规模化路子等。

5. 农业绿色发展将在全国铺开。为落实新发展理念，加快推进农业供给侧结构性改革，增强农业可持续发展能力，提高农业发展的质量效益和竞争力，农业部决定启动实施畜禽粪污资源化利用行动、果菜茶有机肥替代化肥行动、东北地区秸秆处理行动、农膜回收行动和以长江为重点的水生生物保护行动等农业绿色发展五大行动，推动形成绿色发展方式和生活方式，增强农业可持续发展能力。

（二）发展实践

要借鉴发达省区的农业配套服务体系建设的先进经验，构建和完善适合新时期本地区农业生产力发展的现代农业社会化服务体系框架，对各类服务供给主体进行角色与功能定位，探索完善适合本地区的农业配套服务体系的方法与路径。

浙江省以打造高效生态农业强省、特色精品农业大省为目标，以粮食生产功能区、现代农业园区为主战场，围绕新型农业经营体系建设，突出社会化服务支撑，强化政府支持、联合协作、方式创新与平台搭建，重点加强"三位一体"基层农业公共服务体系建设，着力健全工作推进机制、主体培育机制、质量保障机制、环境优化机制，加快构建了公共性、合作型、市场化服务有机结合的新型农业社会化服务体系。

广东省农业配套服务体系以农技推广配套服务体系、供销社会化服务体系、农机社会化服务体系、农业保险和金融服务体系、信息服务体系五大体系为支撑，以公共服务模式、"公司+基地+农户"模式、"公司+科研单位+基地+农户"模式、"专业合作社+农户"模式、"政府+企业+农户"模式五大模式为具体抓手，针对广东省农业社会化服务体系建设存在的问题，提出了做好顶层设计的指示，形成了一整套完备的农业配套服务体系。

海南省近年来抓住落实责任农技推广制度的契机，积极创新机制，不断健全农业配套服务体系建设，以基层农技推广体系、农产品质量监管体系、植物疫病防控体系、农业金融服务体系、农业信息服务体系五大体系为支撑，以农业科技服务"110"模式、"政银企"金融合作模式、院区联动模式、农民专业合作社推广模式、以产业化龙头企业为主体的订单推广服务模式五大模式为抓手，形成了组织载体"多层次"和服务内容"多元化"两大格局，为海南农业配套服务体系开创了新的局面。

二、国外农牧业配套服务体系的发展趋势和实践

（一）发展趋势

在现代化农业的发展过程中，社会经济发展水平对发达国家农业配套服务体系建设起着决定性作用，经过系统归纳总结，认为发达国家农业配套服务体系呈如下发展趋势。

1.非政府部门在农业配套服务体系建设中所占比例逐步增加。尽管政府的推动作用在发达国家农业配套服务体系建设中均起着积极作用，但是所占作用比例逐渐降低，相比于发展中国家，发达国家政府更多的是通过私人部门和

农业合作组织来发挥助推作用，私人部门和农业合作组织将会逐渐取代政府来实施农业配套服务体系中的许多业务，并成为提供服务的主体，而政府则转向以监管、政策支持、法律法规制定为职能的角色。

2. 多元化农业金融信贷服务作用越来越显著。农业配套服务体系的金融市场和合作组织提供的多元化农业金融信贷服务在农业发展中发挥着越来越重要的作用。在发达国家，农业金融信贷渠道较为广泛，不仅正规的金融市场为农业发展提供了全方位的信贷服务，而且农业合作组织等非金融社会机构也是农民信贷的重要来源。

3. 农业教育、科研和技术推广的保障作用更加明显。农业教育、农业科研和农业技术推广等方面的高水平农业配套服务是农业生产力提高的重要保障，与农业教育、科研和技术相关的行业组织和私人部门的作用正在逐步增强，产学研体系更加成熟，农业科技成果转化率大幅提升，农业从业人员受教育程度与接收新鲜事物能力较强。

4. 更加重视农业产业链的每个环节。发达国家越来越重视农业产业链每个环节上的农业配套服务体系建设，进一步激发农业增长的活力，全球范围来看，发达国家较早就开始重视农业产业链的配套服务体系建设，无论横向还是纵向服务体系的建设均日趋完善。

5. 农业信息系统将发挥更加重要的作用。发达国家越来越多地运用网络、电视等多平台建设农业信息系统，提升和完善农业配套服务水平与智能化管控能力，农业信息系统日趋完善，目前多个发达国家已建成较为完善的物联网技术服务系统，通过计算机、平台大屏幕、手机等手段，实现了对相关产业的农情监控、生产信息管理、产品溯源和部分生产环节的智能化管控。

（二）发展实践

政府介入方面，美国农业配套服务体系由政府、合作社、私人公司三个层次的网络体系构成，相互之间协调互补，各自独立发展，其实政府所占比重在逐年下降，美国合作社农业服务系统所占比重最大，它是农场主和农业有关生产者为满足自身需要自愿组织起来的互助组织，以社会团体和合作社组织的形式存在，主要为农民提供销售、购买、信贷、运输、仓储、灌溉等方面的服务。日本农业配套服务体系的主体是日本农协，是日本农民自主、自助、自治的组织，而日本政府的农林水产省只处于次要位置，近年来日本农协在农业生产活动中所占比重越来越高，分支机构和服务内容已经遍及日本各个角落，同农户建立起各种形式的事业联系，在指导农林渔业生产、农产品销售与加工、农用生产资料供应以及农民生活方面发挥着巨大作用。

农业金融信贷服务方面，美国的联邦土地银行、联邦中期信贷银行和合作社银行等从事农业服务的金融行业组织，以及法国的以农业互助信贷为主要业务的地方银行，均以行业为依托，不仅向农场主或农户提供廉价的金融信息服务，而且向其提供低息贷款来解决生产中的资金需求，同时部分机构也为其提供作物保险来规避自然灾害风险和降低生产风险，体现了多元化的金融服务。日本作为农业合作组织发展较好的国家，由农协系统来承担为农户筹集农业资金的业务，例如，在村、县及中央不同级别的农协分别设立信用部、信用联、农林中金，多渠道为农户提供筹集资金服务，解决农户资金的短缺问题，日本农协系统向农民提供的贷款比重达到农民所获贷款的80%以上。

农业教育、科研和技术保障方面，美国以农业院校为核心的农业教育、科研、推广三位一体的农业社会化服务体系模式，使农业教育、农业科研和农业技术推广紧密联系在一起，这将使农户更加容易接受新的农业科学研究成果，对农业科学研究成果运用到实际生产中发挥很大的作用。日本公立和私营公司所设立的农业科研机构已成为社会农业科研体系中的重要组成部分，共同推进农业技术进步。在印度、巴西等一些发展中国家，目前对涉农企业投资农业生产资料、农业技术研发和农业技术推广也越来越重视。

农业产业链方面，美国农业社会化服务主要由以营利为目的的私人部门来提供，私人部门农业服务体系通过签订供销合同达成契约，从而在完备的责、权、利约束和保障基础上，把农用物资、耕作、防疫、收割、加工和营销等全部或部分联结在一起，为农民提供产前、产中和产后所需的各种技术和信息。法国作为欧盟最大的农业生产国之一，构建了农业产业链上的全方位农业社会化服务体系，具体可分为以私人为主提供的产前服务、以农会和农场主为中心提供的产中服务及以合作社为主提供的产后服务。

农业信息系统方面，美国借用现代科技收集和处理全世界的农业信息，分析农业市场现状和特征并形成调查研究报告，为美国提供准确、全面的农业信息服务，以确保美国农产品在国际农产品市场中具有较强竞争力，并确

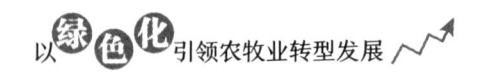

保农业技术处于引领地位。日本主要利用现代市场销售信息服务系统、产品生产数量和价格行情预测系统为经营主体提供准确市场信息，在规避市场风险中起到积极作用。在德国，农户可以通过所建立的病虫害管理、农药残留、作物保护等各种数据库系统获取病虫害防治等农业技术信息，同时可以获得农业生产资源的市场信息来安排其农业生产。法国则是由政府农林主管部门、半官方性质的农业商会、国立大学、科研院所等组成的农业信息服务机构，全方位地为农民提供生产信息、市场信息及农业技术信息等服务，方便经营主体开展农业生产。

第三节　建设任务

一、重点任务及方向

1. 大力推进水利基础设施建设。推进大中小水利枢纽工程建设，提高地表水资源利用率。重点推进毕拉河水利枢纽大型水库，扎敦水利水库、晓奇子水利枢纽两个中型水库建设，逐步实施已列入《内蒙古自治区小型水库建设规划》的小型水库建设。充分考虑水土资源条件，按"以水定地""以水定发展"，布局农田和饲草地节水灌溉，推进大、中型灌区、分散井灌区建设工程和牧区水利重点旗项目。重点推进嫩江干流治理工程，诺敏河、淖尔河、根河、激流河、甘河、阿伦河、音河等主要支流治理工程。推进国家农业综合开发东北黑土区水土流失治理。到2020年，建成一批跨流域调水和骨干水源工程，增强抗旱水源供给和储备能力。全市农田节水灌溉面积达到800万亩左右，其中，牧区饲草地节水灌溉面积达到42.17万亩。新增水田面积44.83万亩，全市累计达到70万亩。水田灌溉利用系数不低于0.68，喷灌利用系数不低于0.85。

2. 提升农牧业科技服务水平。实施现代农牧业科技创新驱动工程。加强农牧业科技创新条件建设，改善农牧业重点实验室创新条件，提升农牧业科学观测站基础设施水平，建设现代化科学实验基地。积极推进与中国科学院、中国农业科学院、内蒙古农牧科学院、内蒙古农大、黑龙江农科院等科研院校的科研合作，建立农业专家工作站及其配套科研设施。借助外部丰富的科技人才资源，大力培育科研院所、农牧业高新科技企业，加强农牧业科技基础前沿研究，提升原始创新能力。在科技成果转化能力提升工程方面，建立呼伦贝尔市农牧业科技成果交易与转化基地，围绕呼伦贝尔市农牧产业升级和创新型特色产业集群发展的科技需求，以农牧业科技园区和农牧业企业为载体，开展关键技术攻关，加强新品种、新技术、新产品、新模式研究，实施现代农牧业示范工程，加快科研向产业聚集、技术向产品聚焦，推动科技成果转化与运用。农牧业竞争力提升工程。启动农牧业竞争力提升科技行动，力争在高产、优质、专用、高效农牧业新品种、新技术研究等方面，加强农业知识产权保护和运用，形成一批具有自主知识产权的创新成果。深化农牧业科研管理改革，进一步完善以农牧业科研院所、国家农技推广机构为主导，农村牧区合作经济组织和科技示范户为基础，涉农企业广泛参与的多元化农技推广体系。加快推进现代农牧业技术推广信息化服务工程，努力提升基层农技推广体系服务能力。新型职业农牧民培育工程。根据呼伦贝尔市产业发展实际，围绕优势特色主导产业，充分发挥各级农广校和其他农牧民教育培训机构的主导作用，采取理论讲堂、现场授课、实地观摩等多种形式，开展农畜产品质量安全、市场营销、种养技能、专业合作社管理与运营、品牌打造等内容的培训，开展新型职业农牧民技术培训，建立农牧民职业技能培训的长效机制，将传统农牧民培养成为"有文化、懂技术、会经营、善管理"的新型职业农牧民，逐步构建起从自治区到盟市、旗县、乡镇相互衔接、上下贯通、社会各界广泛参与的农牧民教育培训体系。农牧业科技园区引领示范工程。大力培育农牧业高新科技企业，积极引导建设一批高标准农牧业科技园区，推进生产方式转型升级、推进资源利用方式转型升级、推进经营方式转型升级、推进产业结构转型升级，率先实现由传统农牧业向现代农牧业转型升级。

3. 加强草原生态保护。重点治理退化草原，恢复草原植被，改善草原生态环境。实施退牧还草、农牧交错带已垦草原治理工程。开展草原休牧围栏、人工饲草地、草地改良、牲畜棚圈等基础设施建设，严格落实草原生态补奖政策，严格执行禁牧、休牧、划区轮牧制度，支持扩大优质牧草种植规模，农机购置补贴向打贮草相关设备倾斜，增加对退化、沙化草原增加补播牧草、改良草场的投入。推动草原病虫鼠害防控体系建设，采用飞机喷雾等先进方式，推广生物农药防治，有效遏制草原鼠害、蝗虫灾害大面积发生。建设草原生物灾害监测预警中心和草原生物灾害监测点，对草原基本情况、草原生态状况、草原自然灾害和生物灾害状况等进行动态监测预警。强化草原执法监督工作，完善各项草原管护措施，加强执法督察检查，严厉打击乱开滥垦、非法征占用草原等违法行为，继续开展打击非法采挖收购运输草原野生药用植物专项行动。完善草原保护制度体系，实施草原生态空间用途管控制度，严格生态保护红线；依法划定基本草原，确保基本草原面积不减少、用途不改变；建立草原生态保护建设成效评价制度，实施领导干部草原自然资源资产离任审计制度。

4. 加强黑土地保护治理。开展技术攻关，针对低山丘陵、缓坡漫岗与平川甸子三种地貌类型，总结黑土保护养育综合模式技术，形成黑土地保护技术体系。加快引进推广先进农机具，针对农机农艺融合不足，重点推广播种机、整地机器、水稻机械、秸秆打捆机、免耕播种机、深耕深松机械。依托农机社会化服务组织，提高农业机械化及社会化服务水平。实施耕地轮作休耕制度，探索建立大豆—玉米—大豆、大豆—大豆—玉米、大豆—小麦—玉米等轮作休耕技术模式，开展玉米—大豆轮作栽培技术模式及相配套的耕种收机械改装研究，引领带动农田轮作休耕可持续耕作制度推广应用。建立健全耕地轮作休耕试点数据库，跟踪试点区域作物种植和耕地质量变化情况。加强黑土地监测体系建设，建设耕地质量区域监测站和监测点，加强耕地土壤现状调查监测评估建设，开展农产品产地环境普查监测和划分。建立耕地质量评价制度和预警体系、黑土地耕地质量动态监测网络体系，长期开展耕地质量动态变化监测。化肥农药减量适用工程。以新型农业生产经营主体和专业化农化服务组织为依托，深入推广科学施肥技术，提高耕地质量、调整施肥结构、改进施肥方式。大力推广应用生物农药、高效低毒低残留农药，推进增施有机肥、秸秆还田、种植绿肥，改单施化肥为有机无机配合，引导农民积造施用农家肥，并结合深耕深松，逐步创建深厚、肥沃、安全的耕层土壤。推广测土配方施肥技术，调整氮、磷、钾配比和用量，改盲目过量施肥为科学适量施肥，并促进大量元素与中、微量元素配合施用；开展缓控释肥料、水溶性肥料、生物肥料等新型肥料的试验示范和大面积推广，逐步调整施肥种类，优化施肥结构。推广适用施肥机械、设备，开发应用现代植保机械，发展大型高效施药机械和飞机航化作业，推广防虫网、黏虫色板、杀虫灯等先进施药机械，改表施、撒施为机械深施、叶面喷施等，逐步探索适合当地的水肥一体化施肥方式。应用农业防治、生物防治、物理防治等绿色防控技术，重点推广白僵菌封垛、秸秆处理、释放赤眼蜂、色板诱杀等生物防治和农业防治措施，集成应用全程农药减量增效技术。

5. 加强农业废弃物资源化利用。深入开展秸秆资源化利用，开展秸秆还田、秸秆肥料化、饲料化、基料化、原料化和能源化利用，支持秸秆收集机械还田、青黄贮饲料化、微生物腐化和固化碳化气化等新技术示范，鼓励购买大型秸秆还田、秸秆打捆等机械设备，加快推进秸秆综合利用的产业化发展。扎实推进畜禽粪污无害化处理，依法关闭或搬迁禁养区内的畜禽养殖（场、小区、户），加快标准化规模养殖改造，配套建设机械干清粪、漏缝地板等收集设施和固液分离、粪便堆沤、污水厌氧消化等无害化处理设施，推广畜禽粪污综合利用技术模式，鼓励发展有机肥。建设病死畜禽集中无害化处理场和病死畜禽收集点，逐步推行化制、发酵、碳化等无害化处理、资源化利用的环保处理方式。加快实施地膜回收利用工程，建设废旧地膜回收网点，建立"推广加厚地膜—人工或机械捡拾—分点收集转运—再生加工再利用"治理模式，提升废旧地膜回收加工能力。

6. 加强农产品追溯体系建设。建立健全农产品质量安全追溯管理办法，加强农业与有关部门的协调配合，完善追溯管理与市场准入衔接机制，以扫码入市或索取追溯凭证为市场准入条件，建立主体管理、包装标识、追溯赋码、信息采集、索证索票、市场准入等追溯管理基本制度，构建从产地到市场到餐桌的全程可追溯体系。搭建"高度开放、覆盖全市、共享共用、通查通识"的追溯平台，赋予监管机构、检测机构、执法机构和生产经营主体使用权限，采集主体管理、产品流向、监管检测和公众评价投诉等相关信息，逐步实现农产品可追溯管理，探索建立数据交换与信息共享机制，加快实现与国家追溯平台的有效对接和融合，将追溯管理进一步延伸至企业内部和田间地头。制定追溯管理技术标准，按照"共性先立、急用先行"的原则，加快制定农产品分类、编码标识、平台运行、数据格式、接口规范等关键标准，统一构建形成覆盖基础数据、应用支撑、数据交换、网络安全、业务应用等类别的追溯标准体系，实现全市农产品质量安全追溯管理"统一追溯模式、统一业务流程、统一编码规则、统一信息采集"。开展追溯管理试点应用，优先选择牛羊肉、沙果、黑木耳、生鲜乳、银鱼、葵花籽等重点农产品统一开展试点，不断总结试点经验，探索追溯推进模式，进一步加大推广力度，扩大实施范围。

二、发展展望

到2020年，创建农牧业科技创新联盟和区域技术中心，打造成我国绿色农牧业生产技术研发中心和成果转化基地，建成中俄蒙边境地区乃至东北亚农牧业科技创新与示范基地。建成区域农业科技创新联盟1个，农业专家工作站1座，博士后工作站2个。建成农牧业科技成果交易平台，全市农牧业科技进步贡献率达到60%，农牧业科技成果转化率达到20%，完成主要农作物新一轮品种更新换代，主要作物良种覆盖率达到99%以上，家畜改良率达到98%，水产良种率超过75%，实现每年培训农牧民35万人次以上。

到2020年，呼伦贝尔草原基本保护制度体系进一步完善，建设1~2个草原自然保护区，天然草原植被平均盖度提高到75%以上，天然草地生产力每亩提高40~50千克，高标准人工草地面积达到100万亩。耕地质量提升0.5个等级以上，土壤有机质含量提高5个百分点。测土配方施肥技术覆盖率达90%以上，农作物病虫害绿色防控覆盖率达30%以上，化肥、农药利用率均达到35%以上。规模畜禽养殖场（小区）配套建设废弃物处理设施比例达85%以上，秸秆综合利用率达85%以上，农膜回收率达80%以上，基本实现病死畜禽无害化处理。

第四节 重大项目筛选

一、典型项目介绍

按照服务配套好、保障能力强、服务范围广的原则，共选择11个项目，总投资12.16亿元。现以以下3个项目为例进行说明。

(一) 呼伦贝尔市动物防控体系基础设施项目（续建）

1. 建设内容及规模。市、旗县、苏木县镇、嘎查村级动物防控体系基础设施项目。

2. 建设地点。呼伦贝尔市各旗市区。

3. 项目投资。总投资 5600 万元。

4. 经济效益估算。项目建成后，每年可减少直接和间接经济损失 2 亿元左右。

(二) 根河市大兴安岭森林病虫害防控体系基础设施建设项目

1. 建设内容及规模。新建监测站，购置应急药剂药械，防治森林有害生物。

2. 建设地点。根河市。

3. 项目投资。总投资 1.5 亿元。

4. 效益估算。项目建成后，每年可减少直接和间接损失 2 亿元左右。

(三) "四进"措施和"四控"行动工程

1. 建设内容及规模。在全市范围内实现农药、化肥用量实现零增长，农业用水总量和用水强度得到"双控"，地膜覆盖面积和农膜残留实现"双减"，产出高效、产品安全、资源节约、环境友好型现代农业初具规模。

2. 建设地点。全市范围内。

3. 项目投资。总投资 3 亿元。

4. 效益估算。减少各种投入 1 亿元左右，绿色农畜产品带动产值增加 1 亿元左右。

二、项目实施的预期影响

(一) 经济效益

在项目区内消灭禽流感、口蹄疫、猪瘟、新城疫，每年可减少经济损失 0.5 亿元。猪、禽、牛因疫病死亡率分别控制在 5%、13%、1% 以下，每年可减少直接经济损失 0.5 亿元，减少间接经济损失 2 亿元。由于动物疫病减少，动物产品的卫生质量得到提高，有利于创立名优品牌，提高全市动物及其产品在市场上的竞争能力。提高动物生产性能，降低饲料消耗，减少防治费用和人力、物力的浪费。

通过开展土壤改良、地力培肥和养分平衡,耕地基础地力和产出能力得到提高。农牧民收入进一步得到保障。测土配方施肥工程、农药减量增效工程、农业废弃物资源化利用工程的实施,进一步保证了呼伦贝尔市绿色农畜林产品的质量和安全,为全市绿色农产品走向全国市场提供支撑和保障。

(二) 生态效益

项目的建设,将有效控制和扑灭动物疫病,包括危害较大的人畜共患病,大大减少动物疫病的发生以及对人体的侵害,保障人民的身体健康。同时,通过全面开展"绿色证书"教育和建立正常的动物防疫技术人员培训制度,能有效提高全社会的动物防疫意识,这有利于减少动物疫病对生态环境所造成的间接污染,有利于促进生态环境的良性循环,为呼伦贝尔市创建国家文明城市做出更大的贡献。

通过草原生态补奖项目、退牧还草工程、草原鼠虫害防治、草原监测项目、黑土地保护治理等项目的实施,能够有效提升耕地质量,保护草原生态系统平衡,为呼伦贝尔市打造全国可持续发展的生态环境保护示范区提供坚强保障。

(三) 社会效益

一是项目的实施可有效控制和净化以禽流感、口蹄疫等为主的动物疫病,降低发病率和死亡率,使疫病防治工作适应市场经济发展,满足畜产品市场的需要,从而为畜牧业生产的可持续发展奠定扎实的基础。通过本项目的建设,在有效带动畜牧业生产发展的同时,还能积极带动饲料、皮革、食品加工、储运、制药等相关产业的发展,并可以解决大批劳动力的再就业问题。二是能为呼伦贝尔市动物防疫的宣传教育、信息管理程序的规范、业务培训提供有利的条件,使先进技术得到迅速推广和普及,从而提高呼伦贝尔市的整体防疫水平。三是通过建设配套服务体系,开展科技培训,能够提升农牧民知识技能水平,对培养社会主义新型农民具有重要的作用。

第十章 | 配套服务体系建设工程

附：

附表 10.1 配套服务体系建设工程重大项目建议

序号	项目名称	建设规模	建设性质	建设年限	总投资（亿元）	项目所在地
	合计				12.16	
1	呼伦贝尔市嘎查村级动物防控体系基础设施项目	新建嘎查村级动物防疫体系基础设施	新建	2016~2020	0.56	嘎查村/居委会（1118个）
2	畜禽粪资源化利用整县推进项目	市域范围内奶牛场、养猪场、肉牛场和养鸡场以种养一体化模式为主，开展项目建设。到2020年，全县畜禽粪污综合利用率达到90%以上，规模养殖场粪污处理设施装备率达到100%	新建	2018~2020	0.60	扎兰屯市
3	利用牛血生产免疫球蛋白联产血红素建设项目	建设生产厂房，牛血加工提取生产线及附属生产设施。年处理牛血1500吨，生产免疫球蛋白25吨，血红素7.5吨	新建	2016~2020	0.70	额尔古纳市
4	羊胎素产品开发项目	建设生产加工厂房，引进年加工羊胎胎200万只的羊胎素提取工艺生产线及配套生产设备	新建	2016~2020	1.20	额尔古纳市
5	根河市大兴安岭森林病虫害防控体系基础设施建设项目	新建监测站，购置应急药剂药械，防治森林有害生物	新建	2017~2020	1.50	根河市
6	保护性耕作项目	普及推广500万亩	新建	2016~2020	0.50	鄂伦春自治旗

— 173 —

续表

序号	项目名称	建设规模	建设性质	建设年限	总投资（亿元）	项目所在地
7	鄂伦春自治旗动物隔离场建设项目	建设5个动物隔离场	新建	2017~2020	0.55	鄂伦春自治旗
8	新型职业农民培训基地	配套建设（购置）培训中心2000平方米，示范基地大棚100亩	新建	2017~2020	0.70	鄂伦春自治旗
9	鄂温克旗畜禽粪污资源化利用项目	对100家畜禽规模化养殖场配套粪污处理基础设施，新建1处动物尸体及产品无害化处理中心，6处病死畜禽收集暂存点，8处畜禽粪污无害化集中堆肥场	新建	2017~2020	0.85	鄂温克旗
10	陈旗肉类加工及双歧杆菌等药品生产项目	2万吨肉类加工及双歧杆菌等药品生产	新建	2017~2020	2.00	陈巴尔虎旗
11	四进清洁和四控行动工程	在全市范围内实现农药、化肥用量实现零增长，农业用水总量利用率得到"双控"，地膜覆盖度实现"双减"，产出高效、产品安全、资源节约、环境友好型现代农业初具规模	新建	2016~2020	3.00	全市

第十一章　产业融合发展工程

产业融合发展是产业之间的高度融合，是让农民分享二三产业增值收益的重要途径，是实施乡村振兴战略、加快推进农业农村现代化、促进城乡融合发展的重要举措。近年来呼伦贝尔市的农业虽然与二三产业在融合上步伐有所加快，但总体上仍处在起步阶段，由于产业融合度不够，不仅在生产环节竞争力严重不足，而且在加工环节也面临着巨大的挑战。如何顺应形势、应对挑战，迫切需要呼伦贝尔市推进农业与其他产业融合，通过借势发展增强竞争力。

第一节　发展现状

一、发展优势和基础

近年来，呼伦贝尔市围绕自身优势，在推进农牧业现代化发展进程中，始终坚持做好一二三产业"融合"文章，提高农牧业规模化、产业化、科技化、特色化、品牌化、信息化水平，农牧业发展内生动力不断增强，一二三产业融合发展形成良性互动。

（一）积极推进产城融合

以扎兰屯市、海拉尔区奋斗镇等国家、自治区新型城镇化综合试点和鄂伦春旗大杨树镇等民族聚居区新型城镇化试点为典型带动，推进农村牧区产业融合发展与新型城镇化、美丽乡村建设、返乡创业相融合，进一步释放农村牧区发展活力。

（二）加快农牧业内部融合进程

依托呼伦贝尔特有的农区、垦区、牧区、林区的产业基础，既打造自身独立的产业体系,又相互融合和影响,在农牧结合、农林结合、循环发展方面加强联合,构建以一二三产业融合发展为背景的呼伦贝尔大农业格局。

(三) 推进农牧业产业化经营

围绕粮食、马铃薯、油菜、乳业、肉类、林下产品等特色优势产业,通过加快发展农畜林产品加工和流通产业,完善农牧业产业链,具备了一定的农牧业产业化经营水平。2016年全市规模以上农畜产品加工企业166户,实现销售收入436.3亿元,同比增长8.1%。农企紧密利益联结机制比例达到48%,带动农牧户16万户。

(四) 探索拓展农牧业多种功能

深入挖掘农牧业的生态、文化、旅游等功能,推动农牧业与旅游业、文化创意、科技教育、健康养老等相结合,全市各旗市区均做了一些探索,形成了一定的规模,经济效益和社会效益已经显现。目前全市已有国家级休闲农业与乡村旅游示范县3家、示范点2个;自治区级示范县1家、示范点3个。2016年休闲农业和乡村旅游接待人次达716.8万人,营业收入62.7亿元。

(五) 积极渗透新技术新要素

"互联网+现代农业"行动加快实施,农畜产品电子商务和创意农牧业蓬勃兴起,内蒙古(扎兰屯)绿色食品节等科技农业、会展农业、农业众筹等新业态、新模式已出现并正在壮大。大力培育多元化农牧业产业融合主体,全市农牧民合作社达8292家,家庭农牧场5266家。不断加大农牧业科技的推广应用,2016年全市粮食耕种收综合机械化水平达到85.5%,位居全区第一,全市农牧业科技贡献率达到56%,比全区平均水平高4.6个百分点。

二、存在的问题

(一) 产业融合层次浅

农业与二三产业融合程度不紧密,产业链条短,结构单一,附加值不高。2015年全市农畜产品加工转化率为50%,低于自治区58.9%的平均水平。

(二) 新型农牧业经营组织对产业融合的带动能力不强

全市能够真正起到带动作用的领军企业非常少,如内蒙古自治区级龙头企业 583 家，而全市仅 59 家，占比不到 11%；国家级龙头企业全区共 38 家，而全市仅 1 家。合作组织、家庭农场等新型经营主体成长慢、创新能力较差，不具备开发新业态、新产品、新模式和新产业的能力。

（三）利益联结机制不健全

目前在全市 166 个农畜产品加工企业中，与农牧民建立紧密型利益联结机制的企业共有 80 家，占总数的 48%，且多采取订单式农牧业、流转承包农牧业，真正采取股份制或股份合作制，将农牧民利益与新型农牧业经营主体利益紧密连接在一起的，所占比例并不高。

（四）先进技术要素扩散渗透力不强

由于农牧业存在着自然和市场双重风险，加之投入大，回收周期长，许多社会资本和先进成熟的技术生产要素向农牧业和农村牧区扩散渗透进程缓慢。

（五）涉农公共服务供给不足

一产与二三产融合发展，需要互联互通的基础设施和高效的公共服务。目前，全市农村牧区的基础设施建设相对滞后，特别是道路、网络通信、仓储物流等设施落后，信息、文化等公共服务不均衡，对农村牧区产业融合发展带来了极大影响。

第二节　国内外发展趋势

一、我国产业融合发展的趋势

（一）我国产业融合发展的机遇

1. 国家高度重视农村产业融合发展。2015 年"中央一号"文件首次提出"推进农村一二三产业融合发展"，并明确了相关具体要求，这标志着党的"三农"理论和政策又一次创新发展。2016 年 1 月 4 日，国务院印发《关于推进农村一二三产业融合发展的指导意见》，明确提出"以新型城镇化为依托，推进农业供给侧结构性改革，着力构建农业与二三产业交叉融合的现代产业体系"，并就发展产业融合方式、培养产业融合主体、完善产业融合服务等方面做出了全面部署，农业"三产融合"正式进入快车道。2016年4月，习近平总书记在安徽小岗村农村改革座谈会上指出，大力发展农产品加工流通，促进农村一二三产业融合发展。2017年的"中央一号"文件提出，深入实施农村产业融合发展试点示范工程，支持建设一批农村产业融合发展示范园。

2. 各地积累了丰富的经验。我国农村一二三产业已呈现融合发展的良好态势，各地在推进农村产业融合方面做出了多种探索。各地区根据当地资源条件和产业特点，积极探索农村产业融合发展路径，涌现出了产城融合、农业内部融合、产业链延伸、农业功能拓展、新技术渗透、多业态复合等多种新模式。

（二）我国产业融合发展的趋势

农牧业融合发展是指以农牧业为基础，通过要素集聚、技术渗透和制度创新，延伸农牧业产业链，拓展农牧业多种功能，培育农村牧区新型业态，形成农牧业与二三产业交叉融合的现代产业体系、惠农富农的利益联结机制和城乡一体化的农村发展新格局。在此趋势下，呼伦贝尔市一二三产业融合将迎来新的发展机遇。

1. 融合方式多类型。在着力推进新型城镇化，引导产业集聚发展以外，还将通过加快结构调整、促进产业链延伸、开发多种功能、发展新型业态等方式，加快建立现代农牧业产业体系。一是有效推进农牧业的内部融合，核心是以农牧结合、农林结合、循环发展为导向，强调优化农业种植结构和畜牧业养殖结构。二是促进农牧业产业链的延伸。加快农牧业由生产环节向产前、产后延伸，提高农畜产品加工转化率和附加值，加快推进市场流通体系与储运加工布局的有机衔接。三是开发出农牧业的多种功能，推进农牧业与旅游、休闲、教育、文化、创意等产业的深度融合，实现农牧业从单纯的生产向生态、生活功能的拓展。四是形成农牧业的新型业态，实施"互联网+"现代农牧业，发展农畜产品电子商务，完善配送及综合服务网络，推动科技、人文等元素融入农牧业。积极探索农畜产品个性化的定制服务、会展农业、农牧业众筹等新兴业态。

2. 融合主体多元化。强化农牧民合作社和家庭农牧场的基础作用，支持龙头企业发挥引领示范作用，发挥供销合作社的综合服务优势，积极发展行业协会和产业联盟，鼓励社会资本投入。努力提高农牧户对等协商的能力，加快培育农村牧区新型经营主体，鼓励新型职业农牧民、务工经商返乡人员等领办合作社、兴办家庭农场，探索建立新型合作社的管理体系，拓展农民合作领域和服务内容，鼓励发展农产品加工和流通。

3. 联结机制多形式。完善惠农、富农的利益联结机制，让农民真正分享产业链延伸、产业功能拓展的好处，促进农民增收。围绕股份合作、订单合同的利益联结模式，鼓励龙头企业建立与农户风险共担的利益共同体。强调以土地、草场、林地为基础的各种合作形式，凡是享受财政投入或者政策支持的，承包经营者均成为股东，并采取"保底收益加按股分红"等形式，让农户分享加工、销售环节的收益。引导龙头企业创办或者入股合作社、合作组织，支持农民合作社入股或者兴办龙头企业，实现龙头企业与农民合作社深度融合，强化龙头企业"联农带农"的激励机制。

4. 融合服务多渠道。以旗市区为基础，搭建农村牧区综合性信息化服务平台，提供电子商务、乡村旅游、农业物联网、价格信息、公共营销等服务。构建多层次、广覆盖、可持续的农村牧区金融服务体系，综合运用奖励、补助、税收优惠等政策，推广产业链金融模式。强化人才和科技支撑，加大现代农牧业人才和新型职业农牧民培育力度。改善农牧业和农村牧区基础设施条件，加快完善农村牧区水、电、路、通信、物流基础设施建设，完善休闲农业和乡村旅游配套设施。

(三) 我国产业融合发展的实践

1. 产业间的融合模式。目前，我国三产融合处于探索阶段，各地结合自身特色，探索出一些典型的农业发展模式。具体包括：

"1+3"融合：服务业向农业渗透，发展服务业的同时利用农业景观和生产活动开发观光农业，而不仅只是看看山水；利用互联网优势，尤其是阿里巴巴"千县万村"计划以及京东的"3F"战略，提升农产品电商服务业；以农业和农村发展为主题，使用论坛、博览会、节庆活动等方式或平台展现农业。

"1+2"融合：利用工业工程技术、装备、设施等改造传统农业，采用机械化、自动化、智能化的管理方式发展高效农业。如生态农业、精准农业、智慧农业、植物工厂等，对于农机行业的大力扶持有利于加速一二产业融合，

"绿领"农机手的兴起正是这一趋势的典型代表。

"2+3"融合：二产向三产拓展的工业旅游业，以工业生产过程、工厂风貌、产品展示为主要参观内容开发的旅游活动，反之以三产的文化创意活动带动加工。通过创意、加工、制作等手段，把农村文化资源转换为各种形式的产品。

"1+2+3"融合：农村三产联合开发生态休闲、旅游观光、文化传承、教育体验等多种功能，使三种产业形成"你中有我、我中有你"的发展格局。典型业态有农产品物流，智慧农业，工厂、牧场观光，酒庄观光等。观光牧场融合畜牧业、乳产品加工业和牧场观光业的优势，使牧场改变单一的生产模式，是三产融合最具代表性的模式之一[①]。

2. 陕西省产业融合模式。经过近几年实践和探索，陕西省农村一二三产业融合发展主要有以下几种形式：

一是以农民合作社、家庭农场和种养大户主导的农业内部产业重组型融合。这种形式的特点是，新型经营主体通过土地流转，以农业优势资源为依托，将种植业与养殖业、农业与林业某些环节或者整个环节联结在一起，调整优化农业结构，促进粮食、经济作物、饲草三元种植结构协调发展，积极发展林下经济，逐渐形成农业内部紧密协作、循环利用、一体化发展的经营方式。这类典型有神木县玉花种养专业合作社、大荔县鑫农绿色生态合作社、汉滨区忠诚蔬菜合作社和榆阳区四娃圆梦家庭农场等。

二是以农业产业化龙头企业主导的农业产业链延伸型融合。这种形式的特点是，一些涉农企业以农业为中心向前向后延伸。向前延伸有自己的原料生产基地，并将种子、农药、肥料等农业生产资料供应与农业生产链接起来；向后延伸是将农产品加工与储藏、物流和销售链接起来，形成产加销、贸工农一体化经营，使一二三产的三个链条在融合发展中同步得到升值，也让农民能够在二三产业中分享更多的收益。这类典型有韩城市金太阳公司围绕花椒产业、白水县兴华公司围绕苹果产业、平利县女娲银峰公司围绕茶叶产业和榆林、延安一些龙头企业围绕红枣、小杂粮产业的生产加工销售等，形成一二三产业深度融合。

---

① 前瞻产业研究院. 正确理解三产融合概念 [EB/OL]. https：//f.qianzhan.com/xiandainongye/detail/180504-4f57276d.html.

三是以现代农业示范园区引领的科技创新带动型融合。这种形式的特点是，依托现代农业科技示范园区，集聚现代经营、科技、管理等要素，强化农业科技成果转化和孵化功能，使传统农业脱胎换骨，开展新品种研发和新技术试验示范，探索现代农业生产方式和经营方式，保障农产品优质安全，培育现代化的职业农民，使其形成农业综合体。这类典型有榆林国家级农业科技示范园、神木县易经谷星创天地、安康阳晨农业科技示范园和大荔县冯村现代农业科技示范园等。

四是以休闲观光农业为主导的农业多功能开发型融合。农业除了生产人们所需的农产品功能外，还有生活功能、生态功能和民族文化传承功能等，"看得见绿水，望得见青山，记得住乡愁"是当今社会人们对生活的向往，也是对新型农业的期盼。这种形式的特点是，以当地主导产业和人文景观为载体，农业与生态、文化、教育、旅游等元素结合，开展休闲度假、旅游观光、农事体验、农耕文化教育等活动，从而大大拓展了农业固有的单一的生产功能，并产生意想不到的价值提升。这类典型，除了大家熟知的礼泉县袁家村和兴平市马嵬驿外，还有大荔县的美丽乡村游、平利县的龙头村、神木县的陕北民俗大观园等。

五是以移动互联网、电子商务为载体的农村新业态融合。这是激活陕西省农村一二三产业融合发展的一个突出亮点。这种形式的特点是，在"互联网+"下，农业实现在线化、数据化，农产品在线上预订结算，线下交易销售，线上线下结合，为农民代购代销，节约了大量的交易成本。这种先进技术要素对农业的渗透和信息技术的推广应用，既模糊了农业与二三产业间的边界，也大大缩短了生产、销售和消费三者之间的距离。这类典型有武功县参与电商试点的乡镇、白水县三农信息服务中心、韩城市优质农产品展销中心、神木县陕西"兰花花"生态农产品开发公司等。

六是以农村集体产权制度改革推进一二三产业深度融合。这种形式比较成功的典型是榆阳区赵家峁村，通过农村集体产权制度改革，改变了农民单靠种养业获取收入的传统模式。其主要特点是，采取"公司+合作社+农户"的形式，把农民的土地承包经营权和闲散资金入股村上组建的公司（合作社）统一经营，通过"确权确股不确地"，建立了"归属清晰、权责明确、保护严格、要素流动"的产权关系，实现了资源变股权、资金变股金、农民变股民的重大转变,为三产融合发展打下了扎实的基础。种养加一体的现代农业和"文化+"的休闲观光农业在赵家峁村已颇具规模,初步形成了"租金+工资+分红"的新型收入结构,农民人均纯收入已由2013年产权制度改革前的6650元增加到2015年的10679元[①]。

二、国外产业融合发展的实践

一二三产业融合既是转变发展方式的必要举措,也是未来产业发展的必然趋势,很多国家和地区已经充分意识到其重要性,并依据自身实际情况采取了各有侧重的推动措施,日本、韩国、意大利、美国就是比较典型的例子。

(一) 日本推动多种经营

1994年,日本学者今村奈良臣提出了"第六产业"概念。由于1、2、3之和以及之积均等于6,因此称为"第六产业"。发展"第六产业"的要义是鼓励农户搞多种经营,发展食品加工业、农资制造业和农产品流通、销售及观光旅游业等,实现农村一二三产业的融合发展,借此增强农业发展活力,并让农民更好地获得增值收益。日本政府充分吸收了"第六产业"的发展思想,2008年12月,日本民主党在内阁会议中提出了题为《农山渔村第六产业发展目标》的农林水产大纲,这是日本政府首次在政策大纲中提及"第六产业"一词。2010年3月,日本内阁会议通过了新的《食品、农业和农村基本计划》,提出要通过发展"六次产业"来增加农民收入,打造新的商业模式。

(二) 韩国加强产业关联

韩国也提出了"第六产业"的概念,其核心是以农村居民为中心,以农村现存的有形、无形资源为基础,将农产品生产与制作、加工以及流通、销售、文化、体验、观光等结合起来,创出新附加价值。2013年8月,韩国农林食品部设立了"第六产业相生资金",规模达到100亿韩元。2016年初,韩国农林食品部又公布了一份题为《通过转向"第六产业"来促进农村经济发展和出口的相关措施》的报告,致力于加强农业生产、加工、销售、出口等与旅游业之间的联系,以建立从农业向"第六产业"转变的体系。该体系

---

① 惠立峰.关于陕西省农村一二三产业融合发展的调研报告[J].生活文摘,2017(2).

强调通过培育专业化企业、利用外部资本和技术、促进公司与农业产业之间的互利合作来提升农业产能,进而取得更为显著的经济效益。相关措施可概括为四大项目,即推动农业生产现代化和个性化、振兴食品加工制造以及食品产业、强化分销效率及扩大出口规模、推广韩国农村旅游。

(三)意大利做大休闲农业

在发展传统农业的同时,意大利非常重视现代化新型业态的开发,通过充分挖掘多功能性,使农业不再简单地局限于提供农产品,而是将农产品的商品化生产与其他多种形式的服务活动联系在一起,休闲农业便是其中的典型代表。意大利是世界上最早提出休闲农业概念的国家,早在1865年就成立了农业与旅游全国协会,着力发展本国的休闲农业。截至2014年,意大利全国共有21744家休闲农场,其中,8937家休闲农场提供住宿服务,占总数的41.1%;9785家农场提供餐饮服务,占45.0%;8028家农场既提供住宿又提供餐饮服务,占36.9%;10298家农场除提供餐饮服务外,还开展其他类型的休闲农业经营活动,占47.4%。

(四)美国发展综合企业

美国农业综合企业是纵向产业融合的典型代表,其主要特征是将涉及一二三产业的农产品生产、流通过程及农用物资的生产、供应等环节置于统一的领导下,以便实现生产和流通的有效协调。美国农业综合企业主要有由工商企业联合组建的农工综合企业、公司农场和农场主合作社三种类型。通过农业综合企业的发展,美国将农业生产、工业制造、商品流通、信息服务、金融支持等产业融为一体,形成了以农工综合企业、工商企业和农业合作社等行业组织为主,产前、产中、产后紧密结合的产业化经营体系,打造了一条农产品生产、加工、销售各环节紧密相连的产业链条[①]。

第三节 建设任务

全面落实农牧业供给侧结构性改革,紧紧围绕市场需求,以增加农牧民

---

① 北京市农林科学院农业科技信息研究所. 农村一二三产业融合发展的内涵、做法及启示 [EB/OL]. http://www.agri.ac.cn/news/ztqbfw/2016229/n5106116391.html.

收入、保障有效供给为目标，突出优质优价，打造地方特色物产品牌，全链条提升供给质量和效益，推动一二三产业融合发展。

一、重点任务及方向

推进与新型城镇化融合发展。将农村牧区一二三产业融合发展与新型城镇化建设有机结合，有序推进扎兰屯市、海拉尔区奋斗镇等国家、自治区新型城镇化综合试点，鄂伦春旗大杨树镇等民族聚居区新型城镇化试点，引导二三产业向城镇及周边集聚。支持农畜产品加工、商贸物流等特色小城镇创建，培育一批对区域经济、相关产业和农牧民增收辐射带动作用大的农畜产品加工物流园区。结合产业发展、生态保护修复，支持有条件的旗县、乡镇、园区建设特色小镇。放开城市和建制镇落户限制，引导农牧民就近城镇化。

加快农牧业供给侧结构调整。按照"粮改饲"和"稳羊增牛"发展思路，改变农牧业"一粮独大""一畜独大"的单一种养结构。大力发展草产业，提升草产业的质量、效益和竞争力。推动养殖增量由牧区向农区转移，推广农牧结合的发展模式，形成粮草兼顾、农牧结合、循环发展的新型种养结构。大力发展特色经济和林下经济。建立健全农畜产品标准体系。

延伸农牧业产业链。按照"创新产品、创响品牌、推进产业集聚、打造加工集群"的发展思路，以市场需求为导向，以完善利益联结机制为核心，以农牧业产业化示范园建设为抓手，引导农畜产品加工从数量增长向质量提升、从要素驱动向创新驱动、从分散布局向集群发展转变。

拓展农牧业多种功能。加快休闲农牧业与乡村旅游发展，立足呼伦贝尔草原、森林、湖泊、湿地、冰雪自然景观，深入挖掘农牧业生态、农耕文化、草原文化、民族文化、历史文化、庭院经济等资源，发展休闲农牧业和乡村旅游业，打造一批特色鲜明、主题突出，集生态观光、民俗文化、农事体验、生态养生等为一体的休闲农牧业精品。

大力发展农牧业新型业态。实施"互联网+现代农牧业"行动，建设农牧业电商产业园区。推进农牧业大数据建设和应用，重点支持牛羊肉追溯系统等实用信息技术推广。利用电商、现代物流等商业模式对农牧业生产经营方式进行改造，逐步构建覆盖全国、联通俄蒙、辐射东北亚的绿色农畜产品销售网络和物流节点。积极探索农畜产品个性化定制服务、会展农牧业等新型业态。

引导产业聚集发展。加强农村牧区一二三产业融合发展与城乡规划、土地利用总体规划有效衔接，推动农畜产品加工园区化发展。实施"一乡一品""一旗多标"品牌培育工程，加快推进具有呼伦贝尔地域特色的品牌建设。加大农牧业科技投入力度，加快实施农牧业科技园区建设，增强农牧业对企业、技术、人才的集聚效应。

二、发展展望

到 2020 年，农村牧区一二三产业融合发展水平明显提升，产业链条完整、功能多样、业态丰富、利益联结紧密、产城融合的新格局基本形成。全市培育形成"乳、肉、粮、油、薯、特"农牧业精深加工产业集群，农畜产品加工转化率达到 58%，打造 8 个现代农牧业产业园，建设 25 处区域化农畜产品专业大市场，打造 6 个国家级休闲农业与乡村旅游示范县，建成优质设施果蔬出口基地，实现对俄蒙农畜产品出口量和出口额在 2016 年基础上翻一番，将呼伦贝尔打造成为国家重要的绿色有机农畜林产品生产加工输出基地。

第四节 重大项目筛选

一、典型项目介绍

按照因地制宜，分类指导的原则，探索不同地区、不同产业融合模式，充分发挥市场配置资源的决定性作用，健全完善龙头企业与农牧民利益联结机制，推动农牧业现代化与新型城镇化相衔接，确定了 9 个重大项目，总投资 129.25 亿元。现以下 5 个项目为例进行说明。

（一）莫旗 20 万吨赖氨酸项目

1. 建设内容及规模。年加工玉米 50 万吨生产线，项目建成达产后，形成年产 20 万吨赖氨酸、纤维饲料 11.4 万吨、玉米蛋白粉 2.59 万吨、玉米油 1.33 万吨、玉米胚芽粕 2 万吨。

2. 建设地点。莫力达瓦达斡尔族自治旗。

3. 项目投资。总投资 15 亿元。

4. 效益估算。赖氨酸 20 万吨,按目前赖氨酸市场价格约 6000 元/吨计算,总产值为 1.2 亿元;按照纤维饲料 500 元/吨计算,产值 0.57 亿元,玉米副产品按平均价 2400 元/吨计算,产值 1.42 亿元。项目投产后合计产值 3.19 亿元左右。

(二) 呼伦贝尔肉业集团组合项目

1. 建设内容及规模。年屠宰加工肉牛 20 万头、羊 300 万只、生产熟食 8000 吨的生产线。

2. 建设地点。阿荣旗。

3. 项目投资。计划投资 12 亿元。

4. 效益估算。屠宰加工肉牛 20 万头、羊 300 万只,年营业收入在 2 亿元左右(按 6 年投资回收期测算),熟食生产线年产值在 1.2 亿元左右。合计产值在 3.2 亿元左右。

(三) 陈巴尔虎旗中国草原产业集聚区 PPP 项目

1. 建设内容及规模。总占地面积 1991333.3 平方米(约 2987 亩),总建筑面积 56713.7 平方米,包括主体工程、配套工程、草原主题文旅演艺戏剧与商业体验区、草原产业信息及大数据平台及草博馆、草博园、草原体验主题 AAAAA 级景区与草原特色小镇推广运营;建设草博馆、专家科研楼、日光温室大棚、游客中心、服务中心等基础设施及道路、照明、管网、景观、绿化工程等配套设施。

2. 建设地点。陈巴尔虎旗。

3. 项目投资。总投资 14.25 亿元。

4. 效益估算。预计年营业收入达到 3 亿元左右。

(四) 呼伦贝尔市绿色生态食品产业园

1. 建设内容及规模。规划用地 296.18 公顷,建设配套基础设施,招商引资引进龙头企业,园区布局乳制品、肉制品、小麦制品、芥花油、马铃薯系列制品、酿造和酱菜系列制品。

2. 建设地点。呼伦贝尔市经济技术开发区。

3. 项目投资。计划投资 40 亿元。

4. 经济效益估算。预计年产值 5 亿元左右。

（五）马铃薯产业园项目

1. 建设内容及规模。种植马铃薯面积预计达 17 万亩，年仓储能力达 50 万吨，加工薯片 1 万吨，速冻薯条 15 万吨，马铃薯全粉 1.2 万吨，淀粉 0.4 万吨等产品的大型综合马铃薯加工项目。

2. 建设地点。呼伦贝尔市经济技术开发区。

3. 项目投资。计划投资 13 亿元。

4. 经济效益估算。按薯片 35000 元/吨、速冻薯条 2500 元/吨、马铃薯全粉 1000 元/吨和淀粉 4000 元/吨计算，年产值分别为 0.35 亿元、3.75 亿元、0.12 亿元和 0.16 亿元，合计产值 4.38 亿元左右。

二、项目实施的预期影响

（一）经济效益

一是壮大龙头企业。通过上项目发展龙头、建园区集聚龙头、塑品牌强壮龙头、创机制联结龙头，进一步壮大骨干龙头企业集群，为呼伦贝尔市一二三产业融合提供发展动力。二是建成规模基地。通过培育新型农牧业经营主体，强化政策扶持等措施，全市将建成一批农畜产品加工基地、物流园区、家庭农场、生态牧场、"互联网+农业"等产业园区，为三次产业融合发展夯实基础。三是拓宽营销渠道。可以有效破解一产"种强销弱"、二产"量大链短"、三产"质优价不优"的问题，加快构建成熟的农畜林产品市场体系。到2020 年，呼伦贝尔市农村一二三产业融合发展增加值估计将占 GDP 的 35%，对 GDP 的贡献率将达到 40%左右，对财政收入贡献率将达到 45%左右。

（二）社会效益

一是建立利益联结机制带动农牧民实现就业增收。通过一二三产业融合，引导龙头企业与农牧民、家庭农场、农牧民合作社形成稳定购销关系，让处于产业链底端的农牧民最大限度地公平分享到产业增值收益，从根本上提升广大农牧民的生活水平。二是优化农牧业产业结构。通过一二三产业融合，优化全市玉米、大豆、马铃薯、油菜等区域布局，建设优势产业带，围绕养殖业、加工业和订单需求发展高产优质高效作物，推动粮经二元结构向粮经饲草三元种植转变。三是推动区域经济一体化。三产融合能够提高全市的贸易效应和竞争效应，一二三产业融合将打破传统企业之间和行业之间的界限，特别是地区之间的界限，利用信息技术平台实现业务重组，增强全市不同地区、不同行业之间的联系水平，扩大区域中心的扩散效应，加速全市资源的流动与重组，有助于改善区域的空间二元结构。

（三）生态效益

通过规模化经营，集约化管理，一方面提高了农牧区土地利用率，减少废气、废水、废渣、噪声等污染物的排放量，减少化肥、农药、激素等过度使用，最大限度地减少对土地的破坏，提高农牧区生产资料的利用率。另一方面通过"农牧业+旅游"，营造了全社会了解自然、保护自然的良好氛围。

第十一章 | 产业融合发展工程

附：

附表 11.1 产业融合工程重大项目建议

序号	项目名称	建设规模	建设性质	建设年限	总投资（亿元）	项目所在地
	合计				129.25	
1	雀巢乳业2000吨/日生产项目	产能由1300吨/日提升到2000吨/日	扩建	2016~2020	2.00	额尔古纳市
2	呼伦贝尔肉业集团组合项目	年屠宰加工肉牛20万头、羊300万只，生产熟食8000吨的生产线	新建	2016~2020	12.00	阿荣旗
3	阿荣旗柞蚕深加工组合项目	年产丝绸制品100万平方米生产线、糖尿病功能性饮料200万吨生产线	新建	2016~2020	21.00	阿荣旗
4	谢尔塔拉"菜篮子"工程项目	占地2万亩	新建	2016~2020	10.00	海拉尔区谢尔塔拉农场
5	陈巴尔虎旗中国草原产业集聚区PPP项目	总占地面积1991333.3平方米（约2987亩）	新建	2016~2020	14.25	陈巴尔虎旗
6	呼伦贝尔市绿色生态食品产业园	规划用地296.18公顷	新建	2016~2020	40.00	呼伦贝尔市经济技术开发区
7	马铃薯产业园项目	种植马铃薯面积预计达17万亩	新建	2016~2020	13.00	呼伦贝尔市经济技术开发区
8	莫旗20万吨赖氨酸项目	形成年产20万吨赖氨酸	新建	2016~2020	15.00	莫力达瓦达斡尔族自治旗

— 189 —

续表

序号	项目名称	建设规模	建设性质	建设年限	总投资（亿元）	项目所在地
9	大兴安岭农垦集团杂粮加工产业园建设项目	项目区规划占地89700平方米，计划建设六条杂粮加工生产线。一是杂粮初级加工项目，二是杂粮即食食品项目，三是主食化杂粮审批项目，四是精制燕麦米加工项目，五是燕麦麸皮加工项目，六是芸豆精深加工项目	新建	2017~2020	2.00	鄂伦春旗大杨树东工业园区

第十二章 绿色品牌创建工程

农业品牌贯穿于农业供给体系全过程，覆盖农业全产业链全价值链，是农业综合竞争力的显著标志。当前，我国已进入质量兴农、品牌发展的新时代。近年来，呼伦贝尔市农产品品牌意识不断增强，但品牌农业的体系和影响力尚显不足。今后，要充分发挥好品牌的引领作用，与优势区相结合，打造区域公用品牌；与安全绿色相结合，打造产品品牌；与原料基地相结合，打造企业品牌。

第一节 发展现状

一、发展优势和基础

20世纪90年代以来，呼伦贝尔市依托绿色资源，以"绿色食品、有机食品、无公害农产品、地理标志农产品"（以下简称"三品一标"）等绿色品牌打造为抓手，以全国绿色食品原料标准化生产基地建设为基础，大力开展农牧业标准化生产，打造全区绿色农畜产品生产加工输出基地优势区，创建全国绿色食品大市，较好地发挥了绿色品牌在农牧业标准化、规模化、品牌化的示范引领带动作用，绿色农畜产品品牌建设呈现出良好的发展态势。

（一）农牧产品品牌创建工作稳步推进

呼伦贝尔市现有无公害、绿色、有机产品生产企业达101户，占全市规模以上农畜产品加工企业总数的75%。起草了《关于加快推进品牌农牧业发展的意见》，以呼伦贝尔牛肉、羊肉、大鹅、大豆、油菜籽、小麦、马铃薯、鲤鱼、白鱼、黑木耳十大特色产品为核心创建呼伦贝尔绿色品牌。充分利用"中国国际农产品交易会""内蒙古绿色产品展销会"和"扎兰屯绿色食品博览会"等展示呼伦贝尔的特色产品品牌,进一步提升知名度和影响力。

(二) 农牧业绿色品牌发展势头较好

截至2016年底,全市已开发出无公害农产品、绿色食品及有机食品283个,对呼伦贝尔油菜、呼伦贝尔芸豆、呼伦湖鲤鱼、白鱼、呼伦贝尔芸豆、莫力达瓦大豆、阿荣旗白瓜子、扎兰屯沙果等地方名优农畜林产品在农业部进行了地理标志登记保护,农畜产品地理标志数31个,占全区总量的45%,连续5年位列全区第一。"呼伦贝尔"牛肉、羊肉、马铃薯、黑木耳4个地理标志集体商标也在国家商标局注册成功。通过农业绿色公共品牌的打造,全市农畜林产品生产企业使用绿色食品、有机食品、农产品地理标志及"呼伦贝尔"地理标志集体商标的农畜产品多次在中国国际农产品交易会、中国绿色食品博览会等重要的农产品展会上获得金奖,在农畜产品品牌建设上取得了一定的成绩。

(三) 驰名商标实现突破

2016年呼伦贝尔肉业集团的"中荣及图"商标被国家工商总局认定为中国驰名商标,实现了全市农畜产品中国驰名商标零的突破。在首届"中国·包头(国际)牛羊肉产业大会"上,"呼伦贝尔牛肉"和"呼伦贝尔羊肉"两个商标荣获最具成长品奖;在"第二届中国·包头牛羊肉产业大会"上,"呼伦贝尔羊肉"商标荣获全国十大羊肉品牌。

二、存在的问题

(一) 知名品牌数量缺乏,品牌与农牧业资源大区存在很大不匹配

呼伦贝尔兼具多种特色农畜产品,但总体上的农畜产品多、品牌数量少,普通品牌多、知名品牌少。呼伦贝尔目前农畜产品类仅有1个中国驰名商标,市场影响力总体偏低,其他众多品牌仍需要大力扶持和培育,与具有"大草原、大森林、大水面、大耕地"的呼伦贝尔不相称。

(二) 市场营销能力薄弱,品牌价值没有实现

虽然已有呼伦贝尔牛肉、羊肉等四个地理标志集体商标,但是集体商标利用率不高,大多数产品并没有实现品种销售,据统计,呼伦贝尔牛羊肉无品牌销售量占总销售量的60%以上,产品质量与产品价格不相匹配,优质没有体现优价,产品附加值低,农畜产品难以实现"优质优价"。

(三) 缺少品牌规划，品牌培育保护和发展机制不健全

品牌数量不少，但有市场占有率、竞争力和认可度的品种少，品牌管理混乱，缺少统筹规划，没有形成品牌合力。存在"有品无牌""一品多牌"、品牌"乱、杂、弱、小、散"等现象，品牌政策支持和市场监管亟须加强。呼伦贝尔农垦集团生产的芥花油是国际上公认的营养均衡健康食用油，但品牌知名度仍有待提高。

第二节 国内外发展趋势

一、我国绿色品牌创建的发展趋势

(一) 我国绿色品牌的发展机遇

1. 国家战略领航，农业品牌迎来全面发展新时代。党的十八大以来，党中央、国务院对农业品牌化建设越发重视，甚至提升至国家战略高度。2016年，国务院办公厅发布《关于发挥品牌引领作用推动供需结构升级的意见》，要求积极探索有效路径和方法，更好发挥品牌引领作用。国务院还将每年的5月10日确定为中国品牌日，这展示了推进品牌发展的坚定决心，标志着品牌建设进入全面发展的新时代。农业农村部在2017年开展"农业品牌推进年"基础上，在2018年实施农业品牌提升行动，并印发《农业农村部关于加快推进品牌强农的意见》。

2. 高标准严认证，助力品牌深耕远行。为了增强"三品一标"认证工作的科学性和规范性，农业部加快修订并颁布实施《无公害农产品种植业产地环境条件》《绿色食品标志许可审查程序》等多项制度规定，同时，修订《绿色食品年度检查工作规范》等，对证后监督管理制度进一步完善。

3. 消费者日益增长的品牌化需求带来的机遇。近年来，瘦肉精、三聚氰胺、毒腐竹等食品安全事故频发，消费者极度渴望安全健康的农产品，而生活水平提高、健康意识增强，使得消费者越来越倾向于选择优质农产品。在消费者心目中，品牌化的农产品则代表了信赖、放心和高品质。当前，消费者对品牌农产品的需求已经向农业全产业链延伸，但是，我国大多数农产品

还处于无品牌阶段,优秀品牌农产品更是严重缺失。正因为农业品牌的缺失,才为品牌创建提供了难得的机遇。

(二) 我国绿色品牌的发展趋势

一是农牧业品牌将成为区域发展的重要战略支撑。品牌战略将成为重要战略,农牧业品牌越来越成为地区品牌在理念、文化、价值等方面的重要载体,形成区域性、整体性的农业产业品牌战略体系,成为当务之急。

二是构建特色化品牌生态圈成为热门话题。依据农牧业的产业资源特色与农产品消费趋势,如何构建具有强势竞争力的科学品牌生态结构,形成不同类别、性质、强弱、特色等品牌有效互动的品牌生态圈,将成为重要方向和趋势。

三是区域品牌整合以形成大区域强品牌渐成主流。跨区域整合、农旅融合、农创竞合、虚实(网络与实体)结合的可能性,将催生品牌的延伸发展,农牧业品牌将从农畜产品单一品牌,到突破小区域、单产业,呈现更大范围整合,形成"大区域—强品牌"的整合品牌模式。

四是农业龙头企业集群的品牌重塑工程将全面开启。区域公用品牌与企业(产品)品牌的有效协同,是关键问题也是难题所在。未来涉农牧企业将从产业英雄转型,升级为品牌英雄,以农业龙头企业集群为代表的企业集群品牌的重塑工程将得以开启,真正成为市场主体,顶起地区农牧业的品牌脊梁。

五是品牌重塑第三方服务的体系化、网络化、法治化要求加剧。农业品牌化的第三方服务将成为热门领域,品牌农牧业对第三方服务的体系化、网络化、法治化服务的要求加剧,战略引领、系统服务、专业背书、资源互动,将成为有效解决方案。

(三) 我国绿色品牌创建的实践

1. 河北省。近年来,河北省立足农业资源禀赋,瞄准消费趋势变化,抢抓京津冀协同发展机遇,大力实施农业品牌创建提升行动,有力支撑了农业供给侧结构性改革。目前,全省农产品品牌达6.12万个,涉农中国驰名商标69个,地理标志89个,中国特产之乡33个,农产品品牌价值得到提升。

河北省的做法主要是:

抓服务,构建品牌农业保障体系。河北省坚持做到"五个到位",为农业品牌建设保驾护航。一是政策保障到位。开展省内外农业品牌调研工作，摸清品牌发展底数，厘清品牌发展思路，印发了《河北省农业品牌建设工作推进方案》，明确工作目标、路径，进行台账督导。二是资金投入到位。协调省财政厅，整合财政资金3000万元专项用于河北省农业品牌建设工作。三是智力支持到位。对接中国农业品牌研究中心、农业品牌化智库等，筹建河北农业品牌专家顾问团，进行全省农业品专题培训，增强品牌发展意识。四是质量监管到位。完善农产品质量安全标准体系，建立了产地准出与市场准入衔接机制，实现农产品全程质量追溯，创建质量安全示范县64个，农业生产标准化覆盖率达到50%。五是品牌保护到位。利用12316三农服务热线、农产品质量安全信息平台等信息化手段，加强对品牌盗用、冒用、乱用等行为打击力度，实行河北知名农业品牌目录制度动态管理机制，对消费者投诉率高、发生重大质量安全的品牌，坚决清出目录制度。

重创新，丰富品牌农业展现形式。近年来，河北省大力实施了"区域、企业、产品"三位一体战略，逐步形成以农产品区域公用品牌为统领，企业品牌为支撑，产品品牌为重点的品牌发展格局。一是建立目录制度。建立河北省农产品品牌目录制度，收录全省3000多个知名农产品，评选出了首届河北十大农产品企业品牌、十佳农产品区域品牌和1000个名特旅游农产品，为消费者提供了一套完整优质的农产品消费索引，打造"后备厢经济"。二是实施培育计划。按照"一县一业一品一牌"的思路，指导各地打造农产品区域公用品牌。三是打造休闲品牌。深挖品牌看点，拓宽农业多功能经营，加快发展休闲农业与乡村旅游。临城核桃节、黄骅冬枣节等已成为休闲观光的首选，入选农业部休闲农业精品线路52条，是北方最多的省份。与此同时，为进一步做响河北品牌农业，河北省按照"育品种、提品质、创品牌"的思路，培育和引进名优特新品种，不断提升品质，认证"三品一标"农产品2247个，特色农产品标准化覆盖率达到50%以上。

搭平台，扩大品牌农业市场份额。着眼于提升河北农产品竞争力，河北省搭建线上线下发展平台。一是注重宣传推介平台。借助中国国际农产品交易会等展会，开展"冀在心田"主题宣传，扩大河北农业品牌影响力。二是创建电商服务平台。加强电子商务交易平台建设，与阿里巴巴集团签订了《互联网+农业电子商务工作备忘录》，探索建立了"政府引导+企业运营+淘宝支持"农村电商工作模式。三是搭建营销渠道平台。在北京设立河北特色展示中心,支持各类主体在北京建设社区连锁直营店115个,打通了百姓消费的"最后一公里"。2016年,河北蔬菜、猪肉、牛肉、羊肉、鸡肉在北京市场占有率分别达到55%、23.8%、81.6%、50.8%、50%。

2. 广东省。广东省从2003年实施品牌带动战略以来,农业品牌取得长足进步,品牌农业建设已成为广东省保障农产品质量安全、提升农业竞争力、促进农民增收致富的重要途径,农业品牌效应正日益凸显,品牌社会知名度和影响力不断扩大。2016年广东省品牌农产品年产值790亿元,占全省农林牧渔总产值的13%,比重逐年上升。品牌农产品生产经营主体带动农户405万户,带动农民增收207亿元。

广东省的主要做法是:

探索出"两类三级"的品牌发展新模式。经过十多年的发展与积累,广东省构建了农业品牌建设的总体布局和架构,逐步走出了一条以"区域公用品牌""经营专用品牌"为类别,按"十大名牌""广东名牌""广东名特优新"农产品三级品牌划分的广东现代农业"两类三级"品牌发展新模式。目前,广东省农业品牌培育总数接近2000个,其中,广东"十大名牌"系列农产品149个,有效期内的广东省名牌产品(农业类)1197个,广东省名特优新农产品入库1416个(其中,区域公用品牌316个,经营专用品牌1100个)。

聚合效应和示范带动作用引领产业转型升级。广东省依托市场经济发达和产业化程度高的优势,注重发挥企业在品牌战略中的主力军作用,加大政策资金扶持力度,支持农业企业办基地、提质量、创品牌、搞推介,全省80%以上的生产型农业龙头企业拥有农业名牌或名特优新产品。从2014年开始,广东省农业厅组织开展广东"十大名牌"系列农产品和名特优新农产品评选活动,大批企业踊跃参与,在省内外开展宣传推介活动,打造出壹号土猪、温氏新兴矮脚黄鸡、天农清远鸡、四季绿菜心等一批名牌农产品,培育了一批品牌标杆,带动更多的企业争创品牌、发展品牌、推广品牌。

将政府、专家、媒体多个角色"串成链"。农业品牌之路离不开政府引导、专家把关和媒体宣传,广东省的农业品牌建设工作也围绕这三方面做好文章。2014年,广东省农业厅联合省科技厅、林业厅、海洋与渔业厅、质监局、社科院及相关媒体共同成立了广东省"十大名牌"系列农产品评选委员会。2016年，评选委员会成员单位从原有的8家增至12家，省商务厅、贸促会、旅游局、农垦总局的资源优势纷纷注入农业品牌建设，重点立足区域公用品牌，突出企业品牌，打响产品品牌，以特色农产品产区核心企业作为抓手，为品牌农产品树形象、拓影响、走出去提供了更广阔的发展空间，多部门联合推进农业品牌建设的工作机制进一步健全深化。广东省形成了"社会齐参与，政府、企业、民众、专家、媒体共同推动"的主要做法和经验，广东农业品牌建设也因此取得显著成效。

二、国外绿色品牌创建的实践

（一）法国——从品牌认证着手发展农产品品牌

1. "原产地命名控制"认证体系。法国从农产品认证这一农产品品牌发展的关键环节入手，以传统文化和地方资源优势为基础，制定了一系列产品认证体系，其中最有特点、最有代表性的就是"原产地命名控制"认证体系，即AOC认证标志。它体现了农产品与其产地之间的密切关系，有着AOC认证标志的农产品在地理环境、气候环境、种养技术和经营管理方面都有着自身独特的优势，品质优良可被消费者长期认同，这样的农产品经过严格的检验程序后方可被认定为AOC产品。如法国的AOC葡萄酒，原产地命名的葡萄酒自然是法国葡萄酒中上品，将产地与产品挂钩就等同于将产品的质量、品质与产地原料品种和生产技术挂钩，所以对于土地、品种选择、种植酿造方式、储存、标识、酒精含量等都做出了严格的规定，有了认证的农产品对于消费者来说就多了一层信任度和安全度，对农产品品牌的发展有着重要的促进作用。

2. 严格的质量管理。法国是欧盟国家中对农产品标签、成分、生产过程等方面规定最为严格的国家。如法国香槟酒世界闻名，为了保证香槟酒文化的品牌影响力，法律上对香槟葡萄从种植土壤到品种，再到酿造工艺都给予了条文性的规定，只有用香槟葡萄按照传统香槟酒酿造工艺酿造出来的气泡葡萄酒才可以称为香槟酒，不符合要求的只能为气泡酒或气泡葡萄酒，以这种严格的要求才使得法国葡萄酒这种"国家品牌"酒名远扬。以高品质为基础发展农产品品牌为法国的农业发展带来了巨大的利益。

3. 政府机构的支持管理。作为世界上第三大农产品出口国之一的法国，其葡萄酒文化及饮食文化享誉世界，这种文化品牌的建设除了农产品自身的品质基础外，政府机构的支持与管理也发挥了巨大的作用。例如，法国食品协会和农业部就通过在多个国家和地区举办法国食品展览来倡导"法式生活"方式，每年还邀请不同国家的酒文化爱好者参加品酒大赛，以各式各样的活动向世界传播法国酒文化的魅力，传播法国农业的文化氛围。

（二）美国——专业化品牌发展

1. 高广告投入的营销策略。美国是世界上广告投入最高的国家，广告可谓是美国农产品品牌发展的关键。大部分企业在将产品推向市场前都要投入高额的广告费用作为销售的前期推广，如在20世纪90年代，华盛顿苹果刚刚进入中国市场时，企业就举办了以华盛顿果园的美丽风景为主题的少儿绘画大赛，以此来推广苹果；美国新奇士橙进入中国市场时，也是通过各种电视广告、路牌等传播媒介进行宣传推广的。

2. 专业化经营助品牌发展。美国农业的特点就是专业化经营，其中协会对于品牌创建和发展有很大的作用。在美国最为典型的就是新奇士橙品牌的发展模式，新奇士橙品牌的发展有赖于新奇士橙协会的作用，其主要特点可以从组织模式与营销模式两方面看：一方面从组织模式看，新奇士橙协会是一个分级管理的利益共享体，采用现代企业的运作模式，由各地果农自愿加入协会并成立包装厂，由包装厂组建成区域交易所，包装厂与果农签订合同，负责收购、加工，区域交易所负责接受订单与销售，并确保订单公平分配；另一方面从营销模式看，新奇士橙协会注重将质量和服务放在首位，完善数字化、信息化的产销管理系统，提高了工作的效率，积极寻求国家间的品牌合作，使其品牌多样化，拓展国内外市场，针对不同地区的不同文化消费者，适当调整产品口味，以满足不同文化的消费者[①]。

第三节 建设任务

紧紧围绕建设国家重要的绿色有机农畜林产品生产加工输出基地的目标，

---

① 农产品品牌发展的三种模式 [EB/OL]. http://www.sohu.com/a/215345633_428126.

依托呼伦贝尔"草原"和"生态"两张全国名片，以"名优特精"为方向，以寒带高端为特色，按照"培育塑造、营销推介、监管保护"的发展路径，通过质量认证、商标注册、名牌培育，大力实施品牌创建工程。以牛肉、羊肉、黑木耳等十大特色产品品牌创建为抓手，梳理整合现有品牌，统筹制定品牌培育规划和宣传推广，打造一批在全国乃至国际市场影响力大、消费者认可度高、竞争力强的区域公用品牌、企业品牌和产品品牌。

一、制定实施农牧业品牌规划

加强品牌农牧业统筹规划，加快编制呼伦贝尔农牧业品牌规划，对不同目标市场、生产区域、经济条件和发展阶段的农牧业品牌，确定不同层次的发展目标。按照集中打造区域公用品牌要求，依托特色优势资源，明确主导产业和特色产品，进一步调整优化农牧业产业结构、品种结构，打破行政区划，形成特色鲜明、比较优势突出的生产布局，打造各具特色的规模化品牌农牧业基地和优势产业带。

二、推进品牌宣传系统化、长期化

把呼伦贝尔特色农畜产品品牌宣传作为一项长期战略来抓，实现品牌宣传多渠道、系统化、长期化。制定品牌宣传规划，每年预算品牌宣传专项资金，策划开展一系列"呼伦贝尔"品牌宣传活动，比如产品推介会、展销会、美食节等。强化媒体宣传，继续在央视等媒体做好宣传广告的同时，推出首都国际机场、呼和浩特机场、海拉尔机场和满洲里机场候机楼媒体广告，在海拉尔火车站做媒体平面广告，在进京列车上命名呼伦贝尔物产号专列，扩大知名度和市场份额。

三、打造"呼伦贝尔绿色生态农畜产品"地域品牌

继续加大"呼伦贝尔"地理标志集体商标的申报和使用，加快"呼伦贝尔沙果、榛子、蘑菇、蓝莓"地理标志的申报工作，扩大地域品牌范围。建立地域品牌使用、管理体系，扩大已有"呼伦贝尔牛肉、羊肉、黑木耳和马铃薯"四个集体商标的使用范围，提升使用率，实现品牌经济价值。强化品牌农畜产品文化内涵，注重产品包装形象设计，规范产品包装标识，打造

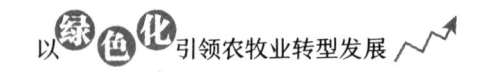

"呼伦贝尔绿色生态农畜产品"地域品牌。

四、支持和鼓励农业龙头企业品牌培育

按照"一个产品一个主导品牌"的思路，引导企业申报国家、省级龙头企业、驰名商标、"三品一标"认证。组织企业参加在国内有影响力的农畜产品博览会和绿色食品交易会，提升呼伦贝尔农畜产品影响力。积极培育高端、优质、安全的农产品加工制品，打造呼伦贝尔特色农产品加工业品牌，推进"三品一标"认证基地集群化发展，实现农产品加工从"做产品"向"做品牌"转变，推动"产品—品牌—产业"的发展升级，以品牌促进产业集群形成。

五、做好优质农产品品牌市场推广

创新营销模式，在北京、上海、天津等一线城市建立呼伦贝尔代表性特产综合体验店或展示展销平台。借助自治区在北京、上海、广州设立的精品馆和内蒙古绿色农畜产品广场，举办呼伦贝尔绿色农畜产品巡展。通过"直销窗口""农超对接"等市场推广手段，提升呼伦贝尔优质农畜产品品牌影响力。积极推进"互联网+品牌农业"，以电子商务模式为基础，发掘和培育品牌产品网络销售平台，拓展品牌农产品营销渠道。积极引导同区域、同种农畜产品生产企业、农牧民合作社等进行品牌整合，共同进行市场推广与营销宣传。

到2020年，新培育中国驰名商标1个，呼伦贝尔农产品地理标志集体商标达到8个，"三品一标"总量超过500个。2025年新培育中国驰名商标4个，"三品一标"总量超过700个。

第四节 重大项目筛选

一、典型项目介绍

呼伦贝尔农林牧品牌创建依托特色优势产业区域布局，进一步提升规模化经营水平，着力提高产品安全标准，全面提升产品质量，构筑绿色品牌。

（一）"呼伦贝尔羊肉""呼伦贝尔牛肉"绿色品牌创建行动

岭西草原生态畜牧业区，是国家重要的绿色有机畜产品生产输出基地，以鄂温克旗、陈旗、新左旗、新右旗为主，重点发展绿色（有机）食品肉羊、肉牛产业，打造呼伦贝尔羊肉、牛肉品牌。支持牧业四旗以肉制品加工企业为龙头，以"呼伦贝尔羊肉""呼伦贝尔牛肉"集体商标使用为导向，把呼伦贝尔草原天然放牧的羊、牛认证为绿色（有机）食品肉羊肉牛，建成全国最大的绿色（有机）食品肉羊基地，把"呼伦贝尔羊肉""呼伦贝尔牛肉"做成全国驰名"绿色珍品"，打造成中国驰名商标。

（二）"呼伦贝尔黑木耳"绿色品牌创建行动

大兴安岭精品特色农畜产业带，是国家级特色农产品优势区，以大兴安岭林区旗市为主，重点发展绿色食品黑木耳产业，打造"呼伦贝尔黑木耳"品牌。根河市、鄂伦春旗、扎兰屯市、阿荣旗、牙克石市是全市黑木耳的主产区和主要加工区。加大根河市、鄂伦春旗、额尔古纳市、牙克石市、扎兰屯市、阿荣旗地区的黑木耳种植基地建设，主抓黑木耳产业集约发展，做好基地与产业化龙头企业的衔接。通过质量认证、商标注册、名牌培育，大力实施品牌发展战略，提高特色产品市场影响力、竞争力和占有率。引导、支持区域内的产业化龙头企业重点打造"呼伦贝尔黑木耳"品牌，把呼伦贝尔市林区的黑木耳认证为绿色食品，把"小木耳"做成"大产业"，将"呼伦贝尔黑木耳"打造成中国驰名商标。

（三）"呼伦贝尔马铃薯"绿色品牌创建行动

呼伦贝尔地处世界马铃薯最佳种植地带，马铃薯产量高、品质好，产品销往国外或国内15个省市区200多个市县。利用"呼伦贝尔马铃薯"地理标志集体商标的优势，支持大型龙头企业免费使用"呼伦贝尔马铃薯"地理标志集体商标，推进马铃薯产业集群发展。一是大力推进马铃薯产业生产技术标准化、品种良种化、产品专用化、种植区域化、开发产业化，使全市马铃薯产业发展达到标准化生产。二是严把质量关。"呼伦贝尔马铃薯"商标的产品从原产地基地建设要90%以上达到绿色食品标准，龙头企业生产的产品要90%以上认证为绿色食品。三是做好宣传推介。统一使用"呼伦贝尔马铃薯"商标，统一做好市场营销广告宣传，拓宽马铃薯销售渠道，扩大知名度，同时打造成中国驰名商标。

(四)"呼伦贝尔品生态""苍茫谣"中国驰名商标创建行动

支持呼伦贝尔农垦集团改革创新,建设呼伦贝尔农牧业产业化航母,打造中国驰名商标。以集团公司所属的合适佳、麦福劳、春蕾、绿源、夏日等食品加工企业为基础,立足芥花油、马铃薯、小麦、大豆、牛羊肉、奶制品等优势产品的生产加工,做全食品加工产业链。构建品牌营销平台。重点支持呼伦贝尔农垦集团及所属的合适佳食品公司以"呼伦贝尔品生态""苍茫谣"国家驰名商标创建为总抓手,以打造"中国芥花油之都"为目标的品牌建设项目,推动建设"介花油"博物馆,编制品牌故事,增加品牌影响力,创建中国驰名商标。

(五)"呼伦贝尔地理标志集体商标、农产品地理标志推广使用"行动

岭东集约高效农牧业区,是国家重要的商品粮基地,产业化龙头企业、农民专业合作社发展基础好,扎兰屯市、阿荣旗、莫旗、鄂伦春旗、海拉尔垦区现有"呼伦贝尔油菜、呼伦贝尔芸豆、莫力达瓦大豆、阿荣旗白瓜子、扎兰屯沙果、鄂伦春蓝莓"等25个在国家农业部登记保护的农产品地理标志。按照"一场(乡)一业""一村一品"的发展原则,支持相关企业、农民合作社使用呼伦贝尔地理标志集体商标、农产品地理标志等公共品牌,打造区域名品。

(六)"呼伦贝尔"绿色农畜产品市场推广行动

支持产业化龙头企业尤其是绿色食品、有机食品生产企业,将获得绿色食品、有机食品标志的牛羊肉、黑木耳、蓝莓、沙果、榛子、山野菜、野生菌等产品同"呼伦贝尔"这块独具特色的地理标志品牌相结合,包装成呼伦贝尔的旅游产品。以海拉尔区为中心,积极参与旅游产品市场建设,打造"呼伦贝尔+绿色食品+有机食品+地理标志产品"相结合的绿色产品生产、加工和销售基地。

二、项目实施的预期影响

推进农牧业品牌建设,有利于发挥呼伦贝尔绿色有机的优势,带动绿色农牧业生产向呼伦贝尔集中,推动绿色农牧业规模化、标准化和专业化;有利于组织标准化生产技术和管理措施进行示范推广,强化全程质量控制,生产优质安全农产品，满足消费者提档升级的需求；有利于引导消费者放心消费，增强公众对农产品质量安全的信心。

推进农牧业品牌建设，有利于以品牌为抓手，抢占绿色农牧业发展制高点，增强农业品牌的竞争力；有利于生产者构建不完全竞争优势，增加价格刚性，获得产品溢价，提高收入弹性，提升产品的附加值，扩大产品市场需求，从而提升农业生产经营的效益和收入。据相关合作社反映，品牌产品终端销售价格一般是普通产品的 1~2 倍甚至更多。

推进农牧业品牌建设，有利于做大做强龙头企业，培育一批懂农产品品牌和品牌经营的企业家，以及懂技术、会经营的农民。有利于对呼伦贝尔特色农业进行深度开发，并与农民专业合作社或农户建立紧密的利益联结机制，形成打造品牌农业的利益共同体。

第三篇

实施保障篇

第十三章　合理筹措资金

2017~2020年，呼伦贝尔市绿色农牧发展重大项目规划总投资约为324.6亿元。其中，草业提升工程重大项目总投资约为15.35亿元，占总投资的4.7%。乳业振兴工程重大项目总投资约为35.3亿元，占总投资的10.9%。肉业提质增效工程重大项目总投资约为39.7亿元，占总投资的12.2%。种植结构调整工程重大项目总投资约为56.12亿元，占总投资的17.3%。林下特色产业发展工程重大项目总投资约为36.72亿元，占总投资的11.3%。配套服务体系建设工程重大项目总投资约为12.16亿元，占总投资的3.7%。产业融合发展工程重大项目总投资约为129.25亿元，占总投资的39.8%。

2017年，呼伦贝尔市地方财政总收入仅为160.68亿元，同比下降4.4%，一般公共预算收入为85.25亿元，同比下降17.3%，一般公共预算支出却达到433.96亿元，同比增长5.1%。呼伦贝尔市财政收入持续下降，支出却不降反升，财政压力逐年增大。为了推动呼伦贝尔市绿色农牧发展重大项目顺利进行，确保各绿色领域工程项目协调统筹推进，资金保障是重中之重，但面对较大的财政压力，如何筹措项目资金，确保350.8亿元总投资及时到位，是一项十分艰巨的任务。鉴于此，呼伦贝尔市应拓宽筹资渠道，从以下几方面着手筹集项目资金。

第一节　加大财政投入

2017年呼伦贝尔全市固定资产投资751.17亿元，同比下降27%，500万元以上固定资产投资709.06亿元，同比下降27.8%。其中，第一产业投资24.45亿元，同比下降50.8%（见表13.1），为三次产业中下降最多的，由此可见呼伦贝尔市财政投入尤其在农牧业领域投入严重不足，并且持续下降，制约了呼伦贝尔市绿色农牧发展重大项目的推进。

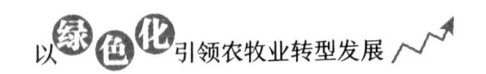

表 13.1　2017 年呼伦贝尔市 500 万元以上固定资产投资情况

单位：亿元，%

指　标	金额	同比增长
第一产业投资	24.45	-50.8
第二产业投资	189.76	-43.6
采矿业	35.03	-14.7
制造业	92.14	-59.1
电力、热力生产和供应业	62.57	-8.6
第三产业投资	494.85	-17
交通运输仓储	106.28	-35.5
教育	9.89	-26.5
水利、环境和公共基础设施	162.05	-19.8

资料来源：《呼伦贝尔市 2017 年国民经济和社会发展统计公报》。

一、构建以绿色生态为导向的财政支农政策体系

2017 年"中央一号"文件要求，坚持把农业农村作为财政支出的优先保障领域，确保农业农村投入适度增加，着力优化投入结构，创新使用方式，提升支农效能，确保财政部门在政策安排和设计上向支农方向倾斜，按照存量适度调整，增量重点倾斜的原则，加快建立以绿色生态为导向的财政支农政策体系，不断增加财政对绿色农业的投入，提升财政支农政策的精准性、指向性和实效性，更好发挥财政支农资金的引领撬动作用，推动农业绿色发展。压减乃至取消作用于"无效供给"和"低端供给"的政策项目，加大对"有效供给"和"高端供给"的投入力度，引导农业供给侧的各项优质要素从需要"去产能"的领域，更多地流向需要"补短板"的领域。

二、积极争取中央涉农资金支持

积极争取中央农业生产发展资金、农业资源及生态保护补助资金、林业改革发展资金、中央财政水利发展资金、农业支持保护补贴资金、农田水利设施建设和水土保持补助资金、土壤污染防治专项资金，优先支持绿色农牧业重大项目建设。

专栏

中央财政涉农部分资金及支出范围

1. 农业生产发展资金：主要用于耕地地力保护（直接发放给农民，下同）、适度规模经营、农机购置补贴、优势特色主导产业发展、绿色高效技术推广服务、畜牧水产发展、农村一二三产业融合、农民专业合作社发展、农业结构调整、地下水超采区综合治理（农业种植结构调整，下同）、新型职业农民培育等支出方向，以及党中央、国务院确定的支持农业生产发展的其他重点工作。

2. 林业改革发展资金：主要用于森林资源管护、森林资源培育、生态保护体系建设、国有林场改革、林业产业发展等支出方向的专项资金。

3. 水利发展资金：主要用于农田水利建设、地下水超采区综合治理、中小河流治理及重点县综合整治、小型水库建设及除险加固、水土保持工程建设、淤地坝治理、河湖水系连通项目、水资源节约与保护、山洪灾害防治和水利工程设施维修养护等。

4. 农业支持保护补贴资金：用于支持耕地地力保护和粮食适度规模经营，以及国家政策确定的其他方向。

5. 农业资源及生态保护补助资金：主要用于耕地质量提升、草原禁牧补助与草畜平衡奖励（直接发放给农牧民，下同）、草原生态修复治理、渔业资源保护等支出方向。

6. 农田水利设施建设和水土保持补助资金：主要用于农田水利工程设施建设、水土保持工程建设、水利工程维修养护等。

7. 土壤污染防治专项资金：主要用于土壤污染状况调查及相关监测评估、土壤污染风险管控、污染土壤修复与治理、关系我国生态安全格局的重大生态工程中的土壤生态修复与治理、土壤环境监管能力提升以及与土壤环境质量改善密切相关的其他内容。

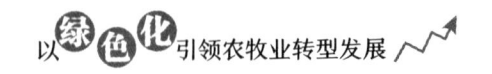

三、完善绿色农牧业补贴政策

农业补贴制度作为推进农业绿色发展的政策支撑、有效抓手,要坚持目标引领和问题导向,加快建立和完善绿色生态为导向的农业补贴制度。重点加快建立健全耕地、草原等重点农业生态系统的绿色生态补贴政策体系。在积极争取加大财政补贴力度的同时,要充分发挥财政资金引导功能,撬动金融和社会资本支持绿色生态农业发展。争取在畜禽粪污资源化利用、农作物秸秆综合利用、耕地保护利用等领域探索形成一批实现农业绿色发展投资增值回报的政府与社会资本合作(PPP)示范模式,引导社会资本投入农业绿色发展。继续争取草原生态保护补助奖励、农牧业丰收奖、县域金融机构涉农贷款奖励资金等各类奖补资金。设立绿色农牧业发展专项资金,重点支持符合呼伦贝尔绿色农牧业发展战略的农牧业产业化建设,生态循环农牧业建设,绿色农业基础设施建设,社会化服务体系建设,呼伦贝尔品牌建设,高新园区基地建设,人工种草、天然草场改良等草牧业试验试点区建设等。

四、加快建立长效机制

结合耕地、草原等领域生态保护特点,加快建立绿色生态农业评价标准体系,加强重点生态环境监测能力建设,完善绿色农业发展的奖补激励机制,确保生态保得住、保得久,引导建立绿色农产品的市场价值实现机制。积极探索建立旗县级整合涉农涉牧资金机制,使资金形成合力,提高资金效率。加大督导考核力度,加快建立绿色生态为导向的农业补贴政策绩效评价机制,将考核结果与补贴挂钩,全面推动农业绿色发展。建立完善的专项资金使用管理机制,保证资金及时到位、专款专用、易监管和追溯。

第二节 拓宽融资渠道

当前,呼伦贝尔市农牧业投融资方面存在着投资体制不健全、投资资金管理效率低下、农牧业信用担保体系不完善、金融机构服务质量有待提高、政府 PPP 项目资金短缺及过分依赖银行贷款等问题，造成呼伦贝尔大部分农牧业企业和项目融资困难、资金缺口较大，要以问题为抓手和导向，汲取先进地区投融资经验，进一步完善呼伦贝尔地区的农牧业投融资政策。

农牧业投融资与拓宽融资渠道方面，部分省区的经验值得借鉴。例如，江西省在由传统农业向现代农业加快转变的过程中，依托财政建立起支持现代农业发展的新模式，将资金集中投入优势产业发展的关键环节，如基础设施建设和科技提升，避免"撒胡椒面"，迅速提升农业主导产业的竞争力和产业化水平；为改变农业资本"贫血症"，浙江省通过财政、税收、用地等具体"政策红包"，引导工商资本到农村发展适合企业化经营的现代农业，促进农业转型升级和农民增收；海南省农业起步较晚，为鼓励海南农业企业依托资本市场做优做强，拓宽融资渠道，海南省组织举办农业企业上市融资培训课程，引导有条件的农业企业进行上市融资，并对成功上市的农企给予重奖。通过对以上省城经验总结，呼伦贝尔市拓宽农牧业融资渠道应从以下几方面入手。

一、大力支持涉农金融机构开展业务

鼓励和引导商业性、政策性、开发性等各类金融机构在依法合规、风险可控的前提下，积极为绿色农牧业提供信贷支持等金融服务。继续发挥大型涉农金融机构支农优势，给予呼伦贝尔绿色农牧业发展信贷支持。鼓励农村信用社、邮政储蓄银行、村镇银行拓展农村牧区金融业务，开展绿色农牧业开发和配套基础设施建设中长期贷款业务。发挥小额贷款公司小额、分散、方便、快捷的特点，提升支农牧、支小微作用。鼓励金融机构创新金融产品，建设"金融超市"，重点解决中小企业与金融企业供求双方的信息沟通、产品对接、项目对接等突出问题。

二、广泛吸纳和利用社会资本

采取以奖代补、融资担保、股权投资、民办公助、先建后补、财政贴息等办法，引导和支持各类投资主体以独资、合资、股份合作等形式跨行业、跨所有制投资绿色农牧业重点工程项目。利用好"内蒙古融资服务

平台",积极推动绿色农牧业企业对接多层次资本市场,支持符合条件的龙头企业通过发行债券、资产证券化等方式融资,积极推进农牧业企业上市挂牌。

三、完善涉农质押与担保机制

大力发展订单农业贷款,运用联保、担保基金和风险保证金等联合增信方式,提供联合信用贷款。拓宽抵押物范围,继续扩展大型农牧业生产设备、水域使用权等抵押贷款,积极探索农村牧区承包土地、草场的经营权和农牧民住房财产权抵押贷款和粮食生产规模经营主体营销贷款,对农畜产品增收作用大的草场建设、高标准农田、先进装备、设施农业、加工流通贷款予以财政贴息支持。支持金融机构开展商标权质押贷款业务,鼓励和引导各类金融机构、风险投资、创业投资基金及社会资金加大对商标品牌信息开发利用、商标服务的投入力度。积极推行农牧业小微企业联保贷款,支持农牧民专业合作社发展的有效信贷模式。推进农牧业融资担保体系建设,积极支持农业银行与政策性农业信贷担保机构建立全面合作关系,引进内蒙古财信农牧业担保公司,支持有条件的旗县成立农牧业信贷担保公司或设立担保基金,帮助经营主体解决融资难题。

四、进一步推进政府和社会资本合作(PPP)

进一步落实财政部、农业部《关于深入推进农业领域政府和社会资本合作的实施意见》,发挥财政资金导向作用,加大政府和社会资本合作(PPP)在绿色农牧业重大工程项目中的推广应用,重点引导和鼓励社会资本参与农业绿色发展、高标准农田建设、现代农业产业园、田园综合体、农产品物流与交易平台、"互联网+"现代农业六个重点领域。创新开发适合绿色农牧业PPP项目的保险产品,探索开展绿色农牧业PPP项目资产证券化。通过自治区农牧业产业基金发起设立呼伦贝尔绿色农牧业产业发展基金,吸收涉农重点龙头企业参股,联合市级金融机构合作,重点支持乳、肉、草、良种等产业发展,促进"高精强"绿色农牧业发展。积极争取国际金融组织、基金组织等国际生态与环境援助机构的支持。

第三节 建立健全涉农保险

呼伦贝尔作为传统农牧业地区，农牧经济占有重要地位，但自然灾害较多，在农牧业生产中存在较大的风险，保护农牧业财产和成果不遭受意外损失显得尤为重要，而目前呼伦贝尔作为经济欠发达地区，其农牧业灾害补救渠道主要依靠政府补贴和转移支付，商业保险补救占比很低，尚没有形成一套完整的涉农商业保险体系，所以在呼伦贝尔建立健全涉农保险具有十分重要的意义。

一、构建完善的涉农商业保险体系

择优确定承保机构，通过公开招标引入国内外优质涉农保险资本，积极引导和鼓励有资质、有实力的保险企业为绿色农牧业提供保险服务。健全机构网络设置，提高能够深入农村牧区开展涉农保险业务的能力。建立完善承保机构的定损理赔机制，确保涉农保险条款通俗易懂，保险责任明确，保险理赔程序简便，做到查勘定损到户、赔款支付到户、理赔信息公开到户。强化保险部门与信贷部门合作，试点生产性小额信贷保证保险，加大保险费补贴力度，减免保险企业相关业务税收等方式，提高保险企业参与绿色农牧业发展的积极性。

二、完善政策性涉农保险项目

大力推进政策性涉农保险基本项目，探索发展政策性涉农保险补充项目，推动主要产粮旗市区实现粮食投保全覆盖，鼓励保险机构开展绿色蔬菜、特色林果、生态养殖农产品保险，创新绿色农牧业保险产品，鼓励保险企业创新开办产量、产值、收入、天气指数、价格指数等商业保险品种，积极探索与绿色农牧业保险、农村牧区环境污染责任保险等险种联动的合作模式，不断扩大保险对农牧业生产和农牧民生活的保障覆盖范围。

三、规范和完善涉农保险管理机制

建立巨灾风险事故损失救助机制，建立全市范围、以基本项目为主、多险种统筹的政策性涉农保险巨灾风险准备金,完善以丰补歉机制。推进政策联动互补,加强涉农保险与农村信贷、农业补贴、灾害救助、生态补偿等方面的政策融合,扩大各项支农惠农政策的综合效应。建立"保险+信贷"机制,将涉农保险与农业信贷相结合,通过保险分散信贷风险,利用信贷促进农业发展和农民增收,刺激和扩张保险需求,形成保险与信贷相互促进的良性循环。健全农业再保险体系,逐步建立财政支持下的农业大灾风险转移分散机制。

第十四章 保护绿色环境

第一节 提高水资源利用效率

呼伦贝尔市水资源较为充足,占内蒙古自治区水资源总量的56.39%。全市水资源可利用总量为121.67亿立方米,但开发利用程度不高,水资源利用效率偏低,水资源供给保障能力依旧不足,水资源富集与工程性缺水的矛盾成为制约呼伦贝尔市社会经济发展的主要矛盾。随着呼伦贝尔经济发展、人口增长与水资源支撑能力之间的矛盾日益突出,水生态、水环境约束日益凸显。中央环保督察组通报批评呼伦湖水质持续恶化,治理成效不明显。水体污染日益严重,这已成为呼伦贝尔市水生态破坏的重要因素。应从以下几方面入手,提高呼伦贝尔水资源利用效率。

一、加快水利工程建设

加快大中型水利枢纽工程建设,提高供水能力。加快城镇、农牧区安全饮水及供水工程建设,通过建设供水水源工程、水处理设施、管道工程,解决城乡饮水安全和各类园区工业供水。加强高效节水灌溉工程,促进农业节水增效,以提高农业用水效率和效益为核心,优化农业产业结构,控制农业总用水量,优化农业用水配置。全面推进城镇污水处理设施建设,对现有污水处理厂实施提标改造,加快污水管网建设,进一步提高工业和生活污水收集处理能力,积极开发利用非常规水源。

二、大力推广节水工艺和技术

重视污水处理回用,对清污分流设施和污水处理厂升级改造,提高污水再

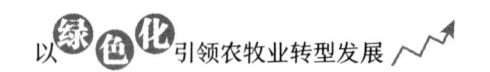

生处理水平。推广机井修复、洗井增水综合技术,将技术应用范围拓展到农田水利工程、供水工程及地下水生态环境工程等学科领域,开发可应用于不同地层类型区的修井、补井、洗井技术。加强土料防渗技术改造和应用,充分发挥其就地取材、造价较低等优势,提高土料防渗技术抗冻耐久性,对施工作业流程实施标准化管理,大力提升工程质量。推广节水灌溉技术,根据呼伦贝尔土壤气候特点,推进渠道防渗和管道输水为主的工程节水,配合发展喷灌、管灌、滴灌,在牧区通过发展饲草料地节水灌溉,置换草场进行封育,有效保护草原生态。

三、加强水资源保护与治理工作

加大保护湖泊、湿地的保护治理力度,重点推进呼伦湖、辉河湿地、额尔古纳河湿地、莫日格勒河湿地、根河湿地的保护与治理,加速推进河湖联通工程建设。做好水土保持工程,进一步扩大水土保持治理面积,加强呼伦湖流域中的小流域治理,大力发展坡地植物穿带,加强植水保林等高耕种,不断加大水土保持治理力度,防止水土流失造成的面源污染。

四、加快水资源制度改革

严格落实水资源管理"三条红线"和"四项制度",强化用水总量、用水效率和水功能区排污总量控制管理,健全水资源管理责任和考核制度。强化水利工程规范化管理和河湖管理,建设水资源实时监控与管理系统,对灌区基础设施及其配套工程实行分级管理,分级负责。强化依法治水管水,完善水利法规与水利规划体系,做好每年的水利工程及其配套工程任务建设规划。加大对水利工程的投入力度,政府优先在农业、水利等方面予以扶持,引入生态补偿理念,探索建立生态补偿机制及其实施办法。

第二节 加强农药、化肥、地膜减施增效

习近平总书记指出,农业发展不仅要杜绝生态环境欠新账,而且要逐步还旧账,要打好农业面源污染治理攻坚战。化肥、农药零增长行动是农业部门贯彻习近平总书记重要指示精神、治理面源污染的两个最重要工作抓手,

也是推进农业绿色发展的两项重要政策，这两项工作2015年由农业部提出后随之也被纳入《"十三五"规划纲要》，由部门行动上升到国家意志。

一、呼伦贝尔市农药、化肥和地膜使用现状

（一）农药使用情况

呼伦贝尔市农药主要用于农作物的虫、草、鼠害和其他有害生物的防治，但农药施用后，一部分附着于植物体上或渗入株体内而残留下来，另一部分则散落在土壤上，或蒸发、散逸到空气中，或随雨水及农田排水流入河湖。农产品生产过程中残留的农药通过大气、水体、土壤、食品，最终进入人体，引起各种急性或慢性病害。随着呼伦贝尔市农业生产的发展，农药使用量在波动中呈急剧上升趋势。如表14.1所示，从呼伦贝尔市农药使用量看，2015年呼伦贝尔市农药用量达到0.95万吨，是2000年的3.42倍，而2015年全市农作物总播种面积为161.93万公顷，仅是2000年的1.49倍，说明单位种植面积的农药用量也在急剧升高。从呼伦贝尔市占全区农药使用量占比情况看，2015年呼伦贝尔市农药用量占全区农药用量的28.8%，而2015年全市农作物总播种面积仅占全区农作物总播种面积的21.4%，说明呼伦贝尔市农药用量远远超过全区平均水平。从全国农药使用情况看，2015年全国农药用量为178.3万吨，仅为2000年全国农药用量的1.39倍，远低于呼伦贝尔市的3.42倍，说明呼伦贝尔市控制农药用量效果较差，农药用量还有较大的削减空间。

表14.1 呼伦贝尔市农药使用情况

年份	呼伦贝尔 农药使用量（万吨）	呼伦贝尔 农作物总播种面积（万公顷）	内蒙古 农药使用量（万吨）	内蒙古 农作物总播种面积（万公顷）	全国 农药使用量（万吨）	全国 农作物总播种面积（万公顷）
2000	0.28	108.66	0.89	591.4	127.95	15630
2010	0.77	153.74	2.43	700.3	175.82	16067.5
2015	0.95	161.93	3.3	756.8	178.3	16637.4
2015年对比2000年的倍数	3.42	1.49	3.71	1.28	1.39	1.07

资料来源：《中国统计年鉴》《内蒙古统计年鉴》（2016）。

(二)化肥使用情况

呼伦贝尔市农业生产的施肥方式主要以种肥为主,部分农田采取中期追肥一次,全市农业生产使用的化肥品种主要有尿素(N含量46%)、磷酸二铵(P_2O_5含量46%)、硫酸钾(K_2O含量50%)、氯化钾(K_2O含量61%)及各种复合(混)肥料等,近年来呼伦贝尔市化肥投入量不断增加,化肥的利用率持续下降,农田土壤环境因施用化肥受到了较大污染。随着呼伦贝尔市作物产量的提高,其化肥施用量(折纯)、氮、磷、钾肥及复合肥的施用量均呈明显增加趋势,从化肥历史施用量看,如表14.2所示,2015年呼伦贝尔市化肥用量达到27.23万吨,是2000年的3.44倍,而2015年全市农作物总播种面积为161.93万公顷,仅是2000年的1.49倍,说明单位种植面积的化肥用量在持续增加;从全国化肥施用情况看,2015年全国化肥用量为6022.6万吨,仅为2000年全国农药用量的1.45倍,远低于呼伦贝尔市的3.44倍,说明呼伦贝尔市化肥施用过度,应在施用量上严格控制。从化肥施用种类看,2003~2012年,呼伦贝尔市钾肥施用量增加了4.59倍,磷肥增加了3.71倍,复合肥增加了2.64倍,氮肥增加了2.44倍,全市应对钾肥和磷肥的施用进行重点控制。

表14.2 呼伦贝尔市化肥施用情况

年份	呼伦贝尔 化肥施用量(折纯量)(万吨)	呼伦贝尔 农作物总播种面积(万公顷)	内蒙古 化肥施用量(折纯量)(万吨)	内蒙古 农作物总播种面积(万公顷)	全国 化肥施用量(折纯量)(万吨)	全国 农作物总播种面积(万公顷)
2000	7.93	108.66	74.7	591.4	4146.4	15630
2010	16.2	153.74	177.24	700.3	5561.7	16067.5
2015	27.23	161.93	229.35	756.8	6022.6	16637.4
2015年对比2010年的倍数	3.44	1.49	3.07	1.28	1.45	1.07

资料来源:《中国统计年鉴》《内蒙古统计年鉴》(2016)。

(三) 地膜使用情况

呼伦贝尔市冬季寒冷漫长，地膜覆盖栽培年限较长，残留地膜回收率低，土壤中残膜量难以清理，容易积累增加，极易造成地膜污染。随着呼伦贝尔市场经济调控和种植业结构的调整，地膜的使用量也在逐年急剧增长，2009年的使用量仅为1069吨，而2013年的地膜使用量已达4652吨，五年内就增加了4.35倍，控制全市地膜使用量成为治理面源污染的迫切任务（见表14.3）。

表 14.3 呼伦贝尔市地膜使用情况

年份	农用地膜用量（吨）
2009	1069
2010	1607
2011	1130
2012	1556
2013	4652

二、呼伦贝尔市农药、化肥和地膜减施增效的建议

(一) 确保农药合理使用

推动农药污染综合防治，做好农药安全性评价和安全使用标准的制定工作，安全合理使用现有农药，改进农药缺陷，改良农药使用性能，开发高效、低毒、低残留的农药。调查研究各种病虫害的起因和发生条件，做到准确预测预报，对症下药，混合和交替使用不同的农药，防止产生抗药性。加强生物防治，推广无公害农药，加强害虫天敌保护，利用害虫天敌以虫治虫，寻找能分解长效性农药的土壤微生物。

(二) 推进化肥减施增效

加强教育，提高群众环保意识，使人们充分意识到化肥污染的严重性，动员广大公民参与到防治土壤化肥污染的行动中。大力提倡施用有机肥和化肥增效剂，推广配方施肥技术，严控施肥量、施肥种类、施肥时期，实现土壤养分的平衡供应。加强土壤肥料监测和管理，对化肥中污染物质进行严格

监测检查，防止化肥带入土壤过量的有害物质，制定相关有害物质允许量标准，建立法律、法规来防治化肥污染。加强施肥改进方法的普及和宣传，如氮、钾肥应深施，磷肥宜集中施用或与有机肥掺混后施用。

（三）大力防治地膜污染

开展宣传教育工作，提高农民群众对地膜污染危害长远性、严重性、恢复困难性的认识，提高回收地膜的自觉性。加快制定有关回收残膜的经济政策，鼓励回收、加工、利用废旧地膜的企业和个人，对回收利用者进行补偿。制定农田残膜留量标准和残膜留量超标收费标准，确保农田地膜污染早日纳入法制管理轨道。加强倒茬轮作制度，减少地膜单位面积平均覆盖率，筛选作物的最佳揭膜期，提高地膜回收率，节省回收地膜用工，鼓励人工和机械回收相结合回收措施，加大残留地膜的回收力度。增加地膜韧性，寻找农膜替代品，鼓励开发无污染、可降解的生物地膜，替代聚乙烯农膜，进一步改进和优化生物农膜的性能，逐步降低成本，加大推广和应用力度。

第三节　加强种植业废弃物利用

目前，呼伦贝尔市在种植业废弃物利用方面存在较多问题，种植业废弃物利用观念意识薄弱，利用水平较低，尤其是呼伦贝尔玉米种植面积大，秸秆的回收利用率偏低，每年都会造成较大的污染和浪费。此外，呼伦贝尔市还面临着种植业废弃物原料集中收集处理困难、持续需求难以为继等问题，同时还存在种植业废弃物资源化、规模化利用的技术难题，这些都严重阻碍了呼伦贝尔市种植业废弃物利用的发展、推广和应用。应从以下几方面入手，加强种植业废弃物利用。

一、建立激励补偿机制，加强政策支持力度

明确农户和农村集体组织在种植业废弃物利用中的任务和责任，将农业废弃物纳入农产品市场管理范围，规范价格机制，出台相关管理办法。加大禁烧补贴、青贮补贴、沼气菌种费补贴、反应堆技术补贴等专项财政资金补贴实施力度，将种植业废弃物还田、打捆、青贮等机械纳入农业机械购置补

贴范围，增加种植业废弃物收购价的提升空间，调动农户出售种植业废弃物的积极性。设立农作物废弃物收储运技术专项资金，并引导社会和企业自筹资金，用于支持种植业废弃物资源化利用技术和设备研发、设备和设施购置、体系建设和试点示范项目的建设。

引入社会和工商资本，发展带动产业化发展。引导和激励社会和工商企业投资种植业废弃物的资源化利用，通过构建利益同共体，实现利润共享、风险共担，采取"龙头企业+农民专业合作社+农户"模式促进种植业废弃物综合利用。扶持一批种植业废弃物资源化利用和无害化处理的龙头企业，推动种植业废弃物利用逐步向工厂化、规模化、标准化、高效化的深度发展，实现种植业废弃物的产业化发展。集中抓好一批种植业废弃物综合利用农民专业合作组织，如秸秆捡拾打捆农民专业合作社、食用菌农民专业合作社，促进种植业废弃物综合利用工作向纵深发展。推广种植业废弃物直接粉碎还田模式，疏松土壤，培肥地力，增加土地产出率。

二、健全利益分配机制，完善种植业废弃物收集储运体系

推进农业生产组织、资源管理模式和服务供给模式的创新，改造和提升现有城乡生活垃圾收集处理体系，实现农业废弃物田间收集处理、收购站点、储存运输等环节的有机衔接，满足秸秆产业化利用的需求。鼓励和支持发展种植业废弃物利用的经纪人团体或组建专业公司，积极促进种植业废弃物供应的农民专业合作组织建设。以"经纪人+农户"的分散式收集储运方式，将农业废弃物收晒储存问题化整为零进行解决，切实降低企业投资、管理和维护成本。

三、加大技术研发力度，发展农牧结合的生态循环农业

推动种植业废弃物资源化利用重大科技攻关项目立项，加强实用型技术开发，重点开发秸秆饲料氨化处理、秸秆全量还田低碳耕作法等加工利用技术，加快研发种植业废弃物机械化处理新型技术，重点推进农业废弃物收集打捆机、农业废弃物直接粉碎还田机等机械研发。推动呼伦贝尔地区种植业与畜牧养殖业协调发展，将畜牧养殖场与农田、鱼塘、园地等进行统一规划，合理调整种植业与畜牧养殖业产业布局，禁止城镇、风景区、饮用水源头区等环境敏感区建设规模化畜禽养殖场，通过畜、渔、果、蔬、粮、草等有机

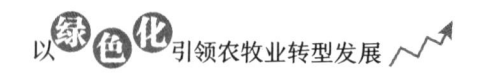

结合,不断延长生物链,实现经济效益和生态效益均衡发展。

第四节 加强规模化畜禽养殖业污染防治

2016年12月,习近平总书记主持召开了中央财经领导小组第十四次会议,专题研究了畜禽养殖废弃物资源利用化工作。国务院办公厅印发了《关于加快推进畜禽养殖废弃物资源化利用的意见》,明确了环评制度、监管制度、属地管理责任制度、规模化养殖场主体责任制度、绩效评价考核制度和种养循环发展机制,构建起"四梁八柱"的制度框架体系。

2017年底,呼伦贝尔市猪、牛、羊存栏量分别达到33.2万头、93.98万头、794.15万只,猪牛羊肉产量达到28.67万吨,全市共有各类规模化养殖场18034个,其中,牛养殖场2237个,羊养殖场15536个,蛋鸡养殖场240个,肉鸡养殖场21个,全市平均日排粪便量超过23万吨。随着规模化养殖的急剧扩大,大量粪污得不到科学处理和利用,给呼伦贝尔市生态环境带来了严重的困扰,冲洗畜禽圈舍产生大量污水,同时畜禽粪便发酵后产生硫化铵等大量有害气体,严重影响空气质量,遇到暴雨,畜禽粪便会随雨水冲入农田、沟渠内,对大气、水体、土壤、生物以及群众生活造成了严重危害。要从以下几方面入手,加强规模化畜禽养殖污染防治。

一、加强培训引导与投入力度

加强呼伦贝尔各旗县区的环境普法教育,增强公众的环保意识,加强对畜禽养殖业负责人污染防治法律法规方面的宣传及污染治理技术培训,提高其污染防治意识和能力。各级政府要增加资金投入力度,采取多种方式增加治理畜禽污染物的投入,适当给予资金补贴用于规模养殖场排污设备的建设。对一些利用畜禽粪便作为原材料的企业进行一定补助,在政策上加大招商力度,积极引导社会资金投入到污染治理中,营造一个政府、社会、养殖户共同参与的良好环境。

二、大力推广污染防治技术

选择和推广环保型畜禽饲料,提高饲料利用效率尤其是对氮元素的利用率。增加圈舍内草垫使用量以减少污染，将废弃草垫用于农业生产中，提高废弃物循环利用效率。积极推广厌氧发酵等生物技术，大力推行沼气处理，以干清粪形式收集猪、牛、鸡粪便以及制造沼气，确保COD（化学需氧量）、氨氮的去除率达到90%、70%。对粪便进行综合利用，用循环水对废物进行清理，减少排出的废水量，推广将干粪制成生物活性有机肥技术。推广综合生态防治措施，多层次、分级利用营养物质，减少畜牧业废弃物对环境的污染。

三、切实加强环境监管力度

各级政府要充分认识畜禽养殖污染防治的重要性、紧迫性，坚持属地管理原则，全面排查，不留监管死角，不存执法盲区，把畜禽养殖污染防治工作纳入推进美好乡村建设的重要内容，统一规划，合理布局，划定禁养区，健全工作机制，摸清底数台账，强化畜禽养殖污染防治环保目标考核。辖区环保部门要加大随机抽查和行政处罚力度，依法核征排污费，责成养殖户成立环境管理机构，制定管理制度，明确管理责任，建立污染设施运行和粪便销售台账，及时与友邻地市协商签订跨界河流湖泊水污染联防联控合作的协议。建立会商制度、污染纠纷处理、联合监测等跨界污染纠纷处置长效机制，指导做好畜禽养殖污染减排工作和对落实情况进行督察。

第十五章　加强项目组织

第一节　推动项目落地

一、促进项目落地

继续深化简政放权，完善项目审批流程，优化、简化审批环节，确保"一个窗口对外"，实现"同标准审核"和"无差异审批"，打造"绿色农牧业重大项目一站式"专业服务平台，实现政府各部门对绿色农牧业重大项目建设各项工作的全覆盖。强化项目服务工作，探索实施领导联系重大项目制和"代办制"，推动实施投资项目"管家式"服务，提供项目前期精准服务。定期梳理制约项目进度的主要矛盾，找准破解办法，开展项目前期提速、银项对接等系列专项活动，切实协调解决重大项目推进中的困难和问题，确保尽快形成投资实物量。

二、建设完善项目库

结合国家投资政策走向和国内外市场情况，围绕绿色农牧业发展布局和重点工程，按照"储备一批、规划一批、建设一批"流动发展的原则，积极策划和储备一批符合国家产业政策、市场前景好、效益明显、带动能力强、配套完善的重大项目。积极争取将呼伦贝尔绿色农牧业发展重大项目列入自治区重点项目库。

三、加强项目管理

按照规划确定的重点建设项目和基本建设程序，做好项目的组织实施工作，对于重点项目、重大工程及时足额配套。加强对项目实施过程的监管，定期开展监督检查和指导工作，协调、督促资金的落实、拨付和工程建设进度，发现问题及时解决，对违规问题及时查处。

第二节　扩大开放合作

一、加大招商引资力度

按照"大招商、招大商"的思路，推进绿色招商、产业招商、节会招商、园区招商、境外招商。在京津沪等城市开展驻点招商，建立京津冀、长三角、珠三角等发达地区常态化招商机制。努力营造招商、安商、富商的良好营商环境，加强产业基础和产业配套建设，完善招商引资优惠政策。

二、完善多层次政策交流机制

加强多层次的国际间政策交流，建立和完善农牧业贸易合作对话通道，加强贸易争端解决机制建设。加强国内相关地区间交流与协作，建立共同发展的绿色农牧业长效合作机制，消除阻碍区域合作发展的地方政策差异，协商建立科学合理利益分配与激励政策，实现多方利益共享。协调建立顺畅的绿色农畜产品交通运输信息平台和物流公共信息平台，加强绿色农牧业科技创新平台和载体的建设。

三、加强多方面区域合作

加强与长三角、珠三角、京津冀等地区合作，主动推动发达地区农牧业科技、农牧业产业和人才优势与呼伦贝尔农牧业资源、政策优势有效对接，建设绿色农牧业产业转移示范区。抓住国家实施"一带一路"倡议的机遇，加强与蒙古国、俄罗斯、新西兰、澳大利亚等国家在绿色农牧业重点领域科技交流，在境外组织开展产业推介和贸易促进活动。鼓励和支持企业走出去，广泛开展中俄蒙合作项目，建设绿色农牧业进出口加工基地。加强与黑龙江省在绿色农牧业发展方面的合作，在基地建设、产业协同、品牌塑造等方面

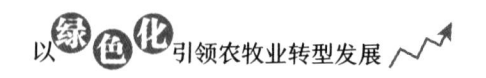

形成合力。

四、加强对外宣传推介

加强与中外报纸、广播、电视、互联网网站等主流新闻媒体的联络，建立有效的对外传播渠道，继续做好在央视和北京电视台的呼伦贝尔特产广告宣传。组织开展呼伦贝尔绿色农畜产品推介会、农交会、展销会、新闻发布会、研讨会、高峰论坛、巡回展出、文化节、草原美食节、烹羊大赛等活动，加强"呼伦贝尔"品牌宣传。加强农牧业领域对外宣传队伍建设，制定呼伦贝尔绿色农业对外宣传工作要点、对外宣传工作任务及奖励办法，完善对外宣传奖惩制度、对外宣传工作通报制度等。

第三节　加强示范推广

一、以呼伦贝尔农垦集团为榜样，打造绿色农牧业新高地

呼伦贝尔农垦集团实力雄厚，带动能力强，辖24个县团级现代化农场，机械化、规模化程度全国领先，以世界最先进的大型农机设备为主，田间农业综合机械化水平达95%。选育出太空格莱尼、"拉206""拉2577""拉1533""蒙油1号""蒙油2号""蒙油3号""蒙油4号"等多个优质新品种。要充分发挥农垦集团在呼伦贝尔市发展绿色农牧业中的示范带动作用和推进示范区建设，以深入推进农业供给侧结构性改革为主线，以服务农业增效、农民增收、农村增绿为主攻方向，统筹示范区建设布局，充分发挥创新高地优势，集聚各类要素资源，着力打造农业创新驱动发展的先行区和农业供给侧结构性改革的试验区，打造具有国际影响力的现代农业创新高地、人才高地、产业高地。探索农业创新驱动发展路径，显著提高示范区土地产出率、劳动生产率和绿色发展水平，形成可复制、可推广的模式，提升全市绿色农牧业可持续发展水平。

二、以绿色新杨凌为标杆，打造现代农牧业科技城

杨凌以建成世界知名农业科技创新示范区为目标，全力推进"丝绸之路

经济带现代农业国际合作中心"及中国（陕西）自由贸易试验区杨凌片区建设，先后与全球60多个国家建立了合作关系，相继建成中哈、中美、中俄等一批国际农业合作园区。杨凌充分发挥西北农林科技大学学科优势和特色，发起成立"丝绸之路农业教育科技创新联盟"，目前已与国外150所大学和科研机构建立了国际交流合作关系。为激发农业农村发展活力，杨凌率先进行了一系列有益的尝试和探索，大力实施"一村一镇"现代农业综合改革，大力推广"3+2"设施农业新技术，为市场提供"高端、定制、安全、科技"的杨凌优质农产品。杨凌先后制定出台了《生物资产抵押融资管理办法》《农业生产设施抵押融资管理办法》等30余项金融管理政策，推出陕西首单"玉米+期货"产品，实施农业科技企业上市挂牌的"新芽计划"，充分发挥了金融支持在经济发展中的"支点"作用。

第四节　加强政策保障

一、深化集体产权制度改革

着力推动土地、草原等确权颁证工作，加快对农村集体建设用地使用权、集体建设用地上房屋所有权、小型水利工程产权等农村产权的确权颁证，加快农村不动产登记步伐，将符合登记条件的宅基地使用权等纳入不动产统一登记，构建归属清晰、权能完整、流转顺畅、保护严格的现代农村产权制度体系。加强土地流转管理和服务，加强农村土地承包经营纠纷调解仲裁体系建设，积极推动农村土地向规模经营主体流转。积极推动农村土地草牧场向规模经营主体流转。鼓励承包农户采取转包、出租、互换、转让及入股等方式流转土地草牧场所有权，向具有比较优势的农业合作社、家庭农场等流转，开展优势农产品生产。加强土地流转管理和服务，完善呼伦贝尔乡村三级服务和管理网络，建立土地流转监测制度，为流转双方提供信息发布、政策咨询等服务，进一步规范土地流转行为。

二、加大各项政策扶持力度

争取更多国家、自治区对绿色农牧业产业发展的政策支持。在保护耕地、合理利用土地的前提下，对农村牧区三次产业融合发展等项目的绿色农牧业用地需求提供积极保障。积极争取绿色农林牧渔业项目的企业所得税、印花税等税收优惠政策，支持农村产业融合发展。落实绿色农牧业保险支持政策，加快构建多层次绿色农牧业保险保费补贴体系。

三、强化人才支撑

加快引进农牧业高端科技创新人才和团队。实施"呼伦贝尔英才"工程，大力引进农牧业高端科技创新人才和创新团队。制定高端创新人才引智办法和科技创新激励政策，推进农业科研成果使用、处置、收益管理和科技人员股权激励改革，加快高端农牧业创新人才培养引进步伐，激发高层次创新人才在呼伦贝尔创新创业的积极性。实施产学研结合高端人才培养计划，依托中国科学院、中国农业科学院、内蒙古农业大学、内蒙古农牧业科学院等科研院所，通过科研院校、企业共建合作平台，建设农牧业企业科技研发中心和院士、博士工作站，培养高层次科技创新人才和创新团队。

参考文献

[1] 刘濛. 国外绿色农业发展及对中国的启示 [J]. 世界农业, 2013 (1).

[2] 赵永平. 政府多放手　市场出好手 [N]. 人民日报, 2017-01-22 (9).

[3] 优化产业结构　推进农牧业产业化发展——访呼伦贝尔市农牧业局党组书记、局长肖明华 [EB/OL]. http://nmyj.hlbe.gov.cn/dtbd/9403.html.

[4] 张自和. 我国草原生态保护与草业健康发展刍议 [J]. 民主与科学, 2018 (3).

[5] 于康震. 适应新形势　抓住新机遇　开创"十三五"草牧业发展新局面 [J]. 农村工作通讯, 2016 (17).

[6] 崔姹, 王明利, 胡向东. 我国草牧业推进现状、问题及政策建议——基于山西、青海草牧业试点典型区域的调研 [J]. 华中农业大学学报 (社会科学版), 2018 (3).

[7] 张龙, 何忠伟. 我国草业发展现状与对策 [J]. 科技和产业, 2017 (2).

[8] 刘红涛. 河南奶业转型升级正当时 [N]. 河南日报, 2017-12-20.

[9] 华连连, 董春凤, 张小芳, 木仁, 孙保华. 中国与新西兰乳品供应链模式差异研究 [J]. 中国乳品工业, 2017 (8).

[10] 刘凡, 蒋寒露. 美国奶业政策酝酿变革 [N]. 经济参考报, 2013-09-03.

[11] 潘利兵, 李增杰, 王守伟, 赵巍. 发展肉类加工, 澳洲做法启示多多 [J]. 农产品市场周刊, 2016 (46).

[12] 李军. 林下经济: 让百姓不砍树也能致富 [J]. 农村工作通讯,

2015（8）.

[13] 前瞻产业研究院. 正确理解三产融合概念 [DB/OL]. https：//f. qianzhan. com/xiandainongye/detail/180504-4f57276d. html.

[14] 惠立峰. 关于陕西省农村一二三产业融合发展的调研报告 [J]. 生活文摘，2017（2）.

[15] 北京市农林科学院农业科技信息研究所. 农村一二三产业融合发展的内涵、做法及启示 [DB/OL]. http：//www. agri. ac. cn/news/ztqbfw/2016229/n5106116391. html.

[16] 农产品品牌发展的三种模式 [DB/OL]. http：//www. sohu. com/a/215345633_428126.

[17] 李道亮. 互联网+农业：农业供给侧改革必由之路 [M]. 北京：电子工业出版社，2017.

[18] 王龙昌. 农业可持续发展理论与实践 [M]. 北京：科学出版社，2018.

[19] 冯海发. 农业可持续发展：理论与实践 [M]. 长春：吉林出版集团股份有限公司，2015.

[20] 中国农业可持续发展研究项目组. 中国农业可持续发展研究 [M]. 北京：中国农业科学技术出版社，2017.